D1747231

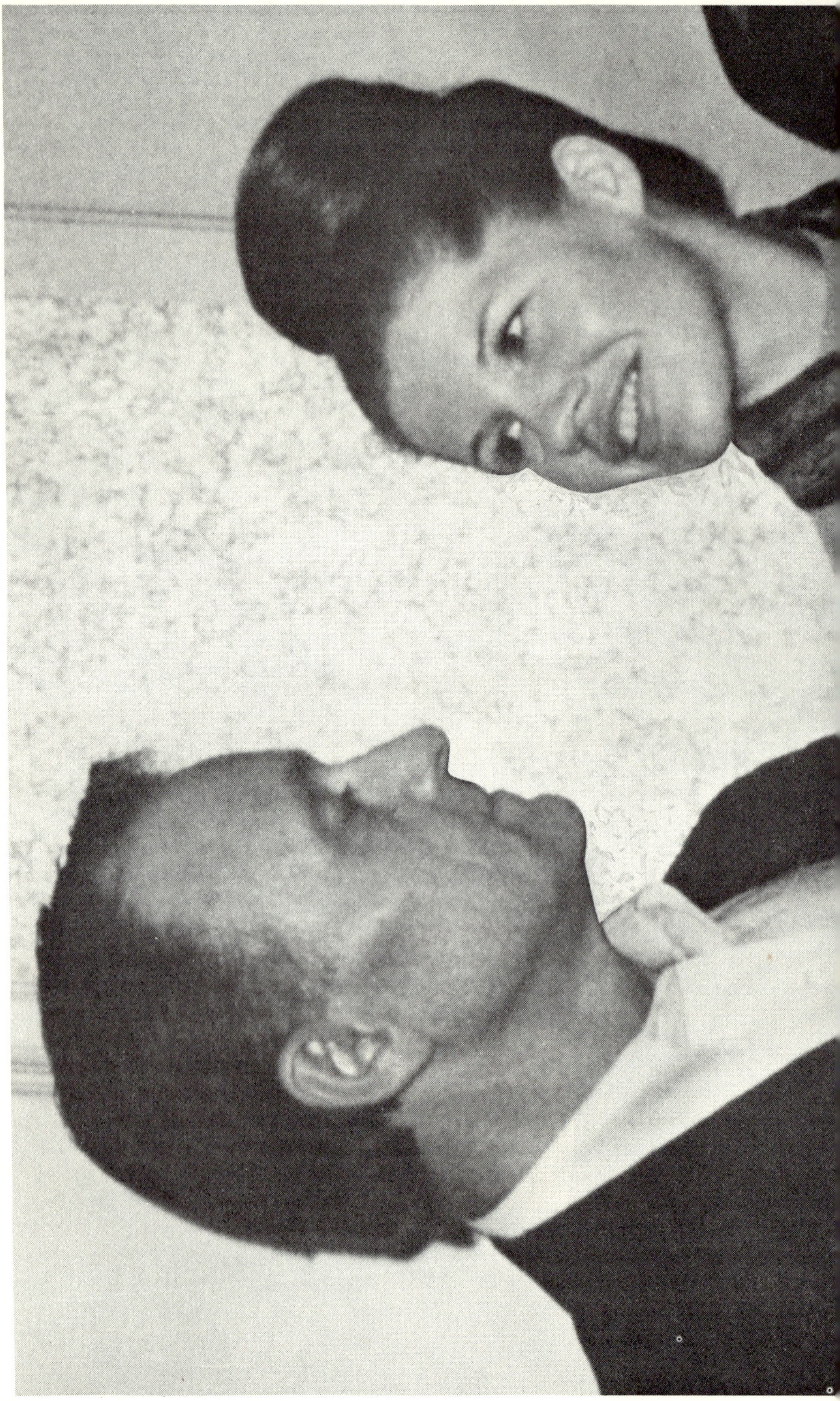

Briefe an Gail

VON
PAUL TWITCHELL

BRIEFE AN GAIL, BAND I

Copyright © 1980 Gail Andersen, German Translation
Copyright © 1973 Gail A. Twitchell, Original English Version
ISBN: 0-914766-41-4

Alle Rechte vorbehalten. Kein Teil dieses Buches darf ohne vorherige schriftliche Genehmigung des Copyright-Halters reproduziert, in einem Datenrückgewinnungssystem gespeichert oder in irgendeiner Form durch ein elektronisches, mechanisches, fotokopierendes, aufzeichnendes Gerät oder sonstiges übertragen werden.

Printed in U.S.A.

Zusammengestellt von Gail A. Twitchell

Übersetzung aus dem Englischen:
ECKANKAR Studiengruppe München

Für einen Katalog weiterer Bücher schreiben Sie an:

IWP PUBLISHING
P.O. Box 2449
Menlo Park, CA 94025 U.S.A.

BRIEFE AN GAIL

Es scheint, als sei es erst gestern gewesen, in Wirklichkeit aber ist es Jahre her. ECKANKAR war eine unbekannte Welt für mich. Dann begegnete ich Paul Twitchell. Vom ersten Augenblick an faszinierte er mich, ohne daß ich hätte sagen können, warum. Paul wußte, daß ich um meine Ausbildung bemüht war. Er wußte aber auch, daß das Wissen, das ich brauchte, sich nicht in gewöhnlichen Büchern finden ließ.

So fragte er mich, ob er mir eine Reihe von Briefen schreiben dürfe. Damals konnte ich noch nicht ermessen, welche Wirkung sie auf mich haben würden. Tatsächlich ging mir bisweilen nicht einmal die große Tiefe des Wissens auf, das ich empfing.

Paul schrieb die Briefe und schickte sie an mich. Ein paar Tage darauf trafen wir uns dann gewöhnlich zum Tee, und ich hatte Gelegenheit, Fragen zu stellen. Manchmal konnte ich die Briefe nicht einmal hinreichend verstehen, um überhaupt etwas zu fragen. Im Laufe meiner sowohl intellektuellen wie spirituellen Entwicklung gewannen diese Briefe eine besondere Bedeutung für mich.

Paul lehrte mich, daß wir, um mit anderen sprechen zu können, unvoreingenommen und in vielen Bereichen gebildet sein müßten.

Möge dieses Buch Ihren Horizont erleuchten und erweitern.

Gail A. Twitchell
17. Februar 1973

Vorwort

Diese Briefe schrieb ich an Gail, bevor wir heirateten. Sie sollten ihr eine Vorstellung von den spirituellen Werken von ECKANKAR, der uralten Wissenschaft der Seelenreise, vermitteln.

Sie wußte nichts von den spirituellen Werken von ECK, und so übernahm ich die Verantwortung, ihr alles zu geben, was nur möglich war. Damals stand ich noch im Ringen um die Meisterschaft, so daß ich noch nicht alles geben konnte, was später kam.

Doch wurde meine Hand von der des großen ECK Meisters Rebazar Tarzs geführt, der mich nach dem Tode von Sudar Singh in seine Obhut nahm. Gail war sich damals über das, was geschah, nicht ganz im klaren, und deshalb waren die Unterweisungen in der Form von zwei und manchmal drei Briefen in der Woche abgefaßt.

Es nahm praktisch zwei Jahre in Anspruch, Gail in der Lehre von ECKANKAR zu unterrichten, während ich in derselben Zeit eine Menge Wissen für mich selbst erwarb. Man lernt in den esoterischen Werken, daß man sich das geheime Wissen nicht aneignen kann, um es festzuhalten. Man muß es weitergeben, oder es verstopft die spirituellen Kanäle, und derjenige, der es empfängt, leidet an vielen inneren Problemen, die schließlich äußerlich zum Vorschein kommen.

Gail vermochte sich den spirituellen Lehren anzupassen. Sie nahm ECK bereitwillig auf und besitzt gute Kenntnisse, was die Grundlagen der Werke betrifft. Es war ihr Wunsch, an diesen Briefen und den darin enthaltenen Lehren auch andere teilhaben zu lassen.

INHALTSVERZEICHNIS

1. Das spirituelle Leben 10
2. Maßstab der Beurteilung 14
3. Das ECK Leben 17
4. Die Notwendigkeit eines Ideals 20
5. Christentum und Buddhismus 24
6. Selbstschutz 28
7. Der reaktive Verstand 31
8. Imagination 35
9. Das Gesetz der umgekehrten Bemühung 38
10. Mystik und Magie 42
11. Poetische Sprache 46
12. Zustände der Mystik 49
13. Selbstanalyse 52
14. Die Metaphysik der Mystik in der
    östlichen Philosophie 56
15. Die Metaphysik der Mystik in der
    östlichen Philosophie (Fortsetzung) 59
16. Theorie der Spiele 62
17. Theorie der Spiele (Fortsetzung) 65
18. Spirituelle Disziplinen 69
19. Das Lösen von Problemen 74
20. Spirituelle Kraft 78
21. Sufis 82
22. Seelenreisen 85
23. Der hörbare Lebensstrom 89
24. Der Zorn des Herrn 93
25. Held/Antiheld 97
26. Spirit, der hörbare Lebensstrom 101
27. Der Glaube an ein Ideal 104
28. Außerkörperliches Bewußtsein 108
29. Die Religionen Chinas 112
30. Die Struktur des Menschen 116
31. Kreativität 119
32. Zen-Buddhismus 123
33. Zen-Buddhismus (Fortsetzung) 127
34. Indische Relgionen 131
35. Adel 134

36. Gelassenheit/Religiöser Bekehrungseifer 138
37. Das Chaos Gottes 142
38. Der Blick Gottes 146
39. Die koptische christliche Kirche 150
40. Die Kabbala 154
41. Die Gnostik 158
42. Tibet 162
43. Die Mystiker des Westens 166
44. Die Welt des Selbst-Bewußtseins
    Die fünf Perversionen des Verstandes
        1. Kama - Lust 170
45. Die fünf Perversionen des Verstandes
        2. Krodha - Ärger 174
46. Die fünf Perversionen des Verstandes
        3. Lobha - Gier
        4. Moha - Bindung
        5. Ahankar - Eitelkeit
    Die vier Hauptfunktionen des Verstandes 178
47. Postulate 182
48. Das esoterische Studium der Musik 186
49. Karma 190
50. Reinkarnation 194
51. Bücherliste 198

6. Dezember 1962

Liebe Gail!

Ich hoffe, daß ich bei diesem Unternehmen, das dem Studium des spirituellen Lebens, dem Studium von ECKANKAR, gilt, nicht zu kompakt (zu schwierig) werde oder den Anschein erwecke, als ob ich über einzelne Punkte dozieren würde. Ich bilde mir nicht ein, daß es jemandem wie mir angemessen wäre, definitive Aussagen zu machen, die in diese Richtung gehen — sondern ich kann Dir nur vieles von dem mitteilen, was ich weiß, in der Hoffnung, daß es als 'Korn für Deine Mühle' verwendbar ist.

Damit Du nach Möglichkeit eine gewisse gedankliche Ordnung in diesen Briefen erkennst, werde ich das Studium des spirituellen Lebens von den folgenden Gesichtspunkten aus angehen: (1) Die spirituelle Psychologie, (2) die mystische Erfahrung, (3) die philosophische Erfahrung, und (4) die heilige Wissenschaft oder die Methoden, die zum Wissen der spirituellen Werke von ECKANKAR führen.

Ich glaube, daß der ECK Meister, wenn Du ihn fragen würdest, was das spirituelle Leben sei, höchst erstaunt wäre, weil er es so vollständig, mehr als der gewöhnliche Mensch, lebt; und seine Einstellung dazu wäre: "Ich weiß es nicht! Du mußt den Priester oder den Bischof danach fragen!"

Das ist der Grund, warum ich vorschlage zu sagen, daß mein Wissen darüber gering ist: Ich bin weder ein Heiliger noch etwas dergleichen, sondern ich kann Dir nur das wenige mitteilen, was ich durch Rebazar Tarzs erfahren und erreicht habe. Ich bin ihm persönlich überaus verpflichtet! Aber dem MAHANTA, dem höchsten spirituellen Bewußtsein gegenüber ist die Verpflichtung sogar noch größer als gegenüber dem Meister oder Lehrer in der menschlichen Verkörperung. Denn die Weisen oder Erretter in ECK sind es, in deren Schuld wir als Menschen stehen!

Ich meine, daß man das Studium von ECKANKAR dort beginnen muß, wo man im Leben steht, und mit dem, was man zur Verfügung hat, um sich dieses Wissen zu erwerben. Dabei macht es wenig aus, ob einer nicht einmal eine formale Ausbildung oder ob er einen Doktortitel hat, denn das Verständnis des Spirit basiert auf einer anderen Erziehung, wenn Du das Wort (Erziehung) entschuldigst. Man braucht nicht einer bestimmten Kirche, einer besonderen Gruppe anzugehören oder einen bestimmten Standpunkt oder eine bestimmte

Einstellung zu vertreten, um des spirituellen Lebens teilhaftig zu werden. Ich glaube, es war Yaubl Sacabi, der große ECK Meister, der gesagt hat: "Wir sind nicht mehr als das, was wir in unserem Verständnis Gottes sind!" Was er damit ausdrückt, ist, daß man dies in seiner Gesamtheit zu realisieren hat! Niemand kann eine lebenslängliche Gewohnheit oder ein ererbtes Verhaltensmuster ändern, indem er die Absicht kundtut, das spirituelle Leben zu leben. Man muß zuerst einmal erfahren, was das spirituelle Leben ist! Diese Ausdrucksweise (das spirituelle Leben) ist in ihrer Bedeutung so vage, daß ich zögere, mich ihrer zu bedienen, aber sie paßt bei dieser Gelegenheit, und so werde ich es so einfach wie möglich machen! Das spirituelle Leben ist etwas Paradoxes, denn wir befinden uns bereits in ihm, wenngleich wir uns dieser Tatsache im allgemeinen nicht bewußt sind! Um aber das Leben von ECK zu leben, muß man nicht notwendigerweise gut oder schlecht sein, sondern sozusagen auf eine bestimmte Art leben, die man nur selbst weiß! Man hat bestimmte Regeln gelernt, die man beachten und an die man sich halten muß. Diese Regeln werden von uns erfahren, von uns allein, und niemand kann sie uns geben: Man kann sie erfahren, indem man das Leben der Heiligen studiert und lernt, wie sie sich an die Gesetze Gottes hielten; vielleicht erlebt man die mystische Erfahrung, die ganz sicher zu diesem göttlichen Wissen führt, oder es enthüllt einem womöglich jemand diese Regeln durch sein Verhalten, durch ein Wort oder eine Instruktion; immer aber muß das Individuum sie durch eigene Erkenntnis erfahren!

Was ist das spirituelle Leben?

Das spirituelle Leben ist jene Lebensweise, die von Gott gelenkt wird, da Gott oder Spirit Dich durchströmt und Dir eine Bewußtheit der Dinge verleiht, die um Dich herum und durch Dich vor sich gehen. Diese Bewußtheit des Geistes schenkt Beobachtungsschärfe, eine höhere Klarheit, die Dinge zu durchschauen, und eine über die physischen Sinne hinausreichende Wachsamkeit, um so zu leben, wie Gott Dich führt. Mit anderen Worten, ein Mensch beginnt, mittels seiner Intuition oder vermöge dessen zu leben, was Du seinen sechsten Sinn nennen kannst. Sobald man zu der Erkenntnis kommt, daß dies die einzige Art zu leben ist, fängt man an, aus dieser Einstellung heraus zu denken und Urteile und Entscheidungen zu fällen.

Die erste Annäherung an diese geistige Einstellung via ECK — oder das, was manchmal der innerlich gelenkte Mensch genannt wird — besteht darin, den persönlichen Willen Gott zu übergeben, und ihm allein; indem Du Dich diesem Gefühl hingibst, daß Gott Dich benutzt, alles durch Seine Augen zu sehen — oder Linsen wäre vielleicht ein besseres Wort. Das erscheint einigen womöglich leicht und anderen schwierig, aber es handelt sich nur um das Lockern der mentalen Spannungen, so daß das Intuitive schnell und ungehindert durchfließen kann.

Es gibt immer Täler und Berge im Leben, Licht und Schatten. Sie sind das, was der Chinese Yin und Yang nennt, oder die positive und negative Natur in Mann und Frau, in beiden ein gewisses Maß. Doch man muß lernen, wie man aus diesen beiden Seiten der menschlichen Natur Nutzen ziehen und sie zu seinem eigenen Vorteil anwenden kann. Man muß nicht mit ihnen kämpfen, sondern mit dem Gesetz des Nicht-Widerstandes arbeiten, wie es ein ECK Meister ausdrückte: "Liebe Deinen Nächsten wie Dich selbst — und bete für Deine Feinde!" Ich spreche nicht von Liebe, sondern von der Kraft, den Energien, die durch Gespräche, Launen, Einstellungen und Emotionen auf Dich gelenkt werden, keinen Widerstand zu leisten. Hast Du jemals versucht, mit einem Angestellten der Telefongesellschaft über Deine Rechnung zu streiten? Die Telefongesellschaft schult ihre Angestellten, damit sie darin Experten werden (obwohl viele weder jetzt noch jemals den Trick erlernen), und häufig genug gibt der Kunde das Streiten auf, weil sein Widerstand, unfähig, einen Angriffspunkt zu finden, auf ihn selbst zurückkommt. Das ist es, was geschieht, wenn Du den Emotionen anderer keinen Widerstand mehr leistest.

Das ist eines der Gesetze, die Du für Dich selbst durch das Studium der heiligen Schriften und der Lebensläufe von Heiligen und gottgefälligen Männern lernst. Ich werde das später in einer gesonderten Studie aufgreifen.

Was ich in aller Aufrichtigkeit sagen muß, ist: Der größte Nutzen spiritueller Wachsamkeit besteht darin, in keiner Position von irgendjemandem oder von irgendetwas gefangen zu werden! Du kannst von der Religion, von Kirchen, von beruflichen Aufgaben, von Menschen, die von Deiner Liebe abhängen, und anderem mehr gefangen werden, aber sei wachsam! Gewöhnlich ist es das Gefühlselement im Menschen, das ihn in die Falle gehen läßt.

Der Weg zu spiritueller Erfüllung (oder spirituellem Leben) ist faszinierend. Ein Großteil des Wortschwalles ist verwirrend und sicherlich nicht gut geschrieben, und natürlich wimmelt es von denen, die nur vorgeben, ein Wissen davon zu haben; in der Regel sind das solche, die nach einer vom leichtgläubigen Publikum schnell ausgegebenen Mark Ausschau halten. Aber durch Erfahrung lernt man, derartige Fallen zu vermeiden und auf dem rechten Weg zu bleiben, der nicht bequem ist, sondern mit Dornen und vielen alten Furchen übersät.

Ich empfehle Dir, diese Briefe mit niemandem zu erörtern, falls Du es aber tust, sei vorsichtig, denn vielen liegt nichts an dem Verständnis, um das es Dir geht. Ich käme in Verlegenheit, wenn jemand dächte, daß ich mich als ein Beispiel spiritueller Weisheit oder als irgendeine Autorität auf dem Gebiet von Kulten, Glaubensrichtungen und

Religionen herausstellen wollte. Diese Absicht liegt mir völlig fern, und falls Du in dieser Hinsicht irgendeinen Zweifel hegst, dann möchte ich, daß er ausgelöscht wird, denn alles, was ich empfangen habe, kam von den ECK Meistern, die wohlwollend ihr Wissen weitergaben. Einiges stammt aus Büchern, anderes aus Beobachtungen und Seelenreisen, wenngleich ich nicht immer sage, dieses Wissen käme offiziell von Gott, wie so mancher das behauptet!

Später mehr.

Liebe Gail!

9. Dezember 1962

Hoffentlich bringe ich mich nicht in die Lage, von oben herab auf Dich einzureden oder manchmal die sokratische Methode der Beweisführung anzuwenden. (Wenn Du nicht weißt, was die sokratische Methode ist, schlage es unter diesem Begriff oder unter der 'Ironie des Sokrates' nach.) Ich möchte von einer Stufe aus zu Dir sprechen, auf der wir beide ebenbürtig stehen, weder darüber noch darunter. Verzeih' mir daher, falls ich bisweilen zu salbungsvoll werde oder mich von einer Idee hinreißen lasse.

Der Punkt, um den es mir geht, ist folgender. Ich glaube, daß Du, ebenso wie ich selbst und Millionen von Menschen, nach einem Maßstab suchst, um ECK, die Menschen, das spirituelle Leben oder irgendeine Phase des Daseins bestimmen zu können! Vieles Lesen mag einem diesen Maßstab liefern, zugleich aber ist es womöglich nicht zufriedenstellend. Ich schlage deshalb vor, daß der beste Maßstab für eine Gesamtbeurteilung der Existenz folgender sein sollte: Lies eine ganze Reihe verschiedener Bücher über Soziologie. Das ist das Studium menschlicher Gruppen, und es ist leichter zu verstehen als durch das grundlegende Studium der Psychologie usw. Du lernst, Menschen aufgrund ihrer Bemerkungen, ihrer Grammatik und ihres Verhaltens zu beurteilen — etwa, welcher Gruppe sie angehören und inwiefern sie Produkte ihrer Umwelt, ihres elterlichen Einflusses und ihrer Erziehung sind. Das trägt dazu bei, sich selbst zu verstehen, und erleichtert es, irgendwelche Schwächen zu korrigieren, und überdies liefert es uns einen Maßstab anderen gegenüber.

Ein Gesetz des Universums ist nun folgendes: "Wie oben, so auch unten!" Indem Du die Prinzipien der Soziologie erfaßt, lernst Du ein wertvolles Charakteristikum kennen, daß nämlich alles, was in der physischen Welt geschieht, sich ebenso in der unsichtbaren Welt abspielt. Wir reflektieren nur das nach außen, was innerlich oder in jener unsichtbaren Welt vor sich geht! "Was im Himmel ist, ist auch auf Erden!" Begreifst Du diesen Punkt? Ich hoffe es! Denn das ist wichtig.

Ein paar Titel, die es in der öffentlichen Bücherei gibt, sind folgende: (1) *Status Seekers (Status-Sucher)* von Vance Packard; (2) *Middletown (Kleinstadt)* und *Middletown in Transition (Kleinstadt im Übergang)* von Robert Lynd; (3) *The Hidden Persuaders (Die heimlichen Verführer)* von Vance Packard; (4) *Theory of the Leisure Class (Die Theorie der Müßiggängerklasse)* von Thorsten Veblen; (5) *The Organization Man (Der organisierte Mensch)* von William Foote Whyte und alle Bücher von C. Wright Mills, der als Experte für die Klassenstruktur in den Vereinigten Staaten gilt. Gut ist auch Robert Lindlers Buch *The Non-Conformist (Der Non-Konformist)*!

Die folgenden Axiome sind meine eigenen und basieren auf dem Studium von ECKANKAR. Ich habe sie noch nie jemand anderem mitgeteilt. Sie bilden meine grundlegenden Anschauungen über das spirituelle Leben, und Du kannst davon annehmen, was Dir beliebt. Eines Tages wirst Du Dir Deine eigenen grundlegenden Anschauungen nach einem ähnlichen Muster ausarbeiten, das vollkommen Deiner eigenen Erfahrung und Deinem eigenen Denken entspringt. Meine lauten folgendermaßen:

(1) Ich glaube, daß jeder Mensch die Reichweite seines Bewußtseins bis in eine unbegrenzte Unendlichkeit ausdehnen kann.

(2) Ich glaube, daß Selbstverachtung der wahre Feind ist, der uns spirituell auf falsche Wege führen kann und mentales und spirituelles Wachstum, das sich vollziehen könnte, an der Entwicklung hindert.

(3) Ich glaube, daß jegliche Philosophie wertlos ist, solange man nicht den Versuch unternimmt, die eigene Lebenserfahrung unter einem Mikroskop zu analysieren.

(4) Ich glaube, daß die ewige Wiederkehr die Grundlage allen Lebens ist, und dies allein ist die Grundlage für ein im wesentlichen spiritistisches Werk.

(5) Ich glaube, daß 'recht' und 'unrecht' relative Begriffe sind, die keine endgültige Bedeutung haben; niemand hat recht oder unrecht, aber jeder möchte, daß man für richtig hält, was er sagt. Das bezieht sich auf Schönheit und Häßlichkeit und alle anderen Gegensätze. Dieser Leitsatz sollte nicht mit Ethik verwechselt werden, so paradox das auch klingen mag.

(6) Ich glaube, daß die ganze Wirklichkeit in den menschlichen Konflikten einzig der Wille zur Selbstbehauptung ist.

(7) Ich glaube, daß der Mensch fähig ist, den Seelenkörper mittels Wellenlängen abzutrennen, und an mehr als einem Ort zur gleichen Zeit zu erscheinen vermag.

(8) Ich glaube, daß der Mensch mittels dieses Abtrennens sein Schicksal in die Hand nehmen und sich bewußt im Seelenkörper aufhalten kann. Daher ist es ihm nach dem Tode der Genetischen Einheit (des physischen Körpers) möglich, bewußt handelnd in die unsichtbare Welt zu gehen und dort zu sein, wo er wünscht.

(9) Ich glaube, daß das ganze Geheimnis des Überlebens im spirituellen Leben in der Fähigkeit liegt, die Kontrolle über das eigene Bewußtsein zu übernehmen und die Aufmerksamkeit durch die eigene

Kraft lenken zu können, anstatt sie von fremden, äußeren Einflüssen leiten zu lassen, sei es durch Menschen oder durch Ideen. Das ist der Zweck allen Lebens, und er existiert um des Überlebens der Seele willen, ob in dieser Welt oder in der nächsten.

(10) Ich glaube, daß es der Wunsch jedes Menschen ist, sich selbst gegenüber die Illusion der guten äußeren Erscheinung zu wahren, und da die Art und Weise, wie er seine Illusionen bildet, von der Meinung anderer beeinflußt wird, sucht er zu überleben, indem er ihre Anerkennung oder ihre Freundschaft gewinnt. Der Unterschied zwischen einem verrückten und einem gesunden Menschen besteht darin, daß der gesunde Mensch es vorzieht, andere zur gemeinsamen Aufrechterhaltung seiner Selbsttäuschungen zu gewinnen.

(11) Ich glaube, daß das ganze Leben eine Illusion ist und daß der Mensch diese Illusion durch seinen unbewußten Glauben an einen Gott seines begrenzten Wissens verstärkt, und erst dann, wenn er von der Illusion des Lebens befreit ist, wird er Gott sehen, wie ES wirklich ist.

(12) Ich glaube, daß das Leben zu nichts anderem führt als zu Gott; daß es ein Entfliehen aus dem Zustand des Nichts in die Position eines Mitarbeiters Gottes ist. Damit meine ich nicht, daß man eins mit Gott wird, sondern man entwickelt die Bewußtheit, ein Teil Gottes zu sein.

(13) Ich glaube, daß der Körper des Menschen stirbt, weil er aufgrund von Selbstmitleid aufhört, leben zu wollen, und das tritt ein, wenn ihn nichts mehr fordert oder anregt und alles, sowohl außerhalb seiner Selbst als auch in seinem Inneren, automatisch geschieht.

(14) Ich glaube, daß das Credo der Selbstdarstellung die höchste Form des persönlichen Handelns für den Homo Sapiens ist; und wenn dieser Ausdruck der eigenen Persönlichkeit Krieg und Morden bedeuten sollte, so würde ich dem immer noch den Vorzug gegenüber einer Menschheit geben, die so tief in Konformität versinkt, daß sie unter ihrem eigenen Gewicht stirbt.

Du kannst davon annehmen, was Du willst, oder sie allesamt zurückweisen! Sie sind nicht welterschütternd, obwohl ich das gerne denken würde. Immerhin kenne ich nicht viele Menschen, die so klar zu sagen vermöchten, was sie glauben, ohne das anzuführen, was ihnen irgendjemand erzählt hat. Mit anderen Worten, neunzig Prozent aller Menschen entlehnen ihr Denken einer anderen Quelle!

Der berühmte Philosoph Wittgenstein pflegte weder zu lesen noch jemandem zuzuhören, der über Philosophie sprach, weil es ihm darum ging, sein eigenes Denken zu entwickeln; und das war die Art und Weise, wie er es vermied, von anderen zu leihen.

Später mehr.   Herzlichst,

16. Dezember 1962
Liebe Gail!

Es gibt so viele Dinge über das ECK Leben zu sagen, daß es ein Leben erfordern würde und noch nicht vollständig wäre, aber dies mag als ein Anfang dienen.

Es gibt auch so viele Wege, die ECK Ziele zu erreichen, daß man mehrere Leben damit verbringen könnte, diese Wege zu studieren, und immer noch nicht fertig werden würde. Welchen Weg Du auch immer wählst, um ein Mitarbeiter Gottes zu werden, ist von dem abhängig zu machen, was Du im Leben willst. Das ist die erste Frage, die Du Dir stellen mußt — wohin gehe ich? Da Du jung bist und ein ganzes Leben vor Dir hast, muß das Deine primäre Frage sein. Die Fragen, die man sich im Hinblick auf Spiritualität zu stellen hat, müssen aufgeschoben werden, bis diese Frage beantwortet ist. Die Fragen, die man schließlich in sich selbst in Gang bringen muß, sind: Wer bin ich? Woher kam ich? Was tue ich hier? Wohin gehe ich?

Im Augenblick hast Du es mit der letzten dieser Fragen zu tun. Alle orthodoxen Religionen beantworten diese Frage für Dich. Sie geben Dir ein vorherbestimmtes Ziel. Daß Du in den Himmel oder die Hölle kommen wirst, ob es Dir gefällt oder nicht. Nach ihrer Meinung besteht die einzige Wahl, die Du hast, darin, welche Richtung Du einschlägst. Das ist jedoch nicht wahr, wie ich Dir später in meinem Buch *Der Zahn des Tigers* zeigen werde, denn Du kannst eine größere Auswahl von Zielen zur Verfügung haben und eine gute Zeit damit verbringen, alles und jedes zur Zufriedenheit Deines Herzens zu untersuchen.

Viele wissen nicht, was es heißt, im Jenseits zu leben. Sie haben die Vorstellung, nach dem Tode in reiner Zufriedenheit in Ewigkeit zu leben. Das ist die christliche Auffassung. Die Hindus glauben, ein Atom im Ozean des Spirit zu sein, das in vollkommener Freude in Ewigkeit lebt. Ich bin sicher, daß ich, wenn mir das passierte, mich nach einer Weile überaus langweilen würde! So viele wissen jedoch nicht, daß es auf den geistigen Ebenen Menschen gibt, die das Leben von Spezialisten führen — jene, die in bestimmten Aspekten des Spirit spezialisiert sind. Der hl. Paulus, glaube ich, oder vielleicht auch Petrus, erklärt dies in der Apostelgeschichte im Neuen Testament. Einer kann die Gabe des Heilens, ein anderer die des Lehrens, ein weiterer die des Sprechens usw. besitzen. Daher kommt es, daß wir heute in dieser Welt so viele Spezialisten haben. Erinnere Dich an das alte Gesetz: "Wie oben, so auch unten!" Eines der ersten Gesetze des spirituellen Lebens ist das "Gesetz des Nicht-Widerstandes". Jesus geht im Neuen Testament ziemlich ausführlich darauf ein. Er sagte: "Widersteht nicht dem Bösen" und weist weiter darauf hin: "Segne, die Dich verfluchen, und vergib Deinen Feinden!" Er sagt, daß die Energie, die jemand im Haß aussendet, zu Deinem Vorteil ist, wenn sie auf Dich gerichtet ist, vorausgesetzt, Du widerstehst ihr nicht. Haß ist eine teure Angelegenheit für Menschen, die sich diesen Luxus leisten wollen. Er bringt ihnen nur Kummer und stößt sie die abwärtsführende Spirale hinab.

Dies ist ein äußerst subtiles Gesetz, und ich hoffe, daß ich es vollständig erkläre, wenn Du aber etwas nicht verstehst, frage. Das Gesetz lautet folgendermaßen: Wann immer jemand böse auf Dich wird, und von Deiner Seite kein Widerstand vorhanden ist, muß der Energieausbruch irgendwohin gehen. Im allgemeinen kehrt er zu demjenigen zurück, der ihn aussendet und der somit durch seine eigene Tat und nicht durch einen anderen verletzt wird. Wenn jemand also den Launen, Mißstimmungen und Haßgefühlen anderer keinen Widerstand entgegensetzt, steigt er in der Welt nach oben, anstatt nach unten zu fallen. Wenn sich jemand vornimmt, einem Mitmenschen Schaden zuzufügen, ganz gleich, wie klug er es verbirgt, wird er seinen eigenen Lohn ernten. Jesus sagte das tatsächlich: "Du wirst das ernten, was Du säst." Das ist der Grund, warum die Gesetze der Spiritualität so schwer zu erlernen sind — sie sind so eng miteinander verbunden, daß es schwierig ist, sie zu trennen und jedes einzeln zu studieren. Eines geht in das andere über.

Nächster Schritt. Das Bewußtsein ist ein Spiegel, der nach außen hin das reflektiert, was im Inneren aufgestiegen ist. Von daher wird die psychologische Struktur des Individuums verständlich. Wenn einer seine Mutter haßt, wird er wahrscheinlich die meisten Frauen mittleren Alters oder ältere Frauen hassen, weil ihn irgendetwas an ihnen an seine Mutter erinnert. Drei Faktoren sind hier enthalten: Erstens Imagination, dann Gefühl und Kontemplation. Das sind die Eigenschaften, die, richtig angewendet, auf jedem Gebiet Erfolg bringen, und natürlich muß man Liebe hinzufügen — nicht die Liebe, wie wir sie uns in unserem täglichen Leben vorstellen, sondern eine Wärme und ein Wunsch, etwas in seinem Besitz zu haben, um das man sich kümmert und an dem man hängt.

Ich liebe es zum Beispiel, Worte zu Papier zu bringen. Täte ich es nicht, gäbe es diesen Brief oder all die Millionen von Worten nicht, die ich jährlich schreibe. Du wirst also feststellen, daß eine Begeisterung für das vorhanden ist, was Du besitzen oder erzeugen möchtest. Das ist in gewissem Sinne Liebe!

Die Kontrolle des Bewußtseins ist das ganze Geheimnis allen Lebens, und von dem Tag an, an dem man geboren wird, bis zum Tod, gibt es einen Kampf zwischen der Dualität des Menschen; soll er sein Bewußtsein beherrschen lassen, oder soll er es selbst kontrollieren? Wenn er es kontrollieren kann, dann wird er zum Meister seines Schicksals, sein eigener Kapitän, wie es William Henley in *Invictus*, einem berühmten Gedicht, erläutert. Das muß man im Leben lernen, und dabei wird man sein eigener Meister, Ursache des eigenen Handlungszyklus' und nicht Effekt anderer. Wenn Du es gelernt hast, kannst Du im allgemeinen Ursache sein, und falls es notwendig ist, Effekt zu sein, kannst Du lernen, das zu handhaben. Diese Fähigkeit besaßen die meisten Heiligen. Das heißt, man bewegt sich am Rande der Genialität — und es ist nicht unmöglich, denn gab Jesus nicht das Versprechen: "Was ich kann, kannst Du besser!"

Das nenne ich die Kontrolle an der Schalttafel des Selbst. Man schaltet sein Bewußtsein vom physischen Selbst zum spirituellen Selbst. Das geht daher folgendermaßen: Wenn Du irgendwo sein und selbst sehen möchtest, was vor sich geht, so kann dies auf folgende Weise geschehen: Du kannst Dich an den gewünschten Ort versetzen, in Deinem imaginativen Selbst. Plötzlich hast Du einen Standpunkt der Wahrnehmung, der vielleicht Kilometer vom physischen Körper entfernt ist.

Ein einfaches Experiment, das ich in ECKANKAR fand, ist: Wenn Du nachts im Bett auf dem Rücken liegst, richte Deine ganze Aufmerksamkeit auf einen bestimmten Punkt an der Decke und konzentriere Deine gesamte Aufmerksamkeit darauf. Dann schalte das Bewußtsein von Deinem Kopf auf den Punkt an der Decke um und schaue auf den Körper hinab. Einfach — nicht wahr? Versuche später dasselbe Experiment mit bestimmten Orten, wo Du gerne sein möchtest, schau, wer dort ist, betrachte die Landschaftsmerkmale usw. Wenn Du damit Erfolg hast, dann kannst Du Ausflüge zu anderen Welten, Planeten und Monden unternehmen und wissen, was sich dort befindet, bevor unsere Raumfahrer diese Planeten erreichen.

Später mehr.   Herzlichst,

24. Dezember 1962

Liebe Gail!

Danke für die Weihnachtskarte. Es freut mich, daß Du zu dieser Zeit an mich gedacht hast. Ich bin nicht sentimental, aber den wenigen Menschen, die ich gern habe, bin ich die meiste Zeit immer auf die eine oder andere Weise in meinen Gedanken nahe. Andererseits bin ich ein sehr abstrakter Mensch, und meine Gedanken sind gewöhnlich immer weit weg — um es in einem Gleichnis auszudrücken: auf dem Planeten Mars.

Unsere Fahrt nach Aberdeen war angenehm und anregend. Du bist eine anregende Persönlichkeit und hast einen außerordentlich guten Verstand. Ich hoffe, Du hast nichts dagegen, daß ich Komplimente verteile, aber sie sind aufrichtig und ehrlich! Deine Gesellschaft ist immer angenehm!

Nun zur Sache: In diesem Brief würde ich gerne einen Vorschlag machen: und zwar glaube ich, daß Du ein Ideal oder Vorbild brauchst, nach dem Du Dein inneres Leben gestalten kannst. Das trifft auf die meisten von uns zu, und wenn wir in der Kindheit nicht das Glück hatten, eines von unseren Eltern oder von einem uns Nahestehenden bekommen zu haben, kann es sein, daß wir jahrelang kämpfen, bevor wir die Wahrheit erfahren. Eines der grundlegenden Prinzipien des ECK Lebens ist es, ein Ideal zu haben, nach dem man lebt. Es gibt viele, unter denen man wählen kann. Zum Beispiel kannst Du Dir jemanden aussuchen, der in die Welten des Spirit eingegangen ist, wie die dann berühmt wurden; Madame Curie, Jane Addams, Florence Jahrhunderts und Mutter eines berühmten französischen Malers, dessen Namen ich vergessen habe), eine Inspiration für viele Maler, die dann berühmt wurden; madame Curie, Jane Addams, Florence Nightingale oder irgendeine andere Frau. Du kannst irgendeinen Philosophen, Mystiker oder sogar das Leben der ECK Meister hernehmen, um danach zu leben. Oder Du kannst eine einzelne Zeile eines Gedichts, einer Schrift oder Musik verwenden! Eines davon wird Dir als ein Leben, Vorbild oder Abbild dienen, nach dem Du innerlich leben kannst. Sprich mit niemandem darüber und betrachte es als das Wichtigste in Deinem Leben! Wirklich, Du kannst das Leben eines Heiligen zum Gegenstand Deines Idealismus' machen.

Zweitens, ein weiterer Vorschlag ist der, einen ausgesprochen anziehenden Beruf oder eine Beschäftigung zu finden, die Dir eine echte Form der Energie-Ausströmung ermöglicht. Wenn Du möchtest, daß das Wissen über ECKANKAR für Dich dazu wird, gut, aber schaffe Dir zuerst einen allgemeinen Hintergrund und wähle dann einen bestimmten Abschnitt aus, der dann zum Wesentlichen für Dich wird. Bisweilen wirst Du Leute dazu bringen, daß sie gern Deiner eigenen Energie-Ausströmung zuhören, wenn sonst nichts geschieht. So sind zum Beispiel Jockeys, die Reiter der Rennpferde, im allgemeinen nicht gebildet, doch verkehren sie gewöhnlich mit Menschen von guter Erziehung und ausgebildetem Intellekt. Die meisten von ihnen haben sich als Hobby ein Wissen über ein bestimmtes Gebiet, wie Glaswaren, Juwelen, Musik oder Kunst zugelegt. Sie werden dadurch leichter akzeptiert, wenn sie gesellschaftliche Pflichten zu erfüllen haben. Sie sind Experten auf ihrem Gebiet und können viele Informationen geben. Sie können Energie ausströmen lassen, und das fördert das Lösen von Spannungen in der Gesellschaft und sonstwo. Es vermag außerordentlich gut Spannungen in uns zu lösen.

Ich gebe Dir diese Anregungen aus besonderen Gründen, und hinter ihnen steht eine besondere Reihe spiritueller Gesetzmäßigkeiten von ECK. Ich will in meinen Beispielen ins Extrem gehen: Die Jungfrau von Orleans hörte Stimmen, und ihr Glaube daran war so stark, daß sie den Lauf der Geschichte veränderte; Gauguin, der französische Maler, war ein Sonntagsmaler, der soviel über gute Malerei lernte, bis ihn sein Selbstvertrauen veranlaßte, seine Sicherheit im Leben, seinen Beruf, seine Frau usw. aufzugeben, und er änderte die Richtung der Malerei für alle künftigen Künstler; Nijinski, der große russische Ballettänzer, glaubte an eine Vision, die er einst hatte, und schuf ein Modell des Tanzes für alle, die ihm auf diesem Gebiet folgten. Das sind die extremen Beispiele.

Was ich hier zu sagen versuche, ist folgendes: Sobald Du ein Modell findest, von dem Du glaubst, daß Du es als eine Vorlage für Dein Leben verwenden kannst, einen Stern, der Dich leitet, oder einen Schutzengel, und Du fest genug daran glaubst, dann ist gar nicht auszudenken, welche Höhe Du erreichen kannst. Ich spreche nicht von Ehrgeiz — ich sage nur, es macht Dich stark, oft stärker als alle Deine Kollegen, oder vielleicht stärker als andere. Ich habe das Leben hunderter von großen und nahezu großen Menschen, genialen und ungewöhnlichen Typen studiert und festgestellt, daß die zwei eben erwähnten Punkte ihnen Kraft in all ihren Auseinandersetzungen mit dem Leben gaben. Genau an dem Punkt, an dem sich alles gegen sie stellte, wendete plötzlich ihre innere Stärke (ihr inneres Bild oder Prinzip) das Blatt zu ihren Gunsten! Ich möchte hier betonen, daß es immer, wenn Du Dich elend fühlst und glaubst, daß Dich womöglich ein bestimmtes Hindernis überwältigen wird, einen Weg gibt, den Sieg zu erlangen. Als erstes kannst Du den 91. Psalm lesen, eines der großartigsten Schriftstücke, die dafür bekannt sind, daß sie einen aus einem Tief herausholen; andere Psalmen sind der 46., 27., 24. und 23.! Zum anderen sind die Briefe und Autobiographien vieler großer Menschen gut zu lesen, wenn Du einmal etwas brauchst, was Dir über den Berg hilft. Lies über das Leben von George Fox, des Begründers des Quäkertums, wenn Du sehen willst, wie ein Mensch wegen seiner Anschauungen geschmäht wurde und sich doch trotz aller Gegnerschaft durchsetzte. Eine andere Geschichte ist die von George Miller, einem Prediger des 19. Jahrhunderts, der eine ganze Reihe von Waisenhäusern in England gründete und unterhielt. Er verfügte über eine solche Kraft des Gebets, daß er niemals um Geld bat, sondern dafür betete, um seine Waisenhäuser erhalten zu können, und das tat er mit dem größten Erfolg. Es gibt aus seinem Leben Aufzeichnungen über mehr als 25.000 seiner Gebete, und jedes einzelne war erfolgreich. Übrigens, das ist eine gute Art, mit Gebeten zu experimentieren — jedesmal wenn Du betest, kannst Du es in einem Notizbuch festhalten und später den Erfolg beobachten. Du solltest es dabei nicht eilig haben — räume ihm wenigstens zwei Jahre Zeit ein. Gebete wirken mechanisch wie Radiowellen — sie steigen zur Troposphäre auf, werden zurückgeworfen und setzen Deine Bitte durch eine menschliche Handlung, eine unsichtbare Handlung, durch jemanden auf der anderen Seite, etwa einen Heiligen, oder vom höchsten spirituellen Wesen aus in Gang.

Es hat vielleicht den Anschein, als ob ich in diesem Brief herumschweifen würde. Hier liegt jedoch der Grund, warum ich neulich abend sagte, Du solltest Dir jemanden wie einen Heiligen oder einen großen spirituellen Menschen suchen, an den Du Dich im Notfall wenden kannst. Nehmen wir das Bildnis eines Heiligen. Sie oder er kann Deine Führung im Leben werden; Du kannst sein Leben studieren und es als ein inneres Beispiel für Dich verwenden. Du kannst ihn in einer Notlage anrufen, und er wird Dir helfen. Es kann sehr vorteilhaft für Dich sein, wenn Du einen Heiligen als Dein Vorbild oder Modell akzeptierst. Das ist einer der Gründe für die katholische Regel, daß man bei der Taufe einen Schutzheiligen bekommt. Aber man erhält nie die Erklärung dafür, und die wenigsten wissen es; Mary Austins Buch *Everyman's Genius (Jedermanns Genius)* gibt eine Menge Antworten darauf.

Nun zu meiner Lieblingstheorie — dem Heraustreten aus dem Körper. Das ist bei vielen Menschen, die in der Geschichte, im gesellschaftlichen Leben und im religiösen Bereich gut bekannt sind, ein allgemein angewandtes Verfahren. Ein paar sind bewußt dazu in der Lage, viele haben es erlebt, bekamen Angst und zogen sich in ihre Schale zurück, andere konnten und wollten sich nicht bemühen, es zu erklären. Lawrence von Arabien besaß diese Fähigkeit, außerhalb seines Körpers zu reisen; Somerset Maugham soll es gekonnt haben und mancher andere. Ein Experiment geht folgendermaßen: Lege Dich auf das Bett, schließe halb die Augen und denke an einen Ort, an dem Du sein möchtest, oder an jemanden, mit dem Du zusammensein möchtest. Es geht blitzschnell! Laß Dich nicht entmutigen, wenn Du einschläfst — versuche es weiter.

Später mehr. Herzlichst,

Liebe Gail!

30. Dezember 1962

Ich möchte auf etwas hinweisen, das für jeden Studenten von ECKANKAR von äußerstem Interesse ist: auf den Unterschied zwischen dem Christentum und dem Buddhismus. Der Buddhismus hat sich seit seiner Entstehung, 500 Jahre vor Christus, mit menschlichen Angelegenheiten in den verschiedenen Formen friedlicher Tätigkeit befaßt und ist gegenüber jeder Phase kriegsähnlicher Aktivitäten, die zuweilen das Christentum kennzeichneten, gleichgültig geblieben. Du wirst bemerken, daß die Entwicklung der westlichen Zivilisation in den letzten 2000 Jahren mit Kriegen im Namen Christi einherging! Du mußt im Auge behalten, daß der Hauptgrund dafür folgender ist: Der westliche Mensch ist in seiner kulturellen und spirituellen Entwicklung und Zivilisation um Jahrhunderte hinter dem Osten in dem Sinne zurück, daß die Zivilisation der östlichen Länder nicht von Bequemlichkeiten, Autos, Flugzeugen und Bildung abhängt wie bei uns. Stattdessen ist die Zivilisation von der Entwicklung der spirituellen Natur des Menschen abhängig. Man könnte daher sagen, die Theorie der Hölle sei von der Kirche erfunden worden, um den Menschen zivilisierter zu machen, damit er in Furcht davor lebte, seinen Bruder umzubringen. Die Kirche hatte Angst vor Bestrafung im Jenseits erzeugen müssen, um die Masse der Menschen zu beherrschen. Das ist gut, denn die Massen müssen in Schach gehalten werden, bis sie fähig sind, auf ein gemeinsames spirituelles Ziel hinzuarbeiten, was Jahrhunderte dauern kann. Wenn sie von den Zwängen genug haben, tritt eine Rebellion ein, die vom Sturz der Kirche, der Könige und der strengen Autorität begleitet wird. Geschickte Führer verschaffen sich Herrschaft über die Massen durch Gesetze und Rechte. Das Studium der amerikanischen Revolution ist dieser Art. Diesem Krieg folgten zum Beispiel so viele Aufstände gegen den amerikanischen Kongreß in Form eines Steuer-Aufstandes, Whisky-Aufstandes etc., daß Jefferson, Franklin, Carroll, Mason, Washington, Adams und andere in diesem Lande, die starke finanzielle Interessen verfolgten, die Verfassung schrieben, die zum größten Teil nichts anderes als eine Reihe von Massenkontrollmaßnahmen ist.

Die Amerikanische Revolution gab den Menschen in der Welt ein Beispiel. Auf diesen Krieg folgte die Französische Revolution, die

Italienische Revolution, die Russische Revolution, die Englische Revolution und andere auf der ganzen Welt, die bis zum heutigen Tage andauern. Es ist ein richtiggehendes Studium der okkulten Weltgeschichte, die praktisch in der *Geheimlehre* von H.P. Blavatzky vorausgesagt wurde, einem Buch, das sehr viele Enthüllungen okkulten Wissens bringt, so daß ein Leben dazu nötig wäre, um es gründlich zu lesen und zu studieren. Es steht in der Bücherei, aber es ist lediglich okkultes und nicht spirituelles Wissen.

Soviel dazu. Man lehrt die Christen, daß die Kreuzigung das Kreuzigen des Selbst (des Ego) oder des Fleisches bedeute, da die Unterwerfung des Selbst notwendig sei, um moralische Vollkommenheit zu erlangen. Der Buddhismus erklärt, daß es von Anfang an kein Selbst gibt, das man kreuzigen könnte. Vom Standpunkt eines Selbst aus zu denken, heißt, alle Arten von Irrtümern und Übeln in Gang zu setzen. Prüft man die Geschichte des Buddhismus, so stellt man fest, daß es niemals einen Krieg gegeben hat, der im Namen des Buddhismus begonnen wurde, keine Foltergruppen wie die Spanische Inquisition, welche die Ketzerei ausrottete (eine andere Bezeichnung für das Aufrechterhalten von Macht und Autorität), noch übte der Buddhismus irgendeinen Zwang auf andere aus.

Da es kein Selbst gibt, braucht man keine Kreuzigung, sagt der Buddhist, keinen Sadismus zu praktizieren, kein schockierendes Bild vom gekreuzigten Christus auszustellen. Eine Einsicht in die wahre Tatsächlichkeit der Dinge zu haben, ist das Ziel des Buddhismus. Um sie zu erlangen, muß man bei der klaren und durchdringenden Sicht in die Soheit der Dinge Disziplin wahren. Das Christentum neigt dazu, die Körperlichkeit der Existenz zu betonen. Deshalb die Kreuzigung und daher der Symbolismus, das Fleisch zu essen und das Blut zu trinken. Für einen Buddhisten ist das sozusagen Kannibalismus. Christus starb aufrecht am Kreuz, während Buddha horizontal verschied — symbolisch gesehen, weist der vertikale Zustand auf Aktion, Kampfbereitschaft, Ausschließlichkeit hin, während der waagrechte Zustand Frieden, Toleranz und Aufgeschlossenheit bedeutet. Aktiv sein, das heißt, daß das Christentum etwas in sich trägt, das agitiert und aufrührt. Kampfbereit und ausschließlich zu sein, bringt die Tendenz mit sich, eine autokratische und manchmal dominierende Macht über andere auszuüben, trotz des Anspruchs auf Demokratie und universale Brüderschaft. Der Buddhismus ist eine Religion der Emsigkeit und der unendlichen Geduld, eine Religion des Friedens, der inneren Heiterkeit, des Gleichmuts und der Ausgeglichenheit. Er tritt für die Aufgeschlossenheit, universale Toleranz und Zurückhaltung von weltlicher Unterscheidung ein.

Ich möchte Dich in keiner Weise überreden, sondern nur Dinge dieser Art hervorheben, damit Du Maßstäbe erhältst, um Dein Denken zu beurteilen — und wenn andere über etwas diskutieren, wirst Du eigene Ankerpunkte besitzen, von denen Du ausgehen kannst! Auch wirst Du in vielen Fällen ihre Vorurteile, ihre Denkgewohnheiten und Entwicklungsmuster durchschauen. Denke daran: Logik und Vernunft, obwohl viel darüber geschrieben wird, und obwohl man geltend macht, daß sie die Basis für unser Verhaltensmuster und unsere Denkmodelle seien, werden selten angewendet. Wir als Menschen leben zumeist aufgrund unserer Emotionen und Gefühle und von Irrationalem. Das trifft nicht ganz und gar zu, aber doch größtenteils! Noch immer töten sich Menschen aus Haß und Eifersucht. Noch immer stehlen Menschen und wollen keinen gemeinsamen Lebensstandard anerkennen, um in Frieden miteinander zu leben. Du siehst, daß Vernunft, Logik, Moraltheorien, kirchliche Vorschriften und vom Menschen verfaßte Gesetze versagen. Wir müssen deshalb höhere Gesetze, höhere Ziele anstreben, die unter die spirituellen Gesetze fallen! Daher die Gesetze des Moses, die ethischen Gesetze und jene, die von den Errettern, Erlösern und Heiligen in den meisten religiösen Schriften der Weltreligionen festgelegt wurden.

Etwa 2000 Jahre vor der Geburt Christi wurde in Indien ein Gott mit dem Namen Krishna geboren. Er wurde von einer jungfräulichen Mutter unter denselben Umständen wie Christus zur Welt gebracht, machte ähnliche Erfahrungen, predigte etwa bis zu seinem 33. Lebensjahr und starb unter ähnlichen Umständen. Er stand von den Toten auf und fuhr in den Himmel auf, genau wie Christus. Er war der Begründer der Hindu-Religion!

In der Hindu-Religion begegnen wir erstmals der Dreieinigkeit — dem hervorstechenden Aspekt des Christentums. Es ist kein Geheimnis dabei. Die Hindu-Dreieinigkeit ist ein dreifacher spiritueller Strom aus der großen spirituellen Kraft, die Gott entströmt. Diese Ströme werden einzeln benannt: Brahma, der erschaffende Strom; Vishnu, der festhaltende oder zusammenfügende Strom, der den schöpferischen Akt eine unbestimmte Zeit lang erhält; und Shiva, der zerstörende Strom, der die beiden anderen zerstört, wenn der Akt seinem Ende zugeht. Diese Ströme sind zwei großen Strömen untergeordnet: Brahm ist der positive Strom und Shakti der negative Strom. Verstehst Du? Du kannst in jedem der beiden Ströme, dem positiven oder dem negativen, etwas erschaffen. Wenn Du jemandem helfen willst und dafür einen Schöpfungsakt kreierst, dann arbeitest Du im positiven Strom mit den drei Strömungen der Dreieinigkeit. Wenn Du etwas gegen jemanden unternehmen möchtest, arbeitest Du im negativen Strom und verwendest ebenso die drei Ströme der Dreieinigkeit.

Diese Ströme wirken durch die Imagination auf folgende Weise: Gedanke, Vorstellung und Handlung. Das ist tatsächlich die Dreifaltigkeit. Der Gedanke, das Kreative; die Vorstellung, das

Erhaltende; und die Handlung, das Zerstörende oder die Endphase. Ich besitze eine Menge Material über dieses Thema, wenn Du mehr darüber lesen möchtest.

Später mehr. Herzlichst,

Liebe Gail!

5. Januar 1963

Als wir nach Aberdeen fuhren, begannen wir eine Diskussion über Selbstschutz. Damit sind die Mittel und Wege gemeint, wie man sich vor anderen schützt, im physischen Sinn, und auch vor allem, was Dich von der anderen Seite zu verletzen sucht. Dies schließt psychische Angriffe mit ein. Ich gab Dir das sehr einfache Mittel, einen umgedrehten Spiegel zwischen Dich und das Übel zu stellen (dies geschieht durch Modellvorstellungen, womit der Gebrauch der Imagination gemeint ist). Diese Mittel sind einfach, was sie aber als schwierig erscheinen läßt, ist ihre Handhabung. Dazu sind Führung (Management) und Disziplin des Verstandes erforderlich. Unter allen möglichen Umständen, vom schwächer störenden Einfluß eines Menschen, der Dich bewußt nervös machen will, bis zum schädlichen Angriff durch ein Wesen oder eine andere störende Situation, mußt Du eine Modellvorstellung aufbauen. Es erfordert Geistesgegenwart, eine Modellvorstellung aufzubauen, um solche störenden Elemente abzuwehren.

Eine andere Form des Selbstschutzes ist es, sich in das Zentrum eines weißen Lichts zu setzen und dann von diesem Zentrum aus das, was einen stört, anzuschauen. Eine weitere Form des Schutzes besteht darin, einfach eine Wand zwischen sich und dem störenden Einfluß zu errichten. Eine zusätzliche Möglichkeit ist der Gebrauch einer projektiven Kraft, das heißt, einen anderen Menschen mit unsichtbaren Händen fernzuhalten. Oder man kann das Wort ECK in ständiger Wiederholung gebrauchen! Dadurch wird eine schützende Barriere zwischen Dir und dem Angreifer errichtet. Probiere diese Dinge einmal aus, dann aber mit einer so starken Geistesgegenwart, daß nichts, was auch immer es versuchen mag, diese Kraft durchbrechen kann.

Denke immer daran: Nichts kann Dich berühren, wenn Du es nicht zuläßt. Solange Situationen oder Menschen Dich nicht aus der Fassung bringen oder stören können, haben sie keine Gewalt über Dich! Dies ist die Form der Losgelöstheit, wie die ECK Philosophie sie nach dem *Shariyat-Ki-Sugmad* (dem Heiligen Buch von ECK) lehrt. Wenn Du gegenüber Situationen und Leuten, die Dich aus der Fassung bringen, losgelöst sein kannst, geht alles gut aus.

Die projektiven und kontraktiven Kräfte sind sehr mächtige Kräfte.

Ich habe einige sehr seltsame Dinge gesehen, die mit ihnen angestellt wurden. Die projektive Kraft wird gebraucht, um etwas abzustoßen. Die kontraktive Kraft wird gebraucht, um etwas zu Dir heranzuziehen. Ich kannte einen Mann, der in einem Restaurant auf der Hauptstraße zu sitzen pflegte und die kontraktive Kraft anwendete, um Leute in das Restaurant zu ziehen. Bei zwei von drei Versuchen funktionierte das. Die gleichzeitige Anwendung beider Kräfte auf einen Menschen bedeutet, psychischen Mord zu begehen! Psychischer Mord ist ein reales Verbrechen in dieser Welt, aber kaum jemand weiß etwas davon. *Der gequälte Verstand (The Haunted Mind)* von Fedor, einem praktizierenden Psychologen in New York, ist ein Buch, das darüber berichtet. Ich spreche diese Schattenseite an, weil sie ein interessanter, aber gefährlicher Teil dieser Welt ist, in den Du im Laufe Deiner Studien niemals hineingeraten solltest.

Einige der führenden Psychologen, die Bücher über die menschliche Psyche und über ihre Erfahrungen mit der unsichtbaren Seite verfaßten, sind Jung, Bergson, Camille, Anderson, Meerlo, William James, Price, F.W.H. Myers, Jastrow, Dunne und Rhine.

Wenn Du einmal wenig Lesestoff hast, besorge Dir ein Buch von George du Maurier mit dem Titel *Peter Ibbetson*. Es wurde, glaube ich, um die Jahrhundertwende geschrieben und handelt von einem Mann, der wegen irgendeines Verbrechens im Gefängnis saß. Er war im Begriff zu heiraten, doch die Inhaftierung beendete sein Vorhaben; er lernte jedoch den Trick, seinen Körper zu verlassen, und besuchte seine Freundin nachts im geistigen Körper, während der natürliche Körper auf der Gefängnispritsche lag. Das Buch übte damals großen Einfluß aus. Gary Cooper spielte vor vielen Jahren die Hauptrolle in einem Film, der sich auf das Buch bezog.

Lies auch ein Buch das *Ardath* heißt, von Marie Corelli. Sie hat eine Menge Bücher über das vorhin erwähnte Thema geschrieben, aber dieses ist das beste. Es gibt eine breite Auswahl von Büchern, die ich ab und zu empfehle, aber dies sind gute Bücher, um Dir Wissen zu vermitteln.

Ich vergaß, Dir in meinem letzten Brief über den Buddhismus zu schreiben, daß der Christliche Verein Junger Männer (und Junger Frauen) auf die Idee einer ähnlichen, im ganzen Fernen Osten verbreiteten Organisation zurückgeht: Der Buddhistische Verein Junger Männer usw., deren Prinzipien, abgesehen vom Buddhismus, dieselben sind.

Nun einiges Weitere über die Trinität: Alle Religionen haben die Trinität in ihren Lehren. Die Okkultisten haben bis jetzt eine spirituelle Haupt-Kraft, zwei geringere Kräfte und drei Kräfte, die unter diesen zwei geringeren Kräften stehen, entdeckt. Dies sind die Naturkräfte. Unter jeder dieser drei Kräfte gibt es sieben Kräfte, etwa folgendermaßen:

I. Gott, der große Ozean der Liebe und Güte
  A) die Maskuline Kraft. Sie stellt die Kräfte der positiven Energie dar.
  B) die Negative Kraft. Sie stellt die Kräfte der negativen Energie dar.
   1. die Kreative Energie. Sie kreiert einen Zyklus von Energie.
   2. die Neutrale Energie. Sie hält den Zyklus der Energie in einer gewissen Form.
   3. die Destruktive Energie. Sie zerstört den Zyklus der Energie oder die Form, wenn der Benutzer ihn vollendet hat.

Vielleicht gibt Dir dies ein besseres Verständnis der Trinität, des dritten Teil dieses Abrisses. Nebenbei bemerkt, gibt es noch sieben geringfügigere Energiekräfte unter diesen drei Formen. Ich vergaß, sie mit einzuschließen. Das Christentum hat, wie andere Religionen, diese Kräfte personifiziert und ihnen Namen gegeben. Die Trinität, von der im Christentum gesprochen wird, enthält: Vater (den Schöpfer), Sohn (neutral) und den Heiligen Geist (destruktiv). Ergibt das einen Sinn? Du kannst, wenn nötig, von mir Lesestoff darüber bekommen.

Es ist jedoch nicht schwer zu lernen, wenn Du einmal die Idee erfaßt hast, die hinter den religiösen Symbolen steht, die die Kräfte der Natur repräsentieren. Manch ein Mönch oder Priester lernte dies und konnte durch den Gebrauch eines Chants, eines Mantras (magischer Worte) oder eines Rituals diese Kraft für praktische Zwecke einsetzen, um zu heilen, anderen zu helfen oder Energie-Kraft aufzubauen. Selten jedoch vermag jemand, der magische Kräfte besitzt, sich selbst zu helfen — denn das Gesetz arbeitet nicht auf diese Weise. Es muß, um in besonderer Weise angewendet zu werden, mit einer Güte des Herzens, durch den Menschen zu anderen fließen und nicht aus irgendwelchen persönlichen Gründen.

Später mehr.   Herzlichst,

Liebe Gail!

10. Januar 1963

Du scheinst meine Lesegewohnheiten mit ungewöhnlichen Gedanken zu betrachten, aber zu Deiner Information, es ist nichts Ungewöhnliches dabei. Gelegentlich stoße ich auf eine Information über Leser, die für mich von Interesse ist, z.b. las ich gestern abend in *Die Gabe des Genies (Gift of Genius)* von Tucker, daß Napoleon ein Buch, zu dem seine Mitarbeiter Tage benötigten, in einer Stunde lesen konnte. T. E. Lawrence (Oberst Lawrence von Arabien, der ein unabhängiger Mystiker war) behauptete, an der Oxford Universität während seiner Studienzeit in sechs Jahren 50.000 Bücher gelesen zu haben. Von Thomas Wolfe, dem amerikanischen Schriftsteller, heißt es, er habe in der Bücherei der Harvard Universität, während er dort studierte, 20.000 Bücher gelesen. Das heißt ungefähr 5.000 Bücher pro Jahr. Lawrence soll sechs bis acht Bücher am Tag gelesen und noch zwanzig weitere durchblättert haben. Es heißt, daß Clifton Fadiman, ein Kritiker und Schriftsteller, mindestens 4.000 bis 5.000 Bücher im Jahr überfliegt. Robert Payne, der Schriftsteller, sagt in einem seiner Bücher, daß ein guter Buchleser 6.000 — 8.000 Bücher im Jahr durchblättern und lesen kann. Das ist keine unsinnige Behauptung; unter denen, die sich dem Lesen gewidmet haben, gibt es viele, die sogar noch mehr lesen können. Ich muß Dir einmal zeigen, wie man das macht, damit Du mehr Bücher lesen und durchblättern kannst, wenn Du möchtest.

Warum erwähne ich das? Manchmal konsumieren Meister, die bestrebt sind oder versuchen, sich ein bestimmtes Maß an Wissen zu verschaffen, eine Menge Lektüre. Als Sudar Singh, der alte ECK Meister, einmal den Iran (das alte Persien) besuchen wollte, um die alten persischen Sprachen und Werke der Poeten der Antike zu studieren, las, durchblätterte und konsumierte er eine Menge Bücher über die alte persische Sprache. Er sagte, glaube ich, er habe über 4.000 Bücher in einem Jahr gelesen — aber in der Zwischenzeit erlernte er bei all seinem Lesen die alte persische Sprache, und als er im Iran war, hatte er kaum Schwierigkeiten, die alten Manuskripte zu studieren. Er konnte sieben verschiedene Sprachen lesen und sprechen! Fubbi Quantz, ein anderer ECK Meister, kann mindestens fünfzehn verschiedene Sprachen lesen und sprechen! Einschließlich des Sanskrit, einer der ältesten Sprachen der Erde, und Pali, die beide heute nicht mehr gebräuchlich sind, aber viele uralte Bücher in Indien sind in diesen Sprachen abgefaßt. Er hat ein Gedächtnis wie ein Tonbandgerät — ich habe sein Gedächtnis gelegentlich kennengelernt!

Gut, soviel dazu! Nun möchte ich einen Teil der ECK Psychologie aufgreifen, über den Du früher oder später Bescheid wissen mußt. Es gibt einen Teil des Verstandes, der in der Psychologie als der unbewußte Verstand bekannt ist. Man kennt ihn als den reaktiven Verstand. Es ist ein robuster, grober Verstand, der in jedem Augenblick Deines Lebens wachsam ist, ungeachtet der Gegenwart von Schmerz oder Freude, und er zeichnet alles mit idiotischer Gewissenhaftigkeit auf, sogar, wenn Du durch eine Ohnmacht die Besinnung verloren hast. Dieser Verstand operiert durch Reaktion — und ist vielen bekannt, die an Massenpsychologie interessiert sind: Den Diktatoren, Totalitären, Politikern und maßgebenden Leuten des öffentlichen Lebens.

Dieser Verstand arbeitet auf eine Weise, die sich selten mit Sprache oder Kommunikation abgibt. Jedesmal, wenn man verletzt wird, speichert dieser Verstandesteil die Wahrnehmungen, die die Verletzung betreffen — Töne, Gerüche, Ertastetes, Gesehenes usw. Immer, wenn diese Wahrnehmungsgegenstände in der Umgebung desjenigen auftauchen, der einmal verletzt wurde, wird er nervös und kann nicht mehr einwandfrei agieren. Dieser Verstand speichert Erinnerungen aus der Vergangenheit, aus anderen Leben sowie aus den hinter dem unsichtbaren Schleier verbrachten Leben auf. Er arbeitet auf den niederen Stufen und betrifft die normalen Bedürfnisse des Menschen, seine Lebensgewohnheiten und die meisten Gedanken. Er steht in Beziehung zum Spirit, denn Spirit wird ebenso von diesem Verstand beeinflußt, und er kann in ähnlichen Umständen oft Erinnerungen speichern. (Erinnerst Du Dich an die Emotionalskala, die ich Dir gezeigt habe?) Daran sieht man, wie dieser Verstand sich auf drei Teile des unsichtbaren Selbst des Menschen — Emotionen, Verstand und Spirit — auswirken kann! Im Spirit existiert ein ähnlicher Mechanismus wie der vom Körper umschlossene — das heißt, Verstand und Emotion. Dies jedoch auf einer viel höheren Stufe.

Wenn den Emotionen eine Verletzung zugefügt oder im Verstand registriert wird, bildet sich das, was in der Psychologie eine Aberration genannt wird. Das ist das Registrieren eines Bildes im Verstand, und dieses Bild wird eingeordnet, damit der Verstand es heranziehen kann, wenn sich bei dem Betreffenden ein ähnliches Ereignis wiederholt, oder wenn er es sich ansehen möchte. Der Verstand gleicht einer Kartei, die mit diesen kleinen Bildern angefüllt ist, die registriert und zur späteren Verwendung abgelegt wurden. Sie enthalten alle Weisungen, so daß es für Dich schwierig ist, sie zu betrachten, ohne bei jedem einzelnen in vollem Umfang den Emotionen, Farben usw.

ausgesetzt zu sein! Der reaktive Verstand hat jedoch die meisten dieser Bilder zu seinem eigenen Gebrauch eingeordnet. Diese Bilder sind für ihn wertvoll, und wenn Du einmal in eine Situation gerätst, die Du nicht handhaben kannst, so deshalb, weil der reaktive Verstand das entsprechende Bild herausgezogen hat und Du es vom spirituellen Blickpunkt aus betrachtest. Laß mich Dir ein Beispiel geben. Schließe Deine Augen. Was siehst Du? Einen Vogel? Gut, aber was sieht diesen Vogel? Nicht Deine Augen, nicht das, was man eine Intervision nennt, sondern ein Blickpunkt — welcher Blickpunkt — die Seele natürlich! Erinnere Dich daran, als ich Dich neulich abends mit geschlossenen Augen bestimmte Orte ansehen ließ. Nun, das ist es, was das Bild des Vogels ansieht, einfach Du! Dein wirkliches Selbst! Das heißt, was Du bist. Die Position, von der aus Du ständig arbeiten sollst!

Wenn Du in eine Situation gerätst, die nachteilig sein könnte, oder vielmehr, in der Du eine Art von Gefahr spürst, die verdächtig oder anderer Art ist, wirst Du wahrscheinlich ein altes Bild betrachten, das ihr ähnelt, ohne zu erkennen, daß es so ist! Ich konnte einmal jemandem helfen, ein altes Bild ins Gedächtnis zurückzurufen, das ihn seit Jahren belästigte; er erkannte es jedoch nicht, bis es an die Oberfläche drang! Vor Jahren wurde ihm aufgetragen, ein Lieblingspferd auf der Ranch zu erschießen, weil es das Alter erreicht hatte, in dem es zu nichts mehr zu gebrauchen war. Er versuchte es, schoß aber daneben und traf das Pferd in die Nase. Der Schmerz machte das Pferd wild. Die Szene war für das zwölfjährige Kind schrecklich. Endlich gelang es ihm, das Pferd zu töten. Als die Szene in seinem Verstand erschien, nachdem ich ihn befragt hatte, brach er zusammen, schrie und versuchte, der Handlung Einhalt zu gebieten, aber ich kümmerte mich um ihn, bis er schließlich damit fertig wurde, und alles, einschließlich der Emotionen, der Farben der Umgebung um ihn, erzählte, und dies bereinigte seinen Verstand, so daß er sogar wie ein anderer Mensch aussah! Das war weder eine Behandlung noch eine Heilung als solche, es war einfach ein Trick der ECK Psychologie, der ihn dazu brachte, sich zu öffnen und sich an etwas zu erinnern, das ihn seit der Kindheit beunruhigte. Das reinigte seine Vergangenheitsspur, bis er wieder ohne störende Erinnerungen war. Es war nur sein unbewußter Verstand, der ihn mit einem alten Bild aus den Aufzeichnungen plagte, das ihm ein Schuldgefühl gab. Seine Augen erhellten sich, sein Gesicht sah aus, als wäre es frisch gereinigt, und seine gesamte allgemeine Haltung änderte sich. Verstehe mich nicht falsch, ich praktizierte nichts, ich habe ihm lediglich in einem bestimmten Bereich geholfen, als er sich an einem schwierigen Punkt befand. Es war ungefähr dasselbe, wie einem Mann zu helfen, ein steckengebliebenes Auto anzuschieben. Einfach eine hilfreiche, freundliche Geste, ohne etwas dafür zu erwarten!

Soviel dazu. Das ist einer der Bereiche, in denen ECKANKAR hilfreiche Details zu kreativer Aktivität liefert. Wir können darüber einmal sprechen!

Später mehr.   Herzlichst,

Liebe Gail!

18. Januar 1963

Hier ist ein ECK Maßstab, den Du bei der Beurteilung von Menschen verwenden kannst. Es betrifft ihren Interessenbereich, und zwar: Alle, die an IDEEN interessiert sind — haben einen guten Verstand (Intellekt), alle, die hauptsächlich an MENSCHEN interessiert sind — haben einen mittelmäßigen Verstand, könnte man sagen; und alle, die an DINGEN interessiert sind — haben oft einen schwachen Verstand. Gewöhnlich kannst Du zu einer vorläufigen Beurteilung von Menschen kommen, indem Du ihrem Gespräch über die drei obenerwähnten Faktoren zuhörst.

Wer von einem Gedanken gepackt wird, der wird zu diesem Gedanken; finde deshalb heraus, worauf jemand seine Aufmerksamkeit legt, ob auf Ideen, Menschen oder Dinge? Nur erfolgreiche Menschen arbeiten auf dem Gebiet der Ideen — auf allen Ebenen, sei es auf der Ebene Gottes oder beim Auto-Verkauf. Was immer es sei, er wird von der Idee verzehrt und wird zu der Idee. Die Idee erfaßt den Betreffenden, formt und gestaltet ihn nach ihrer Art. Eine der interessantesten Geschichten in der religiösen Literatur ist die von Ramakrishna, einem Hindu-Mystiker und Heiligen der Vedanta-Philosophie (einer der sechs Hauptreligionen Indiens). In der Stadtbibliothek gibt es Bücher über ihn.

Die Idee ist das Symbol oder das Bild, das zu werden man sich bemüht. William Blake, ein mystischer Dichter, ist der erste der modernen Denker, der diese Theorie hervorhebt. Er war ein Gnostiker wie ich. Seine Denkweise ging von Plotin aus, der sich sein Wissen von den Gnostikern holte, jener Gruppe von Denkern, die gegen den alten jüdischen Glauben rebellierten. Die zog sich durch die Jahrhunderte in der Denkweise der frühen Kirchenschreiber wie Origines und anderen hindurch; doch ihre Werke werden heute von der orthodoxen katholischen Kirche nicht anerkannt. Die Kabbalisten, die mystische Gruppe des alten jüdischen Glaubens, waren jahrhundertelang die Führer im Aufstand gegen das Dogma ihres Glaubens, von Pico della Mirandola, Savonarola bis Fludd, Swedenborg und Blake, wobei letzterer Berkeley, Swift, Donne, Hume, Kant, Schiller und Goethe beeinflußte, oder umgekehrt. Die meisten der Schriften Blakes sind voller Gedanken aus der Kabbala (dem jüdischen Mystizismus).

Blakes Schriften beruhen auf einem grundlegenden Prinzip: Dem

Idealismus; er ersetzt Gott durch den Menschen als Schöpfer oder identifiziert den Menschen mit Gott. In Zusammenarbeit mit Voltaire, diesem merkwürdigen Menschen, brach Blake im 18. Jahrhundert mit den alten Tendenzen orthodoxer Religion. Von dem Tag an wurde alles religiöse Denken zu einem Stiefkind Blakes, des religiösen Menschen. Voltaire war kein religiöser Mensch, und deshalb gewannen mit den Jahren Blakes Werke, und die Voltaires gingen unter.

Was ich hier sage, vielmehr, wozu ich überleite, ist, daß Blake die Fähigkeit der Imagination betonte, denn man muß kreativ sein, bevor man in das mystische oder okkulte Leben eintreten kann. Man muß lernen, die alten Gewohnheiten und Traditionen zu ersetzen und seinen Hintergrund zu zerschlagen. Es gibt eine interessante Phantasiegeschichte mit dem Titel *Disappearing Act* von Alfred Bester in *Star Science Fiction Stories, Nr. 2*, die diesen Umstand illustriert. Ein Schriftsteller muß sein Drama mit einer gewissen Übertreibung aufbauen, aber diese Geschichte bringt ihre eigene Darstellung über die Imagination. Es ist die Geschichte von sechs in einer Irrenanstalt eingesperrten Menschen, die niemals aßen oder schliefen und manchmal psychisch verschwanden — sie gingen in ihre eigene, unsichtbare Welt, an die sie glaubten, worin sie die Hauptdarsteller waren. Alle Arten von ASW, psychologischen oder okkulten Experten wurden bemüht, um dieses Problem zu lösen, aber am Ende entschied man, daß nur ein Dichter das Geheimnis erschließen könne, da ein Dichter der kreativste Mensch ist und die imaginativen Vorstellungen kannte, die jeder einzelne Patient für sich entwickelt hatte und von denen jeder einzelne eine Welt besaß, die er besuchen und in der er beliebig lange Zeit leben konnte.

Das ist wahr, denn sehr wenige kennen die Konzepte der Imagination besser als die Dichter. Es ist immer gut, die Dichter und ihre Imagination zu studieren. Warum? Weil alles, was auch immer Du Dir in Deinem eigenen Universum vorstellst und aufbaust, schließlich zur Realität wird. Das ist der Beweggrund für alle Religionen und die vielen Heiligen, die auf der Erde erscheinen und ihre Botschaft predigen. Ihre imaginativen Kräfte sind so entwickelt, daß sie ihre Ideen auf andere projizieren können, die nicht kreativ sind, und sie sorgen dafür, daß diese Ideen sich einprägen, indem sie ein bildliches Muster errichten. Daher der Christus am Kreuz — was kann von einem Menschen mehr gesagt werden, der sein Leben hingab, um die Menschheit zu erretten! Ob es von seinen Anhängern erfunden wurde, oder ob Er das Bild schuf, ist belanglos, es ist ein Bild, das die Jahrhunderte hindurch sich der Vorstellungskraft der Menschen bemächtigt hat.

Auf der anderen Seite sieh Dir die Bildvorstellungen der Standard-Markenerzeugnisse um Dich herum an; Coca Cola; Herr Saubermann;

Campbell's Suppen, usw. Den Werbeagenturen ist es gelungen, Bilder zu schaffen, die sich dem Verstand der Leute eingeprägt haben, damit sie ihre Erzeugnisse kaufen. Wohin führt das alles? Blake betonte das Prinzip der HANDLUNG ODER NICHT-HANDLUNG. Er meinte damit, daß Kreativität durch die Imagination Dich in jenen erwünschten Zustand bringt. Erinnere Dich, wir sprachen einmal darüber! Die Imagination reicht in Bereiche, wohin der physische Körper nicht gelangen kann, z.B. möchtest Du nach Honolulu reisen, aber Du hast kein Geld. Du kannst aber in Deiner Imagination annehmen, daß Du in Honolulu bist (es ist der Spirit-Körper, der sich an den betreffenden Ort begibt), und schließlich muß Dein physischer Körper dem Spirit-Körper dorthin folgen, wohin er sich begibt! Das zeigte ich Dir in der Nacht, als Du Dich bemühtest, Deinen Körper zu verlassen!

Nun einen Schritt weiter, worüber Blake in seinen großartigen metaphysischen Gedichten sprach. Das ist das Betreten der Hallen von Los, wo alle Ereignisse das Scheinwerferlicht Deiner Aufmerksamkeit erwarten, damit sie lebendig werden können. Sie sind wie Statuen, denen Du Leben verleihst, damit sie sich bewegen und in Deinem Leben arbeiten. Aber um diese Halle des Lebens zu betreten, mußt Du Dich zuerst über Deine Aberrationen erheben, damit Dein Spirit-Körper ohne Behinderung arbeiten kann — d. h., Du mußt über den Problemen und Schwierigkeiten stehen — das ist der Grund, warum Du die meiste Zeit außerhalb des Körpers arbeitest. Erinnerst Du Dich, in meinem letzten Brief sprach ich über den reaktiven Verstand. Merkst Du, wie all dies zusammenpaßt? Wir nehmen nur eine Stufe auf einmal, um das alles zusammenzufügen. Verstehst Du nun, warum ich bestimmte Bücher empfehle?

Ein wichtiges Prinzip der imaginativen Fähigkeit ist folgendes: Worin zwei oder mehr übereinstimmen, das wird geschehen! Rebazar Tarzs, der große ECK Meister, sagt dasselbe in seinen Lehren. Das heißt nun nicht, zwei oder mehr im physischen Körper, es heißt einfach, daß Du, wenn Du etwas möchtest, wie die oben erwähnte Reise nach Honolulu — nachdem Du Dich im Spirit-Körper dorthin versetzt hast — Dir vorstellen mußt, wie jemand mit Dir darin übereinstimmt, daß dies die richtige Reise ist, usw.

Im nächsten Brief werde ich Dir erzählen, wie die Imagination eingesetzt wird, die Techniken, etc. zu ihrer Anwendung, und wie Du Dir selbst ein Universum aufbaust, in dem Du tatsächlich leben kannst.

Später mehr.

Liebe Gail!

23. Januar 1963

Vision oder Imagination, worüber ich im letzten Brief zu sprechen begann, ist vielleicht das am meisten mißverstandene und mißbrauchte Wort von allen, die definiert sind, ausgenommen vielleicht das Wort Mystik. Im modernen populären Sprachgebrauch des sachlichen Menschen wird die Vision des Mystikers als ein Ausdruck des Vorwurfes und des Mißfallens angewandt. Wenn er diesen Ausdruck nicht geradezu mit Halluzinationen identifiziert, dann wird daraus zumindest ein Wort, über das man schnell hinweggeht, denn es hat die Tendenz, für ihn etwas anzudeuten, was viel zu ausgefallen und überhaupt nicht praktisch anzuwenden ist, um damit Geld zu verdienen, was das Ziel aller gewöhnlichen Menschen ist.

Das ist eine ziemlich gefährliche Tendenz für jeden, der an die mystische Vision als einen wahren Weg zu Gott glaubt, denn die meisten Leute werden diese Möglichkeit mit einer Handbewegung abtun als etwas, das zu einem verträumten, verrückten Menschentyp gehört. Du liest darüber im Buch von Monika Baldwin *Ich springe über die Mauer in die Freiheit (I Leap Over the Wall to Freedom)*. Ihre Erfahrung bei dem Versuch, ihre Lebensweise als eine Nonne zu erläutern, war buchstäblich an ihre Leser vergeudet.

Du wirst feststellen, daß, je mehr man lernt, man umso weniger mit anderen über die eigenen Erfahrungen oder das spirituelle Leben sprechen kann. Sie wollen das nicht, weil es jenseits ihrer Sinne liegt und sie in der Welt der physischen Sinne leben. Mit jemandem dieses Thema zu erörtern, wird Deine inneren Kräfte, Gedanken und Zuversichten zunichte machen! Manche Menschen sind in ihrem Wesen destruktiv und werden Deine Träume herabziehen wollen! Es gibt ein altes Sprichwort, das lautet: "Um einen Menschen zu vernichten, zerstöre seine Träume!" Die beste Art, das auszuführen, besteht darin, die Waffe des Spottes anzuwenden — Gewehre, Kanonen, Bomben, Predigten oder Propaganda werden die Sache nicht so wirkungsvoll erledigen wie der Spott! Ständiger Spott des Partners treibt einen Menschen zum Wahnsinn.

Wohin führt das alles? Einfach dahin, daß Deine Imaginationskraft die größte all Deiner Kräfte ist. Du kannst sie auf jedem Gebiet anwenden, um Erfolge damit zu erzielen. Alles, wovon Du träumen kannst, wurde bereits auf dieser Erde etabliert — wenn Du also etwas imaginieren kannst, was nicht hier ist, dann befindest Du Dich auf dem Weg zum Erfolg oder Mißerfolg — das hängt davon ab, wie die Öffentlichkeit Deine Vorstellungen akzeptiert.

In diesem Brief werde ich Dir etwas erklären, das im Bereich der spirituellen Psychologie gut bekannt ist, aber Du wirst kaum jemals aus irgendwelchen Büchern davon hören. Hin und wieder finde ich ein Buch, welches das Thema behandelt, aber im allgemeinen wird es falsch ausgelegt und überhaupt nicht besprochen.

In ECK ist es als das Gesetz der UMKEHRUNG DER BEMÜHUNG bekannt! Dieses Gesetz ist ein anwendbares Naturgesetz, das nur den Menschen betrifft, denn der Mensch ist das einzige Tier auf der Erde, das von seinen imaginativen Fähigkeiten Gebrauch machen kann! Dieses Gesetz betrifft die Imagination. Es lautet folgendermaßen: Je mehr Du versuchst, Deine imaginativen Kräfte in konzentriertem Bemühen einzusetzen, desto weniger vermagst Du es. Je heftiger man sich bemüht, ein Ziel zu erreichen, desto mehr Schwierigkeiten wird man zu überwinden haben; Schwierigkeiten, die wenigstens teilweise in der eigenen angespannten Bemühung ihre Ursache haben. "Du strengst Dich zu sehr an, entspanne Dich...immer mit der Ruhe; nimm es nicht so schwer; versuche es nocheinmal ..." sind Redewendungen, die man häufig hört. Das heißt, daß man versuchen sollte, Ergebnisse nicht zu erzwingen.

Nimm als Beispiel folgendes: Wenn sich jemand auf einem Fahrrad bemüht, zwischen Steinen auf einer Straße vorbeizufahren und zu vermeiden sucht, an die größeren Steine anzustoßen, dann ist er sich so bewußt, die Steine zu treffen, daß es ihm wahrscheinlich passieren wird. Oder wenn jemand versucht, im zehnten Stockwerk über eine schmale Planke von einem Gebäude zum anderen zu gehen, wird sein Verstand sich mit dem Herunterfallen befassen und nicht mit dem Hinübergehen. Du siehst, dieses Gesetz betrifft das Imaginieren und das Gefühl! Was Du Dir vorstellst, muß Gefühl enthalten — deshalb wird das negative Imaginieren wahrscheinlich wirkungsvoller als das positive Imaginieren sein, weil beim negativen das Gefühl stärker beteiligt ist!

Du siehst also, daß, immer wenn Du eine Vorstellung bildest, Enthusiasmus dabei sein muß. Es wäre gut, wenn Du Dich mit Wörtern vertraut machen würdest — lies bei Deiner Lektüre gelegentlich ein Buch über Semantik (das Studium der Wörter), denn das wird Dir die Grundlagen für die Bedeutung der Wörter vermitteln — es wird Dich dahingehend entfalten, daß Du Menschen leichter verstehst — und Schriftsteller, deren Bücher Du gerade liest. Lege Dir ein kleines Wörterbuch (Paperback genügt) und einen Thesaurus (Synonym-Wörterbuch) neben Dein Bett und, wenn nötig, benutze sie, falls Du nicht verstehst, was der Verfasser meint, wenn Du auf bestimmte Wörter stößt! Auch würde ich vorschlagen, daß Du Dir Deine eigenen Interpretationen von dem machst, was der Autor aussagt, da er oft ganz und gar aus seinem reaktiven Verstand heraus schreibt und es dann keinen rechten Sinn ergeben kann!

Da wir gerade dabei sind, laß mich sagen, daß jedes Gebiet sein eigenes Vokabular hat — Rechtsanwälte sprechen in einem Jargon zueinander, den Außenseiter nicht verstehen; Ärzte genauso; Hippies und Beatniks desgleichen; und Klempner auch. So wirst Du auf dem Gebiet des Okkultismus, Spiritualismus, Mystizismus und allem, was mit dem Spirit zu tun hat, einen völlig anderen Wortschatz vorfinden, als Du ihn vorher kanntest. Es gibt ein Wörterbuch über Mystizismus und seine Terminologie. Ich weiß aber nicht, ob eines in der Bücherei steht. Das Problem hierbei ist — es gibt kaum eine festgelegte Ebene für den Leser, um verschiedene Wörter zu verstehen. Zum Beispiel kannst Du Hindu-Wörter finden, die bestimmte Dinge im Mystizismus erklären, christliche Wörter oder andere fremdsprachliche Wörter! Sie könnten irgendetwas bedeuten, und Du bist genauso verwirrt wie vor dem Studium des Buches! Du wirst jedoch bemerken, daß die Sprache der Mystiker vollkommen verschieden von der gewöhnlichen Semantik ist, und es erfordert demzufolge ein wenig Verständnis, um ihre Bedeutung zu erfassen.

Zurück zum Gesetz der Umkehrung der Bemühung!

Um dieses Gesetz zu handhaben, sind viele der Mystiker durch eine Phase der Konzentration auf Gott gegangen. Das ist schwierig — denn der Verstand läßt sich nicht zwingen, irgendetwas auszuführen — er kann jedoch dazu geführt werden. Der ganze Trick dabei ist, den Verstand oder die Seele für etwas zu interessieren, dann bleibt sie dabei, bis der Zyklus der Handlung vorüber ist! Zum Beispiel ist Konzentration für jemanden, der sich bemüht, ein Mystiker zu werden, nicht zu empfehlen. Nur Kontemplation und Meditation! Du kannst über irgendetwas meditieren, wenn Du darüber nachdenkst, es lebst und es Dir mit großem Enthusiasmus vor Augen hältst. Aber anders ist es, über etwas zu kontemplieren — Du nimmst eine Zeile aus einem Gedicht, einen geschriebenen Vers oder einen Spruch und befaßt Dich immer wieder damit, überlegst, was der Autor meinte — was es für Dich bedeutet — in welcher Beziehung es zur Philosophie steht, oder betrachtest es auf hundert verschiedene Arten, wobei Du aber nie versuchst, es festzuhalten, zu forcieren oder aufzuhalten, sei einfach daran interessiert, das fesselt die Aufmerksamkeit — das ist die Art und Weise, wie man das Gesetz der Umkehrung der Bemühung besiegt!

Wenn Du nicht willst, daß etwas in Deinem Leben geschieht, ist es das beste, davon abzulassen, und sich für andere Angelegenheiten zu interessieren. Wie machst Du das? Beginne eine heftige Debatte mit jemandem in einer völlig anderen Richtung, die Dein Interesse in diese Richtung zieht! Alles, was den Verstand aus dem Nachdenken über gegenwärtige Schwierigkeiten herausreißt — und belaß es dabei! Dieses Gesetz der Umkehrung der Bemühung hat mit Automatismus zu tun, und es wird Zwang ausüben, wenn das Überleben bedroht ist. Es manipuliert die Vorstellung, daß etwas geschehen wird, was nicht zutrifft, aber Du kannst dies mit der obenerwähnten Methode überwinden.

Später mehr.   Herzlichst,

31. Januar 1963

Liebe Gail!

In diesem Brief will ich versuchen, den Unterschied zwischen Mystik und Magie zu erklären.

Mystik ist vielleicht das am meisten mißverstandene und mißbrauchte Wort unserer Sprache. Im modernen herkömmlichen Sprachgebrauch wird Mystik vom sachlichen Menschen als ein Ausdruck des Vorwurfes und des Mißfallens angewandt. Wenn er sie nicht gerade mit der unvorstellbaren Absonderlichkeit der Askese identifiziert, besteht die Tendenz, daß sie in seinen Augen zu etwas wird, das, alles in allem, zu verschwommen und zu vage ist, etwas unbequem Mysteriöses und Ungreifbares: Huxley schuf ein Wortspiel: *misty schism* (verschwommenes Schisma) (zu engl. *mysticism - Mystik*). Dieser Mißbrauch mag aus der Tatsache resultieren, daß der Ausdruck "mystisch" immer sehr frei verwendet wurde, um alles das anzudeuten, was einen tieferen Sinn hinter einer oberflächlichen Bedeutung hat, symbolisch für etwas nicht Festgestelltes, sondern Angenommenes. Daher wurde jede Dichtung — tatsächlich jede Kunst, die Momente tiefer Einsicht verkörpert — in diesem weitesten und zu unklaren Sinne des Wortes als mystisch bezeichnet!

Eine andere moderne Fehlauffassung ist, Mystik mit alten Mysterien und geheimen Ritualen zu verwechseln, die ihrem Wesen nach halb-magisch waren. Als Folge davon wird Mystik irrtümlicherweise mit magischen Praktiken im allgemeinen assoziiert. Das ist das gefährlichste Mißverständnis.

Das Lexikon definiert Mystik ziemlich vorsichtig: "Die Lehre, daß höchste Realität durch eine besondere Art des Wissens offenbart wird, die sich von der wahrnehmenden und gedanklichen Erkenntnis unterscheidet und dieser übergeordnet ist. Der allgemeine Sprachgebrauch neigt dazu, gewisse Ereignisse als übernatürlich anzusehen, d.h., daß sie unter Verletzung der bekannten Prinzipien des Naturgeschehens auftreten."

So weit, so gut. Das schafft jedoch keine Klarheit darüber, daß das, was der Mystiker vor allem ersehnt, die Vereinigung mit Gott ist, nach einer gewissen Zeit der Disziplin, die ihn so weit wie möglich von den Limitationen der natürlichen Kausalität befreit. "Gott", "Einheit" und "Disziplin" sind die Schlüsselworte in einer Definition der Mystik in ihrem genauen Sinn, und sie sollte nur in diesem strengen Sinne gebraucht werden, da es andere Worte gibt, um das zu erfassen, was die Leute meinen, wenn sie das Wort Mystik frei oder inkorrekt verwenden.

Der Faktor eines persönlichen Gottes kann in dieser Beziehung des Menschen zur allerletzten Wirklichkeit, die wir als Mystik bezeichnen, nicht überbetont werden. Viele Verfasser gingen fehl in der Annahme, daß Disziplin und der Wunsch, mit einer unsichtbaren Kraft vereint zu sein — sei es abstrakte Schönheit, das Gute, oder die Seele der Welt — eine angemessene Definition der Mystik ergeben würden. Aber eine solche Definition würde Alchemie oder Magie umfassen, und Magie steht im Widerspruch zur Mystik. Eine solche Definition ist immer noch zu weitgefaßt.

Um den Kontrast zwischen Mystik und Magie zu unterstreichen, und um gleichzeitig Mystik korrekt zu definieren, kann ich nichts besseres tun, als Nikolai Berdjajew, einen russischen Philosophen des 20. Jahrhunderts, zu zitieren:

"Vor allem müssen wir eine radikale Unterscheidung zwischen Mystik und Magie treffen. Diese Gebiete sind gänzlich verschieden voneinander, werden aber leicht miteinander verwechselt, denn während das Wesen der Mystik spiritueller Art ist, ist das der Magie naturalistisch. Mystik ist die Vereinigung mit Gott, Magie die Vereinigung mit den Geistern der Natur und ihren elementaren Kräften. Mystik ist die Sphäre der Freiheit, Magie die Sphäre der Notwendigkeit. Mystik ist ungebunden und kontemplativ, Magie aktiv und militant; sie enthüllt die geheimen Kräfte der Menschheit und der Welt, ohne dabei fähig zu sein, die Tiefen ihres göttlichen Ursprungs zu erreichen. Mystische Erfahrung begründet gerade eine geistige Befreiung von der Magie der Naturwelt, denn wir sind an diese Magie gefesselt, ohne es immer zu erkennen. Mystik wird aufgrund des Vorhandenseins einer Pseudomystik mit Magie verglichen. Es gibt zwei Arten solch einer falschen Mystik, die eine naturalistisch, die andere psychologisch. Keine von beiden ist aber ein wirkungsvolles Mittel, die wahren Tiefen der Welt der Natur und der Seele zu erreichen. Die einzige wahre Mystik ist die des Spirit, in der sowohl eine falsche Magie wie auch eine falsche Psychologie vermieden werden. Nur in den Tiefen der spirituellen Erfahrung gelangt der Mensch zu Gott und schreitet über die Grenzen der Natur und der physischen Welt." N. Berdjajew: *Freiheit und Geist (Freedom and Spirit)*, Seite 241.

Die Natur der Magie kann aus diesem Zitat abgeleitet werden, aber einfach, um ganz sicher zu gehen, zitiere ich die nüchterne Autorität Websters:

"Magie — die Methode oder das System, das vorgibt oder von dem man glaubt, daß es Wirkungen mit Hilfe übernatürlicher Wesen oder hinübergegangener Geister oder durch die Beherrschung geheimer

Kräfte in der Natur erzeugt. Magische Praktiken hingen von der Entdeckung und Auslegung von Entsprechungen ab, die okkult oder dem öffentlichen Wissensbereich verborgen sind. Durch Willensübung, durch sorgfältige Beachtung genauer zeremonieller Regeln, durch feierliches Aussprechen von Formeln und mit Hilfe einer Menge ähnlicher Darstellungen, versucht der Zauberer die Vergangenheit zu interpretieren und die Zukunft zu beeinflussen, um die Kräfte der Natur zu kontrollieren. Magie erwächst aus der Theorie der Kausalität."

Der Prophet ist, viel spezieller, ein von Gott Inspirierter, oder er hat einen Auftrag von Gott erhalten, um in seinem Namen zu sprechen und zukünftige Ereignisse anzukündigen. Er unterscheidet sich vom Mystiker allein im Schwerpunkt, nicht in der Art. Er befindet sich in genauso heftigem Gegensatz zum Magier. Auch er folgt der mystischen Disziplin des Geistes, lernt als erstes seine Imagination auf Gott zu fixieren, dann seinen Intellekt, dann seine Stimmungen und schließlich seinen Willen, nicht so sehr, um eins mit Gott zu werden, als vielmehr ein brauchbares irdisches Instrument für Gottes Wort zu sein. Das Wort wird ihm in einer apokalyptischen Vision offenbart. Die Apokalypse ist des Propheten große Schrift. Nach dem Buch der Offenbarungen verlor die christliche apokalyptische Überlieferung ihre Intensität, obwohl sie lebhaft wie eine Flamme an vereinzelten Orten in allen Jahrhunderten hervorbrach. Es ist eine sehr hoch spezialisierte Form der Prophezeihung, welche die traditionelle Maschinerie wie den Engel als Erläuterer, die symbolischen wilden Tiere und die viereckige Stadt Jerusalem aufweist. So wie die Orthodoxie einen Mystiker nicht leicht akzeptiert, so zögert sie auch anfangs, den Propheten anzuerkennen, der durch die besondere Natur der Offenbarung etwas Neues bringt, um das Etablierte herauszufordern. Und in der Tat, es gibt auch falsche Propheten.

Ein Heiliger ist nicht das gleiche wie ein Mystiker. Dieser Begriff reicht weiter als der Begriff "Mystiker", da die Essenz der Mystik die bewußte Kultivierung des inneren Lebens ist. Mystik ist der introvertierte Weg, heilig zu sein. Ein Hindu würde sagen, das erste schließt das zweite mit ein; ein Christ würde das nicht sagen. Es gibt einen nach innen gewandten und einen nach außen gewandten Weg des Heiligseins. Heiligkeit umfaßt beides, während sich Mystik auf das erstere bezieht. Einige Heilige sind Mystiker, andere nicht. Der introvertierte Heilige beschreitet den mystischen Weg.

Sehr oft kommt die offenbarte Wahrheit zu den Propheten, Mystikern und Heiligen in der Form von Visionen. Häufig gehören diese Auserwählten dem psychologisch als visionär bekannten Typus an. Man muß jedoch verstehen, daß ein Visionär lediglich jemand ist, der einem besonderen psychologischen Typus angehört, und daß die Fähigkeit, Visionen zu sehen, niemanden zu einem Propheten oder

Mystiker macht. Auch ist es keineswegs notwendig, daß alle Mystiker und Propheten Visionäre sind. Tatsächlich ist es möglich, daß der Mystiker, der nur in der Form von starken visuellen Bildern sieht, sich nur auf der untersten Stufe der mystischen Leiter befindet, wo Bilder die Psyche überfüllen und der werdende Mystiker noch nicht gelernt hat, seine Imagination auf Gott zu heften. Andererseits kann der disziplinierte Mystiker, wie die hl. Theresa, am Ende die Offenbarung der Wahrheit in der Form lebendiger Bilder erhalten.

Danach ist ein Visionär nicht mehr als jemand, dessen psychologische Anlage ihn dazu veranlaßt, in Bildbegriffen zu denken, die klarer als die objektive Wirklichkeit erscheinen. Gewöhnlich ist damit die Tendenz verbunden, symbolische Bedeutungen in diese Vision hineinzulesen.

Laß es mich zum Schluß folgendermaßen darstellen: Ein Dichter kann unbestimmt (vage) sein, aber ein Mystiker haßt Unbestimmtheit. Ein Dichter ist ein Mensch, der Himmel und Erde unbewußt miteinander vermischt. Ein Mystiker ist ein Mensch, der Himmel und Erde voneinander trennt, sogar dann, wenn er sich beider erfreut.

Später mehr.   Herzlichst,

Liebe Gail!

8. Februar 1963

Poesie ist in der Tat die Sprache der Götter. Es ist schwierig, ein anderes Medium zu finden, das Ideen so klar ausdrückt wie das, was sich in den Zeilen der Poesie findet, und daher die Art und Weise, wie die heiligen Schriften geschrieben wurden. Sie ist wie Musik, Melodie oder Rhythmus — und sie hilft, die Vorstellung dem Verstand zu vermitteln!

Die poetische Form ist schwierig, aber lernt ein Schriftsteller einmal, sie zu verwenden, kann er seinem Gedicht frische und überraschende Bedeutungen verleihen, dem Leser Vitalität geben und seine Botschaft in gute Erinnerung bringen. Du siehst daher den Grund, warum jede gute Schrift in poetischer Form abgefaßt wird — sei es in der freien Versform, heroischen Reimpaaren oder den Spenserstanzen. So viele Staatsmänner sind Dichter wie auch erfolgreich in Staatsgeschäften gewesen. Du wirst bemerken, daß die Gettysburger Ansprache Lincolns eine Dichtung in freien Versen ist, wie auch die Unabhängigkeitserklärung. Wenn Du eine höhere Ebene des Denkens erreichst, stellst Du fest, daß die ECK Meister und Erlöser in einer ähnlichen Art sprechen — in poetischer Form. Nimm zum Beispiel das Vaterunser oder die Bergpredigt — beide in poetischer Form.

Ein Grund dafür, warum das Geschriebene heute oft schlecht ist, besteht darin, daß die Schriftsteller in der poetischen Form nicht versiert sind und kein gutes Gedicht schreiben können. Sehr wenige Menschen erkennen, wie viele verschiedene Dinge eine gute poetische Gestaltung vollbringen, wie viele verschiedene Arten von Gefühlen sie übermitteln kann. Aus diesem Grunde fordere ich Dich auf, Deine Gefühle zu beobachten, wenn Du eine Schrift, ein Gebet oder ein religiöses Werk liest. Du wirst sehen, wie es die Führung übernimmt und seine Vorstellung Deinem Verstand einflößt, dies sei die endgültige Antwort auf Deine Probleme. Folgende Zeile: "Ich bin der Weg und die Wahrheit, niemand kommt zu Gott denn durch mich!" ist sehr schöne Poesie — sie besitzt emotionalen Schwung, Elan und Qualität. Sie bringt die Sache ohne Umschweife zum Ausdruck. Wäre sie in direkter Sprache dargelegt worden, hätte es vielleicht eine Stunde gedauert, die Botschaft zu erklären, ohne die Kraft und den Elan dieser Worte.

Das ist der Grund, warum es gut ist, Latein als Sprache zu lernen.

Sie lehrt die poetische Form. Griechisch ist ebenso eine gute grundlegende Sprache — und der Priester sagte neulich abend, daß die Bibel wegen der zahlreichen Griechen in Palästina in Griechisch geschrieben wurde; dies trifft zum Teil zu, Griechisch ist eine gute Sprache, um poetische Formen auszudrücken; deshalb wurden die ersten Bibeln in dieser Sprache abgefaßt. Sie eignet sich irgendwie besser, um etwas auszudrücken, als die jüdische Sprache! Was ich Dir zu sagen versuche, ist, daß das menschliche Geschlecht in Amerika von Shakespeare auf Mickey Spillane übergegangen ist. Quantität hat Qualität ersetzt. Die Bibel wurde von einigen in das allgemeine Alltags-Englisch umgeschrieben. Das heißt, daß die poetische Form fallengelassen wurde und sie nicht mehr den Schwung besitzt. Darum entwickeln wir uns rasch auf den Kult des Gewöhnlichen hin! Eine traurige Angelegenheit, weil die meisten unserer Bücher und Romane heute dafür geschrieben sind, uns die Botschaft zu übermitteln, daß es ganz in Ordnung ist, gewöhnlich zu sein!

Der Mensch wurde als ein gewöhnliches Wesen geschaffen, daher können wir gewöhnlich sein! Ich bemerke, daß dies in der Gesellschaft wahr ist, daß man zurück in die Reihe gezogen wird, sobald man außerhalb des Gewöhnlichen handelt! Der gewöhnliche Mensch sagt: "Sei nicht anders, das ist gefährlich."

Was hat das mit dem Spirituellen zu tun? Die Antwort liegt in der Tatsache, daß man, je näher man jener unbekannten Eigenschaft ist, die wir ES nennen (anstatt Gott, denn ES umfaßt alles!), desto weniger seine Erfahrungen beschreiben kann. Daher beginnt man, in Versen zu schreiben und Symbole zu verwenden, um seine Erfahrungen und seine Beziehungen zu IHM auszudrücken. Die Mystiker müssen den Symbolismus verwenden, um zu berichten, was sie sahen und erlebten. Die ECK Meister und andere schreiben nicht einmal über ihre Erfahrungen — sie drücken sie in Parabeln und Versen aus — aber sie stehen über dem Geschriebenen. Das Geschriebene steht ziemlich weit unten auf der Kommunikationsskala. Laß es mich auf folgende Weise, in der Reihenfolge von oben nach unten, darlegen:

1. Wissen — direkte Kenntnis
2. Betrachten — oder die psychischen Sinne
3. Denken — mentale Telepathie
4. Musik — der Ausdruck mit vokalischen Mitteln
5. Sprechen — Ausdruck in Symbolen und Parabeln
6. Schreiben — Ausdruck in Versen, usw.
7. Körperkontakte — Sex, Berührung, usw.

Das ist nicht gänzlich richtig, aber irgendwo nahe an der Kommunikationsskala. Wissen oder Kenntnis ist der totale Gedanke. Es ist das Denkmodell für die Mystiker; statt der Teile eines Gedankens, die der

Durchschnittsmensch betrachtet und auf das Ganze zurückführt, betrachtet es der Mystiker von hinten, weil er das Ganze sieht und es in Teile zerbricht. Der akademische Verstand erkennt Autorität an, Buchwissen und materielle Tatsachen; der Mystiker arbeitet mittels Intuition und direktem Wissen. Sein Leben, seine Taten und Gewohnheiten sind für den praktischen Menschen vollkommen unsinnig. Da seine Sprache in seltsame Verse, wie die Offenbarungen, die Briefe des hl. Paulus, die Verse des hl. Johannes vom Kreuz, gekleidet ist, zusätzlich zu den meisten heiligen Schriften der Welt, muß man einen besonderen Blickpunkt einnehmen, der keinen Maßstab in unserem täglichen Kommunikationsmodell besitzt.

Ein Mystiker versucht, mit seinem Mitmystiker in einer besonderen Sprache zu kommunizieren, wie ein Ingenieur, der eine Mitteilung an seine Mitarbeiter im Ingenieursjargon schreibt. Nur muß der Mystiker im allgemeinen seine Bedeutung verbergen, da er belästigt wird, wenn er in seiner Poesie über seine Erfahrungen des ES zu stark aus sich herausgeht.

Der akademische Verstand versteht nicht, was er sagt, denn er hat keinen Maßstab, mit dem er es bewerten kann. Daher muß er sagen, daß der Mystiker halb verrückt ist; doch mußt Du daran denken, daß die großen mystischen Schriften meist in Zeiten verfaßt wurden, als die Menschen der Ketzerei angeklagt wurden, hätten sie das ausgesprochen, und so verhüllten sie zum Selbstschutz (ein weiterer Grund) ihre Botschaften oder schrieben mit doppeltem Sinn. Du kannst ihren Schriften zwei Bedeutungen verleihen; darum sind so viele Interpretationen der Bibel möglich.

Es gibt sehr wenige mystische Schriften, die heute verfaßt werden. Das heißt, vorausgesetzt, daß man Thomas Merton, Rabindranath Tagore (Hindu), der 1945 starb, oder Sri Aurobindo Beachtung schenkt. Die Mystik scheint wegen des Spottes, dem sie ausgesetzt ist, in den Untergrund gegangen zu sein. Es gibt noch weitere Mystiker, aber ich werde sie in anderen Briefen von Zeit zu Zeit erwähnen. Da der Mystiker nach einer Sache strebt — der gesteigerten Bewußtheit des ES, befindet er sich nicht wirklich an der Spitze der Skala der Individualität. Ich würde sagen, jene, die es verstehen, außerkörperliche Bewegungen zu vollziehen, befinden sich an der Spitze der spirituellen Leiter, gefolgt von den Mystikern und weiter die Skala abwärts bis zum gewöhnlichen Verehrer.

Ich beabsichtige, Deinen Blickpunkt in diesem Studium durch einen weiteren Brief über jene Personen anzuheben, die ihren Körper willentlich verlassen können — denn es gibt unter ihnen viele verschiedene Stufen.

Später mehr.

14. Februar 1963

Liebe Gail!

Diesmal möchte ich mich mit den Zuständen der Mystik befassen, über die sich so viele Studenten des Okkulten Gedanken machen. Zuerst möchte ich sagen, daß Visionen, Stimmen und Phänomene in keiner Weise mystische Aspekte sind. Der Mystiker ist jemand, der sich an "die Lehre oder den Glauben hält, daß direktes Wissen von Gott, von spiritueller Wahrheit usw., durch unmittelbare Intuition oder Einsicht erreichbar ist — in gewisser Hinsicht verschieden von gewöhnlicher Sinneswahrnehmung oder vom Gebrauch logischen Denkens."

Ich las eine Geschichte mit dem Inhalt, daß Mohammed einmal einen Gelehrten oder Philosophen, der über Mystik schreibt, ohne eine mystische Erfahrung gemacht zu haben, mit einem Esel verglich, der eine Last von Büchern trägt. Erfaßt Du die Pointe? Das ist der Grund, warum so viele Bücher über das Thema keine wirkliche Substanz enthalten!

Das kosmische Bewußtsein oder die Erleuchtung, bei der man das Verständnis Gottes erlangt, ist kein Zustand übernatürlicher oder übernormaler Phänomene, sondern natürlichen Wachstums. Man wächst in diesen Seinszustand hinein. Die christlichen Mystiker, der hl. Johannes vom Kreuz, die hl. Theresa, Suso und andere stimmen mit diesem Gesichtspunkt nicht überein. Sie geben vor, daß ihre Erfahrungen der Erleuchtung übernatürliche Gaben Gottes seien. Die kosmischen Erfahrungen sind bei denen, die sie erleben, verschieden infolge der Trennung in Zeit, Raum und Kultur, wie bei der hl. Theresa in Spanien (16. Jahrhundert) und Buddha in Indien (5. Jahrhundert v. Chr.). Ganz gleich, wie sehr sie behaupten, ein Teil Gottes geworden zu sein, so ändern sie sich, was ihre Sitten oder Gewohnheiten angeht, nicht in stärkerem Ausmaß; das heißt, sie bleiben ein Neger, Jude, Hindu, Spanier oder Römer — dieser Teil von ihnen ändert sich selten, nur ihre Sinne, nur ihr inneres Wesen! Natürlich wird dies nach außen hin im Benehmen, im Gesichtsausdruck oder in der Ausdrucksweise reflektiert. Manche Heilige waren weit entfernt vom Ideal der Heiligkeit, wenn Du ihr persönliches Leben studierst — es ist nur, was sie repräsentieren.

Pantheismus ist eine mystische Vorstellung, sogar wenn sie aus rein logischen Gründen von einem Denker angenommen wird, der sich als

Realist betrachtet. Viele westliche orthodoxe Glaubensrichtungen verwerfen den Pantheismus, weil sie ihn für einen heidnischen Glauben halten — er ist nicht heidnisch, sondern ein Glaube, der auf der Mystik aufgebaut ist. Ich will jetzt aber nicht versuchen, darauf einzugehen.

Hier sind einige der Charakteristika, die man durch die Erleuchtung erlangt: 1) moralische Erhebung, 2) intellektuelle Erleuchtung, 3) Sinn für Unsterblichkeit, 4) Verschwinden der Todesfurcht, 5) Verschwinden des Gefühls der Sünde, 6) Achtung gebietendes Wesen, 7) Positivität des Charakters, 8) Sinn für das Jenseitige, 9) unpersönliche Haltung, 10) Gefühl der Erhebung, 11) Gefühl einer anderen Weltlichkeit und 12) Gefühl der Einsamkeit, denn niemand kann die Handlungen und die Sprache eines Mystikers verstehen.

Es gibt zwei Hauptarten der Erfahrung dieses Gottesbewußtseins (oft werden sie Erleuchtung, Satori (japanisch), Trance und kosmisches Bewußtsein genannt). Sie sind extrovertiert und introvertiert. Die erste heißt der "äußere Weg oder der Weg nach außen" oder der Weg der Extrospektion. Die andere heißt der "innere Weg" oder der Weg der Introversion. Der wesentliche Unterschied zwischen ihnen ist der, daß die extrovertierte Erfahrung nach außen durch die Sinne blickt, während die introvertierte nach innen, in den Verstand, blickt. Beides gipfelt in der Wahrnehmung eines höchsten Wesens — was Plotin das Eins-mit-dem-Wahrnehmenden nannte, wobei man seine eigene Vereinigung oder sogar Identität erkennt. Aber der extrovertierte Mystiker, der seine physischen Sinne gebraucht, nimmt die Vielzahl der äußeren materiellen Dinge wahr — das Meer, den Himmel, die Häuser und die Bäume — mystisch verklärt, so daß das Eine oder die Einheit durch sie hindurchscheint. Der introvertierte Mystiker sucht im Gegenteil dadurch, daß er absichtlich die Sinne ausschließt, im Bewußtsein die gesamte Vielzahl der Empfindungen, Bilder und Gedanken auszulöschen, um in die eigenen Tiefen zu tauchen. Dort, in der Dunkelheit und Stille, so erklärt er, nimmt er das Eine wahr und wird ein Teil von ihm — nicht als Einheit, die durch eine Vielzahl gesehen wird, wie in der extrovertierten Erfahrung, sondern als das ganz nackte Eine, ohne jede Pluralität überhaupt.

Die Zeit in der Geschichte, im Raum und in der Kultur hat keinen Einfluß auf den Typus der Mystik, den man erleben kann. Es handelt sich vielmehr um eine individuelle Entwicklung — und um die charakterliche Neigung desjenigen, der diese Erfahrung sucht. Einige Beispiele des extrovertierten Mystikers sind: Meister Eckhart, Katholik; Jakob Böhme, Protestant; Plotinus, römischer Philosoph und andere. Einige Beispiele des introvertierten Mystikers sind: Die hl. Theresa, Katholikin; Buddha, Hinduismus; van Ruysbroek, Katholik; der hl. Johannes vom Kreuz, Katholik; Herfiz, Sufi; Rumi, Sufi; Al

Ghazzali, Sufi; Arthur Koestler, konfessionslos.
Die letzte Gruppe verwendet die Bilder und Symbole, über die ich so viel gesprochen habe. Ihre Terminologie ist das, was für die Leser so mystifizierend ist. Sie verwenden metaphorische Ausdrücke, die unter ihnen üblich sind: "Dunkelheit, Leere, Leerheit, Stille" usw. Nebeneinandergestellt lauten die allgemeinen Merkmale der beiden Gruppen folgendermaßen: Die extrovertierten mystischen Erfahrungen: 1) die vereinheitlichende Vision — alle Dinge sind Eins. 2) die mehr konkrete Auffassung des Einen als ein Inneres oder Leben in allen Dingen. 3) Sinn für Objektivität oder Realität. 4) Glückseligkeit, Frieden usw. 5) das Gefühl des Heiligen, Geheiligten oder Göttlichen. 6) Paradoxie.

Laß mich nun eine weitere Kategorie anführen:

Gott ist:	Welt ist:
1) Realität	1) Illusion der Erscheinung
2) Reine Einheit	2) Vielzahl
3) Bezugslos	3) Sphäre der Beziehungen
4) Unbegrenzt	4) Sphäre der Endlichkeit
5) Außerhalb von Raum und Zeit	5) In Raum und Zeit
6) Bewegungslos, unveränderlich	6) Immerwährender Wandel

Dies ist der ganze Raum, der heute für dieses Thema erforderlich war. Um nun zu einem anderen Punkt überzugehen: Du sprachst neulich abend davon, daß Du nicht finden könntest, was Du glauben möchtest und in das Du Vertrauen hast. Mein Vorschlag wäre, daß Du anfängst, heilige Schriften zu lesen: Die Bibel, Bhagavad Gita, Upanishaden, usw., die interessant und Dir vertraut sind. Sie entstammen alle dem Shariyat-Ki-Sugmad, den uralten Schriften von ECKANKAR, und werden Dir ein Verständnis dessen bringen, was Du möchtest.

Später mehr.

Liebe Gail!

18. Februar 1963

Nun zur Abhandlung über Selbstanalyse. Man muß darauf bedacht sein, Selbstanalyse nicht mit Selbstprüfung zu verwechseln, da sie völlig verschiedene Dinge bedeuten. Selbstanalyse heißt, sich selbst von einer losgelösten Stufe aus zu betrachten, um etwas in Erfahrung zu bringen, was für einen selbst von Nutzen sein kann oder nicht. Es bezieht sich darauf, ein Problem zu überprüfen oder die Eigenschaften des eigenen Wesens wahrzunehmen. Wohingegen Selbstprüfung darin besteht, sich selbst unter negativen Idealen anzusehen und nur das herauszufinden, was sehr sündhaft ist, und deshalb häufig Dinge, derer man sich schämen muß. Selbstprüfung läuft gewöhnlich darauf hinaus, Eigenschaften im Inneren festzustellen, von denen man lieber hätte, daß andere darüber nicht Bescheid wüßten, Dinge, gegen die man anzukämpfen versucht.

Die Idee der Selbstanalyse ist gewiß keine gute Methode für einen Abendländer, doch sie bereinigt oft die Probleme des inneren Menschen. Zuviel wird über Sokrates' Aphorismus "Erkenne Dich selbst" gesagt. Dies ist ein vollkommen logischer Gedanke, aber zuviele nehmen ihn als selbstverständlich hin. Sie glauben demzufolge, daß sie jeden Winkel ihres Lebens untersuchen und mit einer vollkommenen Lösung hervorkommen können. Nichts könnte von der Wahrheit weiter entfernt sein! Nimm ferner an, man hätte tatsächlich alle Aberrationen im Inneren aufgestöbert, sie genau geprüft, und wäre hinsichtlich seiner Probleme zu einem Schluß gekommen — was vollkommen in Ordnung wäre, aber wie will man die Dinge auflösen, die für einen selbst von keinem Nutzen sind? Das ist die schwierige Aufgabe.

Auf dem Gebiet der Psychologie und Psychiatrie wird einem geraten, sich nicht auf Selbstprüfung oder Selbstanalyse einzulassen. Es gibt einen guten Grund dafür, da der einzelne sich dabei tatsächlich stark mit dem Emotionalkörper beschäftigt, und eine Verwicklung mit dieser Seite des Selbst unklug ist. Das ist das individuelle Problem des Sensitivitäts-Trainings, das mehr Schaden als Gutes bewirkt. Selbstprüfung oder Selbstanalyse ist eine alte Kal-Falle und schafft nur ein weiteres Problem, nämlich, sich stark mit der Verwicklung zu befassen, die bereits besteht. Das klingt verrückt, nicht wahr? Aber das ist genau das, was geschieht. Die grundlegende Schwierigkeit besteht dabei darin, daß man zu introvertiert wird, und daß die gesamte Aufmerksamkeit nach innen fließt, anstatt einen normalen Verlauf zu nehmen, indem sie nach außen hin abfließt. So wird man introvertiert, und viele Schwierigkeiten sind die Folge, weil man extrovertierte Probleme nicht lösen kann — jene Probleme der Wirklichkeit, denen man sich täglich zu stellen hat. Dies ist einer der Hauptgründe, die von der Psychiatrie genannt werden, wenn sie fordert, daß ein berufsmäßiger Psychiater die Aufgabe für einen durchführt, damit man sich nicht zu sehr in sich selbst verfängt.

Du siehst also, Selbstanalyse ist ganz in Ordnung, wenn Du Dich nicht darin verfängst. Das heißt, mit Dir selbst! Du mußt losgelöst von Dir selbst bleiben — was sehr schwierig ist. Andererseits lauert eine ernste Gefahr, falls Du das von jemand anderem für Dich ausführen läßt, der auf dem Gebiet der Psychologie oder Psychiatrie nicht geschult ist — und diese Gefahr kann schwerwiegend sein. Sollte jemand einem Freund oder einem Verwandten den Versuch gestatten, eine Analyse der Charakteristika und der Merkmale für sich anzustellen, mit der Erwartung einer allgemeinen, allumfassenden Lösung für sich — so meine ich, daß das mit größter Vorsicht geschehen sollte — da offensichtliche Verhaltensmuster beim Analysierenden mitwirken können, ein Rachegefühl befriedigt werden könnte, indem er dem Zuhörer etwas erzählt, was womöglich schlecht klingt, oder weil der Schluß, zu dem der Analysierende gelangt, den Beweis für das schlechte Urteil anderer liefern könnte.

Aus diesem Grunde solltest Du nie jemandem zuhören, der Dir erzählt, daß Du sündhaft bist, eines bestimmten Verhaltens schuldig, schlecht, gleichgültig oder etwas ähnliches. Der Mitteilende stellt Dir vielleicht eine Falle, in der Hoffnung, daß Du hineinfällst — und nützt Dich dann aus. Du hast gehört, wie Eltern ihren Kindern Dinge sagen, wie etwa: "Hans, Du bist ein böses Kind und nützt immer deine kranke Mutter aus!" Das ist das schlaue Wirken des Verstandes unter einem Vorwand. Der Vorwand bezieht sich auf die Tatsache, daß jemand im Geheimen seinen Ärger über Dich verbirgt, um sich an Dir zu rächen oder Kontrolle über Dich zu gewinnen — und Dich unter seinen Einfluß zu bringen. Eine Mutter, die zu ihrem Kind so etwas sagt, möchte es beherrschen — und möchte es leiden lassen, weil das Kind ihr Leid zufügte. Beiläufige Bemerkungen offenbaren häufig, was diejenigen, die sie Dir gegenüber gemacht haben, wirklich meinen. Einige der auffallenden Bemerkungen eines sich verstellenden Menschen sind: "Das kannst du nicht machen, Josef! So etwas tut man einfach nicht! Was wird man von dir denken? Du bist dumm, in der Öffentlichkeit so zu handeln!" Oder: "Josef, willst du nicht mit dem Summen am Frühstückstisch aufhören? Du bist ein erwachsener Mann! Was würde deine Mutter sagen, wenn sie hören würde, daß du das tust?" Und bis in die Nacht hinein läuft bei solchen Menschen eine

Folge ähnlicher Bemerkungen; immer berichtigend, immer danach trachtend, andere dazu zu bringen, sich ihren Wünschen anzupassen, und ständig Ausschau haltend nach einer Methode, andere zu beherrschen. Ein solcher Mensch fühlt und handelt übelgelaunt, wenn er seinen Willen nicht durchsetzen kann — und ist auf eine unreife Weise eingeschnappt, wenn Du ihm etwas verweigerst! Das Muster kennst Du. Dann beginnen sie eine Predigt, die sich darauf bezieht, was für eine komische Person Du bist, was für ein Dummkopf, was für ein großes Problem Du hast und was für ein Versager Du für die Gesellschaft und für Deine Mitmenschen bist, und beenden möglicherweise den Wortschwall mit Bemerkungen über die Enttäuschung, die Du ihnen bereitest! Dieses typische Zeug, das man täglich zu hören bekommt! Tatsächlich ist das, was Du bist und was Du sein möchtest, ganz allein Deine Sache und nicht die eines anderen! Das nächste Mal, wenn jemand damit anfängt, erinnere ihn an das eben Erwähnte.

Das erklärt, warum Selbstanalyse und Selbstprüfung für den Durchschnittsmenschen selten hilfreich sind. Es gibt jedoch eine Technik, mit der man sich analysieren und den Kummer vermeiden kann, der sonst erzeugt würde. Ich habe, nebenbei bemerkt, viele Menschen gesehen, die sich mit Selbstanalyse befaßt haben und reif für eine Anstalt wurden! Da wir dieses Leben und viele weitere in Reinkarnationszuständen ausleben müssen, ist es nicht unbedingt nötig, blind draufloszustürmen, um die Ursache unseres Dilemmas zu ermitteln. Natürlich möchte man Einsicht über sich selbst erlangen! Aber es gibt eine positive Art und Weise, wie Du an dieses Problem herantreten kannst!

Nehmen wir zum Beispiel an, jemand ist schüchtern gegenüber anderen Menschen. Er weiß das und möchte es überwinden. Es wäre eine einfache Sache für ihn, alles zu lesen, was er in der öffentlichen Bibliothek über Schüchternheit finden kann (zu finden in der Abteilung für Erziehung unter den Büchern über Psychologie). Er könnte Schüchternheit auf eine allgemeine Eigenschaft zurückführen — vielleicht entspringt sie einer Furcht, etwas auszuführen, was mit einem bestimmten Ereignis in der Kindheit zusammenhängt. Wenn er versteht, daß andere Menschen dieselbe Eigenschaft in sich tragen, daß es Millionen von Menschen gibt, die ebenfalls schüchtern sind, dann wird er es wahrscheinlich überhaupt nicht mehr als ein persönliches Problem ansehen. Das befähigt ihn, diese unangenehme Eigenschaft ausfindig zu machen, sie genau zu untersuchen und zu erkennen, daß sie von einer bestimmten Zeitspanne in seinem Leben herrührt, die er dadurch ermittelt, daß er das betreffende Bild prüft (erinnere Dich, ich schrieb Dir einen Brief über "Gedächtnisspeicher" — das heißt Bilder, die in einem "Speicher" aufbewahrt werden). Es geht darum, dieses

Bild im Verstand hervorzurufen, dann daneben die Modellvorstellung eines weiteren zu bilden (zu imaginieren), das ihm genau gleicht. Dann preßt man sie frontal gegeneinander und schraubt sie fest zusammen. Dies wird sie völlig aus dem Verstand auslöschen, weil dabei ein altes Gesetz des Universums Anwendung findet, das Du wahrscheinlich in der Physik gelernt hast. "Keine zwei Dinge können zur selben Zeit den gleichen Raum einnehmen!" Erinnerst Du Dich aus der Physik daran? Indem man ein vollkommenes Duplikat irgendeiner Gegebenheit erschafft, bewirkt man das Verschwinden jenes bestehenden Umstandes oder Teiles. Ein vollkommenes Duplikat ist eine zusätzliche Schöpfung des Gegenstandes, seiner Energie und seines Raumes, in seinem eigenen Raum und seiner eigenen Zeit, wobei seine eigene Energie benutzt wird. Dies verstößt gegen die Bedingung, daß zwei Gegenstände nicht denselben Raum einnehmen dürfen, und verursacht das Verschwinden des Gegenstandes.
Wenn das nicht klar ist, können wir uns einmal darüber unterhalten.

Später mehr.   Herzlichst,

Liebe Gail!

22. Februar 1963

Etwas, worauf ich zu Beginn hinweisen möchte, ist die offenkundige Kontroverse der indischen Philosophie. Ein Wesenszug der Völker des Orients läßt sie das Offensichtliche in einem Ton verkünden, der anzeigt, daß der Gedanke jedem Abendländer einzigartig erscheinen muß. Die indische Philosophie ist vielleicht die tiefgründigste auf der Welt, aber die Inder scheinen zu glauben, daß sie sogar für den gelindesten guten Gedanken das Monopol haben. "Gott ist Liebe", stimmt ein Swami an, wobei sich seine Augen in die Deinen bohren, um zu sehen, ob Du diesen Gedanken wohl verstehst. "Unsere Botschaft an die Welt ist, daß wir einander lieben und zu allen freundlich sein sollen. Bitte, übermittle dies Deinem Volk."

Ich möchte ihm dann immer sagen, aber ich tue es nicht, weil er mir nicht glauben würde, daß auch wir diese Gedanken seit Jahrhunderten wiederholen, aber immer noch dem Problem gegenüberstehen, wie wir sie in die Praxis umsetzen. Die Orientalen haben nicht das alleinige Vorrecht auf eine gewisse Trennungslinie zwischen dem, was sie sagen, was sie über Liebe und Freundlichkeit glauben, und der Art und Weise, wie sie dies untereinander praktizieren. Nichtsdestoweniger ist ihre Auffassung über das Leben eine der einsichtigsten auf der Welt. Möglicherweise sind die Vedanta, der Zen-Buddhismus, der Sufismus und die christliche Mystik die tiefgründigsten Auffassungen, jedoch nicht unbedingt in dieser Reihenfolge! Doch die bedeutendste ist ECKANKAR, denn es ist die ursprüngliche Quelle, und alle zuvor erwähnten sind Abkömmlinge davon.

Ich habe versucht, eine Abkürzung des Weges in das innere Heiligtum der Metaphysik der Mystik orientalischer Philosophie zu entwickeln. Niemandem stellt sich ein Problem von größerer oder bewegenderer Tragweite als das der möglichen Bewußtheit seines eigenen Bewußtseins, der tiefen Bedeutung der Stellung, die man in der Welt als Ganzem einnimmt, und des Ziels, das man zuerst entdecken und dann verfolgen sollte. Dieses Bewußtsein des Selbst (das Ich, die Seele, der Spirit oder der Funke der Göttlichkeit im Inneren des eigenen Wesens) ist die ursprüngliche spirituelle Erfahrung, die einen veranlaßt, in sein innerstes Wesen einzudringen, und die einen gleichzeitig veranlaßt, das Universum zu durchdringen. Ich kann dieses Universum nicht auf dieselbe Art betrachten, wie ich ein vor meinen Augen aufgeführtes Schauspiel ansehe, denn ich, ich selbst, bin ein Teil davon: Ich helfe bei seiner Gestaltung; ich bin — gleichsam — Mitschauspieler in einer Art Drama, dessen Variationen von meinem subjektiven Leben abhängen, das seine mannigfaltigen Ereignisse ausdrückt. Meine Gefühlszustände sind nicht als bloße Zufälle anzusehen, die für niemanden außer für mich selbst von Interesse sind, und denen gegenüber das Universum teilnahmslos bleibt, denn durch sie dringe ich in dessen Intimität vor und nehme am innersten Wirken seines Lebens teil und gewinne die Enthüllung seines Geheimnisses.

Menschliche Wissenschaft ist oberflächlich und im wesentlichen zentrifugal; sie studiert den sichtbaren Teil der wahrnehmbaren Welt, die Oberfläche, auf der sich sozusagen Gedanken in sich selbst wiederspiegeln. Spirituelle Wissenschaft ist im Gegensatz dazu im wesentlichen zentripetal; sie studiert die inneren Gedanken von inneren Ebenen aus, geht von da aus zu immer tieferen Gedanken und nähert sich immer mehr dem nicht-gedanklichen Bereich, aus dem alles Leben hervorgeht und der in der letzten Analyse die eine und einzige Realität ist.

Das Entdecken des Selbst und das Verlegen des Bewußtseins in dieses Selbst ist in erster Linie eine Handlung des nach innen gerichteten Zurückziehens. Es ist keine Handlung der Introversion, sondern ein Hineinblicken in die unsichtbare Welt; sie zu erobern, heißt, die äußere Welt zu erobern. Ist dies geschehen, macht man die Erfahrung der Freude in der Offenbarung, daß das Universum nicht mehr ein Gegenstand außerhalb unserer selbst ist, ein Geheimnis, das gelöst werden muß, und wir kontemplieren nicht mehr von außen her darüber, sondern von innen her (noch einmal: Dies ist keine Handlung der Introversion). Sein Geheimnis ist unser Geheimnis. Diese Entdeckung, weit davon entfernt, uns ein Gefühl des Elends zu bereiten, wird eine Quelle der Zuversicht und des Lichts, und wir beginnen nach kurzer Zeit zu leiden, wenn wir uns weigern, aus diesem Brunnen zu schöpfen. Nachdem er lange als ein Fremder in der Welt gelebt hat, nimmt der Mensch, der Selbstbewußtheit erlangt, dann eine neue Welt wahr und übernimmt die Kontrolle, indem er Ursache ist, und erhält schließlich die direkte Wahrnehmung übergeordneter Ebenen.

Ich werde von folgendem Punkt ausgehen.**'Leben ist im Grunde ein göttlicher Funke.'** Die Definition lautet, daß der Lebensfunke, der die individuelle Einheit ausmacht, die Mensch etc. genannt wird, etwas Statisches in Gottes Universum ist. Deshalb besitzt dieser Lebensfunke keine Masse, keine Bewegung, keine Wellenlänge, keine Stellung in Raum oder Zeit. Er hat die Fähigkeit, zu postulieren und wahrzunehmen! Zweitens: Das, was ich Seele nenne, was tatsächlich Null-Etwas bedeutet, ist jener Punkt der Bewußtheit, der von denen, die ECK praktizieren, Tuza genannt wird. **'Die Tuza ist zur Erstellung**

von Postulaten und zur Ausübung von Kräften fähig.' Deshalb sind Raum, Energie, Gegenstände, Form und Zeit die Ergebnisse der Kräfte oder der Übereinkünfte der Seele, und sie werden allein deshalb wahrgenommen, weil die Seele realisiert, daß sie wahrnehmen kann. Somit ist RAUM ein Blickpunkt der Dimension. ENERGIE besteht aus postulierten Teilchen im Raum. GEGENSTÄNDE bestehen aus angeordneten Teilchen. ZEIT ist im Grunde ein Postulat, daß Raum und Teilchen fortdauern. die ERSCHEINUNG DER ZEIT ist die Ortsveränderung der Teilchen im Raum. VERÄNDERUNG ist die primäre Manifestation der Zeit. Worauf läuft dies also hinaus? Darauf, daß das höchste Ziel im Universum die Erzeugung einer Wirkung ist. Verstehst Du? Die Seele ist der Schöpfer einer Wirkung! Die Ursache, die die Wirkung, die man selbst wünscht, und die Fähigkeit zum Seelenreisen herbeiführt.

Diese kurze Dialektik bringt uns zu folgendem Punkt: 'Existenz oder Überleben' oder Individualität ist der Zweck der Seele. Aber sie muß Erwägungen oder Gesetze haben, nach denen sie operieren kann. Alle Gesetze sind Erwägungen von irgendjemandem, irgendwo, irgendwann! Eine Erwägung kann zu einem Gesetz verhärtet werden!

Ein Gesetz, das man über lange Zeit, möglicherweise über Jahrhunderte hinweg, befolgt, entwickelt den Glauben, daß es das Gesetz Gottes sei — während vielleicht in ferner, nebliger Vergangenheit jemand die Erwägung aufstellte und dies haften blieb, das heißt, zum Gesetz wurde.

Dies erscheint Dir an dieser Stelle wahrscheinlich ziemlich weit hergeholt, aber ich führe Dich zu jenem Punkt, an dem Du Deinen Verstand so erweitern kannst, daß er vieles — viele Ideen — annimmt, die ihn erweitern und vertiefen. Dann zeige ich Dir, wie man sich in diese Position oder Selbstbewußtheit begibt und dort verbleibt.

Später mehr.   Herzlichst,

23. Februar 1963

Liebe Gail!

Um denselben Gedanken wie in meinem letzten Brief fortzuführen, werde ich ohne weitere Umschweife das Thema aufgreifen.

Mein erster Punkt ist die Wiederholung eines Gedankens, den ich vor einiger Zeit dargelegt habe. Die ursprüngliche Bedingung jedes Universums ist, daß zwei Räume, Energien oder Gegenstände nicht denselben Raum einnehmen dürfen. Wenn gegen diese Bedingung durch ein perfektes Duplikat verstoßen wird, ist die Erscheinung jedes Universums annulliert. Nur zwei Seelen können den gleichen Raum einnehmen, gemeinsam oder einzeln in jedem Raum, doch nichts anderes.

Der Handlungszyklus des physischen Universums lautet: Erschaffen, Überleben und Zerstören. Demzufolge sind wir wieder bei der Idee der Trinität. Das ist die Basis der Dreieinigkeit, von der die Religionen immer sprechen! Siehst Du, wovon ich spreche — das Muster beginnt sich zusammenzufügen!

Überleben wird durch Veränderung und Kraft erreicht, wodurch man Fortbestehen erlangt, besser bekannt als Zeit. Schöpfung wird durch die Geburt einer Idee zustandegebracht. Vollständige Zerstörung wird durch die Vernichtung oder den Mangel an Interesse erreicht.

Die Seele verursacht beim Ausüben von Kraft das Fortbestehen unerwünschter Existenzen und erzeugt so Unrealität, was Vergeßlichkeit, Bewußtlosigkeit und andere unerwünschte Zustände im mentalen Bereich einschließt. Indem Du Dich dazu bringst, jeden dieser Zustände anzusehen, wird der betreffende Zustand entwertet. Damit meine ich, daß die Seele die Erinnerung jener Zeit betrachtet, in der dieser Zustand erzeugt wurde. Das bewirkt, daß er völlig aus dem Verstand verschwindet. Auch wenn das Selbst ein vollkommenes Duplikat kreiert, verursacht dies das Verschwinden der Existenz jenes Zustandes. Ein vollkommenes Duplikat ist eine zusätzliche Schöpfung des Gegenstandes, seiner Energie und seines Raumes, in seinem eigenen Raum und in seiner eigenen Zeit, wobei seine eigene Energie verwendet wird. Dies verstößt gegen die Bedingung, daß zwei Gegenstände nicht denselben Bereich einnehmen dürfen, und veranlaßt ihn zu verschwinden.

Soviel dazu. Ich wechsle die Richtung der Gedanken für ein paar

Minuten und zu etwas Erleuchtenderem. Wissen wächst in dem Maße, wie die Empfindung, ständig aus der Dunkelheit in das Licht wiedergeboren zu werden, fortschreitet. Das ist es, was wir erfahren, wenn wir sozusagen ostwärts reisen. Obwohl wir jedoch wirklich in eine Welt des Lichts treten, in eine Welt, die von der unsterblichen Sonne reiner Intelligenz erleuchtet wird, wenn wir dem alten Osten entgegenreisen, treten wir aber auch in ein Universum, in dem das Geschwätz des eingebildeten, voreingenommenen westlichen Verstandes zum Schweigen gebracht werden muß. Die Vorstellung eines Mysteriums, wie es im Vorhergehenden erwähnt wurde, ist die Folgerung des westlichen Verstandes — daß das Leben ein Mysterium sein muß, daß Gott ein Mysterium sein muß und daß die Geistlichkeit den Schlüssel zu dem Mysterium besitzt! Alle orthodoxen Religionen arbeiten im Bereich des Mysteriums, indem sie für ihre Anhänger alles zu einem Mysterium machen. Deshalb wird für uns alles zu einem Mysterium gemacht. Schiebst Du einmal die Abzeichen, Rituale und Riten beiseite, kannst Du in den Kern aller Dinge blicken. Zum Beispiel habe ich die Dreieinigkeit erklärt — sollte irgendein Geheimnis dabei sein? Natürlich nicht! Dann denke über die Abstufungen dieser Skala, die vom Wissen bis zum Geheimnis reicht, nach. Bestimme Deine eigene Position auf ihr, und dann beginnst Du plötzlich, das Licht in einer anderen Weise zu sehen!

Die christlichen Missionsgesellschaften haben verkündet, daß niemand erlöst werden, das heißt, in den Himmel eintreten kann, außer durch die christliche Dreieinigkeit. Für sie können außerhalb des Christentums Stehende nur erlöst werden, wenn sie das Licht einer westlichen Religion empfangen. Aber indem sich der Westen den psychologischen Religionen des Ostens, wie der Vedanta, öffnet, beginnt die westliche Religion eine einsichtsvollere Betrachtungsweise anzunehmen. Immer weniger wird der westliche Mensch heute von den Doktrinen des orthodoxen Christentums oder von den Werten und Disziplinen des klassischen Humanismus gestützt oder entscheidend geführt. Mit dem Erscheinen des Existentialismus (das ist ein Zweig der Philosophie, der im Westen im 18. Jahrhundert von Sören Kierkegaard begründet wurde), der sich durch Jaspers, Heidegger, Sartre und andere Denker bis in die jüngste Zeit entwickelt hat, und der eine nach innen gekehrte, humanistische Theorie darstellt, die die intensive Bewußtheit der Möglichkeiten und der Freiheit des Menschen ausdrückt; eine Theorie, die die Verantwortung des einzelnen dafür betont, daß er sich zu dem macht, was er ist, und daß er ein Geschöpf Gottes ist und seine subjektiven Aspekte mehr als seine objektiven Aspekte studiert werden sollten. Mit dem Erscheinen dieses Zweiges der Philosophie löste sich die Zivilisation der letzten 500 Jahre in Europa auf und akzeptierte die Vorstellung, daß sie nur als Teil eines größeren Ganzen erneuert werden kann, das die Welt umfaßt.

Tatsächlich kann das oben Gesagte folgendermaßen zusammengefaßt werden: Nun ist die Zeit für Dich gekommen, die Fesseln abzuwerfen, die Deinen Verstand gekettet haben. Die eben erwähnten Lehrer — als vorbildliche Beispiele — sind NUR ein Schritt auf dem Weg zu dem, was Du suchst! Wenn Du von jetzt an die mystischen Schriften vieler jener spirituellen Größen liest, wirst Du zu erkennen beginnen, wie limitiert und orthodox sie waren! Deshalb kannst Du und bist Du, trotz der Tatsache, daß sie fortgeschrittener waren als der durchschnittliche Mensch und vielleicht oft noch als fortgeschritten betrachtet werden, dennoch im Begriff, an ihnen vorbei in ein weitreichenderes, umfassenderes Wissen vorzudringen! Gehe ich zu schnell für Dich voran? Ich glaube nicht! Hier ist der Weg, wie man in das Licht des Wissens vordringt: Hefte Deine Aufmerksamkeit und Dein Wissen an etwas Wahres und folge jener Wahrheit, bis Du eine weitreichendere, tiefere Wahrheit findest, zu der Du vordringen kannst, und so weiter, die Skala des Lebens hinauf zu Gott, indem man die Rolle praktiziert, das zu sein, was Ich Bin! Erinnere Dich, ich erwähnte dies am Sonntag. Henry Miller sagte: "Vor sechs Monaten wollte ich der Schriftsteller sein, aber heute bin ich der Schriftsteller!" Wenn Du die Ebene der inneren Welt erreichst und von Angesicht zu Angesicht dem Lebenden ECK Meister in seinem ganzen Atma Sarup begegnest, sprichst Du: "Ich bin Er!" Verstehst Du?

Später mehr.

Liebe Gail!

1. März 1963

Diesmal werden wir über die Theorie der Spiele sprechen! In der intellektuellen Welt gibt es den Begriff 'Spielzustand'. Das ist das interessante Studium von Menschen, die einen Handlungszyklus durchlaufen, den sie für sich aufgestellt haben, der, wenn man ihn objektiv sieht, als bloßes Spiel betrachtet werden muß. Studiere zum Beispiel das Leben von Napoleon, Königin Elisabeth, Kolumbus und von Hunderten anderer historischer Persönlichkeiten. Wenn man diese Teile der Geschichte objektiv betrachtet, präsentieren sie sich wie ein Spiel. Shakespeare nannte es eine Bühne, auf der jeder von uns seine Rolle spielt und dann abtritt. Wenn Du es jedoch wie ein Spiel betrachtest, kannst Du die Regeln, Bedingungen und die Strategie sehen, die von jedem Spieler befolgt werden. Wenn Du es mit einem sportlichen Spiel vergleichst, kannst Du fast das bildhafte Muster erkennen, das dabei befolgt wird. Es ist verblüffend, abseits zu stehen und eine solche von der menschlichen Rasse dargebotene Aktivität zu beobachten!

Jeder einzelne spielt Spiele, bis er in jenen Zustand der Selbstbewußtheit, vielmehr in jenen Gott-Zustand kommt, in dem er in Einklang mit dem Göttlichen ES ist. Hier ist er in einem Zustand totaler Bewußtheit. Er muß hier keine Spiele mehr spielen. Aber solange er sich auf der Erde und im Zustand des materialistischen Verstandes aufhält, spielt er mit großem Eifer Spiele; würden ihm jedoch die Spiele und seine Ziele oder Aktivitäten ausgehen, hätter er in seinem Leben plötzlich nichts mehr.

Im Leben sind der Spielzustand und das Nicht-Spiel-Bewußtsein von großer Wichtigkeit für den einzelnen. Der Grund dafür ist, daß alle Spieler aberriert sind. Alle irdischen Ereignisse sind darauf ausgerichtet, eine Art Spiel aufzubauen. Darum ist es von äußerster Wichtigkeit, genau zu wissen, was diese Spiele sind, denn man möchte gewinnen — und wenn man dabei oberflächlich ist, wird man voraussichtlich sein Spiel verlieren.

Wenn jemand von gewissen Begrenzungen im Leben frei werden möchte, wenn er erkennt, daß er nicht die erwünschten Spiele spielen kann, die er spielen möchte, dann muß er sich von einem bestimmten Spielbewußtsein lösen, um ein anderes zu spielen — das heißt, ein eigenes Spiel. Um das zu tun, löscht man einfach die Aberrationen aus, die einen bei den Spielen stören, die man jetzt gerade spielt, und bemüht sich entgegengesetzt um die Bedingung des Nicht-Spiel-Zustandes. Um eine Eigenschaft des Selbst zu erlangen, arbeitet man nicht daran, daß die gegenteilige Eigenschaft ausgelöscht wird; stattdessen baut man jene Eigenschaft in seinem Inneren auf, indem man sich, wie in ECK, darüber erhebt. Sieh Dir die ECK Meister an. Jeder ist ein Nicht-Spieler. Jeder zeigt das höchste Ziel auf, das man erreichen kann, legt aber keine Gesetze oder Regeln fest; die meisten Begründer von Religionen sind Nicht-Spieler. Aber es sind die Hauptschüler dieser religiösen Führer, die ihnen nachfolgen und die Spielregeln für ihre Anhänger aufstellen. Nimm zum Beispiel das Christentum; betrachte die im Christentum festgelegten Regeln und Bedingungen. Wie Du weißt, ist ein Spiel ein Versuch, ein Ziel, auf das man sich geeinigt hat, zu erreichen.

Betrachte weiterhin das Christentum: Erstens, es ist für manche Menschen das richtige Spiel. Dies stellt natürlich ein Affront für diejenigen dar, die behaupten, daß es über allen anderen stehe und für alle verpflichtend sei. Das Christentum ist durch die Betonung des hl. Paulus eher eine überwiegend jüdische Religion, zusätzlich zu dem primitiven Judentum, in das die Lehre Jesu eingebettet wurde. Carlyle nannte es "jene alten hebräischen Kleider", und für diejenigen, die ein anderes religiöses Spiel spielen möchten, ist es fremdartig. In Wahrheit stellte der hl. Paulus die Regeln auf, wählte die Riten und Rituale aus, legte die Gesetze fest und verkündete, das Spiel sei das beste, und alle anderen Spiele wären in der Minderheit. Wenn der einzelne zuversichtlich die Verantwortung auf sich nehmen kann, das christliche Spiel zu spielen, befolgt er die Regeln und spielt so gut er kann. Man sollte folglich verstehen, daß er das Spiel eines anderen spielt und nicht sein eigenes — offen gesagt, zum Nutzen anderer. (Erinnerst Du Dich an meine Diskussion über Yin und Yang?) Wenn ich die Verantwortung auf mich nehme, die religiöse Verhaltensweise zu spielen, dann tue ich das zum Nutzen der Führer. Verstehst Du? Das trifft auf alle Religionen, alle geschäftlichen und wirtschaftlichen Bereiche und Berufe und auf die Zivilisation zu. Du hast also die Wahl, welchen Beruf, welche Religion und welche Umstände Du wünschst, aber die Zivilisation und Kultur stellen eine weitere Grundlage dar. Du bist demnach gezwungen, das Spiel so zu spielen, wie jemand anders es Dich spielen lassen möchte.

Gibt es irgendeinen Ausweg daraus?

Natürlich gibt es den. Du mußt nicht das Spiel eines anderen spielen. Napoleon tat es nicht! Johannes vom Kreuz tat es nicht; Rumi, der große Dichter Persiens (8. Jahrhundert) tat es nicht. Und natürlich folgen die Hippies nicht den Regeln der Gesellschaft. Man könnte fortfahren und zahlreiche andere nennen, die es nicht taten. Wie erreichten sie das? In meinem nächsten Brief werde ich es Dir

erklären.
Später mehr.

Liebe Gail!

7. März 1963

Gute Spieler sind gewöhnlich gesunde und respektierte Menschen. Großbritannien ist ein Land, in dem der Sport als ein wichtiger Teil des Lebens angesehen wird. Von denen, die Rugby, Cricket oder irgendwelche anderen Spiele spielen, wird erwartet, daß sie sich an die Regeln halten und das Spiel gut spielen. Ein Spieler, der nicht nach den Regeln spielt, hält sich nicht lange, und ein schlechter Spieler wird nicht sehr lange geduldet. Der Spieler, der das Spiel zu ernst nimmt und vergißt, daß es ein Spiel ist, verdirbt durch seinen Grimm den Spaß am Spiel. Der Spieler, der der Ansicht ist, er muß spielen, weil er keine andere Wahl hat, spielt nicht gut. Wenn er sich eher als Sklave denn als williger Teilnehmer betrachtet, spielt er nicht einmal so gut wie derjenige, der daran arbeitet.

Auch die römischen Spiele können ganz buchstäblich als Beispiel dafür dienen. Der freie Mann, der in die Arena des Kolosseums trat, um dem Löwen zum Spiel des Überlebens gegenüberzutreten, nahm vollständiger und fähiger daran teil als der Mann, der das zum Lebensunterhalt tat, wie im Fall des berufsmäßigen Gladiators. Wenn er eine Waffe benutzte, so daß eine gewisse Chance bestand, daß der Löwe unterlag, wodurch der Ausgang nicht vorherbestimmbar wurde, dann geriet das Spiel aufregender. Kein vernünftiger Mensch wäre verantwortungslos genug gewesen, diese Art Spiel zu spielen, wenn er nicht die Regeln und das Ziel gekannt und geglaubt hätte, er könnte gewinnen.

Der Gladiator ging als bezahlter Spieler in die Arena. Vielleicht war es schwer, genügend Leute zu finden, die waghalsig genug waren, mit Löwen zu kämpfen, oder die verrückt genug waren, mit ihren eigenen Mitmenschen zu kämpfen; daher ging man zu der Praxis über, eine Truppe geübter, berufsmäßiger Spieler, die gut bezahlt wurden, zu trainieren und zu unterhalten. Der Gladiator nahm seinen Beruf ernster; das mußte er, wenn er überleben wollte. Diejenigen, die gegen die größte Überlegenheit gewannen, waren die am besten bezahlten und die am meisten angesehenen. Nichtsdestoweniger, sobald das Spiel berufsmäßige Spieler erforderte, verloren die Spiele etwas von ihrer Anziehungskraft, weil sie ernster wurden. Die frühen römischen Spiele wurden zum reinen Vergnügen gespielt, und sie ließen zwischen den Spielern einen hohen Grad an Wettbewerbsgeist und gegenseitigem Respekt aufkommen. Interessanterweise waren die frühen römischen Spiele nicht unbedingt Kämpfe auf Leben und Tod. Als Rom mächtiger wurde, begann die Idee des berufsmäßigen Spielens an Einfluß zu gewinnen; vielleicht, weil die Römer weniger gewillt waren, die Früchte ihrer eigenen Leistungen aufs Spiel zu setzen, zumal sie bereits so viel besaßen. Die Gladiatoren nahmen ihre Arbeit ernst, und jedes Jahr sah man den zunehmenden Ernst in den Spielen. Ihr Stil wurde immer roher. Die Kämpfe wurden in ständig zunehmendem Maße bitter und blutig.

Schließlich begannen die Gladiatoren, gegen Sklaven zu kämpfen. Dies sparte Gladiatoren und brachte mehr Blut. Den Sklaven wurde Freiheit geboten, wenn sie gewannen. Manchmal fochten sie einen guten Kampf, aber oft warteten sie nur darauf, getötet zu werden. Sklaven gaben gute Kämpfer ab, und darum benötigte man immer mehr Sklaven, um die Zuschauer zu befriedigen. Man versuchte, die Spiele aufregender zu gestalten, indem man den Einsatz erhöhte und die Spiele spektakulärer machte. Je ernster die Spiele wurden, desto weniger aufregend waren sie. Die Römer hatten die Tatsache aus den Augen verloren, daß ein Spiel von demjenigen am besten gespielt wird, der es spielen möchte; es wird weniger gut gespielt von einem, der daran arbeitet und versucht, es überzeugend real zu gestalten, um die Sensation nachzuahmen, die vom freien Spieler erzeugt wird; ebenso wird aus dem Spiel im Grunde überhaupt kein Spiel, wenn man sein Sklave ist.

Das Spiel kann nur gespielt werden, wenn sich die Teilnehmer über die Regeln und das Ziel einig sind und dann Schritte unternehmen, das Erreichen dieses Zieles wichtig zu machen. Es gibt zwei Möglichkeiten, ein Spiel zu beenden: Man kann verlieren oder gewinnen. Die Christen stimmten mit dem Ziel der römischen Spiele nicht überein. Sie glaubten, das Ziel der Freiheit würde erreicht, ganz gleich, ob sie lebten oder starben. Die Weigerung, das römische Spiel sowohl innerhalb als auch außerhalb der Arena mitzuspielen, führte nicht nur das Ende der Arena, sondern ebensogut das Ende des römischen Reiches herbei. Die gesamte Struktur des römischen Reiches hing von der Vorstellung ab, daß das Leben sehr wertvoll und daß als Körper zu leben sehr wichtig sei. Die christliche Erkenntnis der Unsterblichkeit unterminierte diese ganze Vorstellung. Es hatte keinen Sinn, um das Leben zu kämpfen, wenn durch das Sterben eine größere Freiheit gewonnen werden konnte. Da die frühen Christen von dem Glauben an ihre Unsterblichkeit erfüllt waren, spielten sie nicht mehr nach denselben Regeln wie die Römer. Offensichtlich hatten sie bessere Spielregeln, denn das Christentum überlebte, und das römische Reich ging unter.

Der christliche Glaube selbst durchlief verschiedene Zyklen von Spiel, Freude, Arbeit, Ernst, Intoleranz, Sklaverei, Beharrlichkeit und die Inquisitionen. Wenn ein Spiel das Stadium erzwungener oder unterdrückter Sklaverei erreicht hat, hat es sein Ziel der Freiheit verloren, und gewöhnlich brachte dann eine radikale Veränderung, wie die Auswanderung der Pilgerväter oder das Auftreten von Revolutionären wie Luther, das Spiel auf die Ebene von Spiel oder Arbeit zurück. Wie jedes Spiel ist das Christentum so gut wie die Menschen, die es spielen — aus dem Wunsch heraus, daran teilzunehmen — da sie aus eigenem Willen den Regeln folgen. Wenn das Spiel unterdrückten Menschen aufgezwungen wird, herrscht geringeres Verständnis. Wenn es Arbeit wird, ist mehr Ernst und weniger Spiritualität vorhanden, und der Abstieg der Bewegung beginnt. Wenn es zur Sklaverei wird, muß das Spiel entweder zur Endgültigkeit des sicheren Scheiterns degenerieren oder die Freiheit ermöglichen, ein neues Spiel zu werden, oder etwas muß geschehen, um es entweder auf die Ebene der Arbeit oder vorzugsweise des Spiels zurückzubringen. Dies soll nur als ein Beispiel dienen, da derselbe Zyklus von Spiel, Arbeit und Sklaverei sich eigentlich in jeder Form menschlichen Handelns findet — in Familienbeziehungen, Berufen oder Regierungen.

Es gibt zwei oder drei Möglichkeiten, die Spiele von anderen zu durchbrechen und aus dem Spielzustand herauszugelangen. Die erste Möglichkeit ist, die Regeln, die aufgestellt wurden, vollkommen zu ignorieren und sich gegenüber dem, was andere über einen sagen, immun zu stellen. Das heißt, wenn Du einer bestimmten Handlungsweise nicht folgen willst, wie sie im gesellschaftlichen Maßstab zwischen Junge und Mädchen vorgesehen ist, weigere Dich, das Spiel zu spielen. Wie zuvor erwähnt wurde, hatte Luther nicht die Absicht, das religiöse Spiel auf die Art zu spielen, wie die Katholiken es spielten — aus diesem Grunde zerstritten sie sich — und Luther stellte sein eigenes Spiel auf, das nun auf weltweiter Basis gespielt wird. Es gibt Hunderte von Beispielen, auf die verwiesen werden kann, aber, wenn Du das Spiel nicht gemäß den von der Gesellschaft aufgestellten Regeln spielen willst, dann wird sich die Gesellschaft als Ganzes gegen Dich wenden, um Dich dafür zu bestrafen, daß Du das Spiel nicht in der herkömmlichen Weise spielst. Das heißt nur, daß Du der Herr sein mußt oder der Sklave — sobald jemand beginnt, das Spiel auf seine Weise zu spielen — wie es im Artikel über Yin und Yang erklärt wird — dann wird er vorsichtig sein müssen. Du mußt immer auf beiden Seiten spielen und die Mitglieder der Gesellschaft niemals Dein wahres Ziel wissen lassen. Bleib auf dem subtilen Weg. In Osteuropa sind die Leute so daran gewöhnt, das kommunistische Spiel spielen zu müssen, daß sie mit vollkommen ernstem Gesicht über die Kommunisten lachen können.

Die andere Art, aus dem Spielzustand herauszukommen, besteht darin, vollkommen objektiv zu sein. Sei vom Leben losgelöst, und indem Du von den Spielsituationen losgelöst bist, bist Du nicht in ihnen gefangen. Auf diese Art besiegten die Christen die Römer bei ihrem Spiel. Sie waren nicht an dem zu interessieren, was die Römer taten, selbst wenn sie in der Arena getötet wurden, denn indem sie starben, gingen sie in den Himmel ein, so glaubten sie.

Später mehr.

Liebe Gail!

14. März 1963

Ich wiederhole immer wieder, daß Du Dich in Deinem Glauben an eine Sache, einen Ausspruch, ein Beispiel religiösen Lebens oder an irgendetwas nach Deiner eigenen Wahl halten solltest. Bis dahin möchte ich Dir gerne vorschlagen, einige Verse aus dem Shariyat-Ki-Sugmad für Dich zu wiederholen, bis Du sie Dir so gut eingeprägt hast, daß sie Teil Deiner selbst werden. Dies ist der erste:

"Folglich ist die Höchste Lehre die Stimme des SUGMAD.
Wer dem goldenen Pfeil folgt
Und den gewaltigen Graben des Himmels überquert,
wo in der tiefen Schlucht der seltsam durchscheinende Nebel funkelt und schimmert,
tritt in das Geheime Reich des Heiligen SUGMAD ein.

"Die Stimme, die ihn ruft,
ist die Stimme, die alle lockt,
den ersten Schritt auf den Weg zu setzen,
durch die schmale Pforte zu treten
und die Gnade der Heiligsten der Heiligen zu empfangen.
Nur wer rein ist,
kann an der verborgenen Verzückung teilhaben
und der Göttlichen Seinsgründe gewahr werden.

"In dem Tempel weilt das SUGMAD.
Es ist in SEINEM Zustand unnahbar,
außer für das reinste Atma;
Worte sind ohne Töne und die Sinne taumeln
vor SEINEM Angesicht.
Beschreibungen sind SEINER nicht würdig.
Das Atma kann das SUGMAD nur in einem Zustand der Freiheit erfahren.
Wer voller Vertrauen ist,
wird frei sein
und in SEINEM strahlenden Glanz leben können.

"Das Fasten, das Essen bestimmter Speisen, das Beten,
Flehen, Bitten, das Anwenden von Kasteiungen,
und die Liebe des SUGMAD
werden das Atma nie zum geheimen Aufenthalt führen.

"Das SUGMAD befaßt sich nur mit dem Leben und dem Atma und niemals mit Formen, Symbolen und Gegenständen. Das Atma ist unsterblich, kann weder verletzt, durchstoßen, gebrochen, ertränkt oder gestohlen werden, noch Unrecht erleiden. Im Anblick von IHM ist es ohnegleichen."

Hier ist ein weiterer möglicher Vers, den Du Dir einprägen kannst:

"Das Leben ist Spirit, und Spirit ist statisch. Das Leben ist weder Chemie noch Keime der Materie. Das Wissen vom Licht allein vermittelt das Wissen des Lebens, denn das Licht ist die Quelle allen Wissens, und der Ton ist der Spirit oder das Leben selbst.

"Die Seele des Menschen ist angeboren und unzerstörbar. Sie hat kein Alter; keine Einordnung gemäß irdischen Maßstäben, und sie kann Zeit, Raum und Ursächlichkeit transzendieren.

"Die Seele ist das universale Atom Gottes. Der Mensch ist an Formen gebunden und sucht Gott demnach auf sinnliche Weise in den Sinneswelten. Das ist nicht der wahre Weg. Und gerade, wenn man in dieser Weise sucht, erzeugt man die gegenteilige Wirkung, nämlich Gott zu verlieren. Denn dies bedeutet, Gott zu benutzen, um Gott zu suchen und den Verstand zu benutzen, um den Verstand zu begreifen. Die läßt jegliche Absicht scheitern."

Dies ist einer der Schlüssel zur Gesamtheit der Wunder. Studiere das, präge es Dir ein, bis es ein Teil Deiner Selbst wird, bis es in Deinen Gedanken auftaucht, wann immer Du möchtest, daß sich etwas Wunderbares ereignet! Es kann Dein Leben vollständig verändern. Der Schritt für Dich besteht darin, daß Du Dein ganzes Leben auf diese beiden Gruppen von Versen stützt, die ich Dich bat, Dir einzuprägen, über sie nachzudenken und sie ständig in Gedanken mit Dir herumzutragen. Plötzlich stellst Du fest, daß sich Dein Denken in hundert verschiedenen Gedankengängen dahinbewegt, wobei jeder Gedanke eine neue Welt eröffnet und jeder Gedanke in das Puzzle-Spiel paßt, das Du zu lösen versuchst! Die Kontemplation über diese Verse vermittelt Dir Offenbarungen, die Du nie zuvor

erfahren hast! Sie schenkt Dir ein tiefes Vertrauen in das, was Du zu glauben suchst — Vertrauen in den Spirit, jenes unbekannte ES !
Als nächstes möchte ich nochmals auf das Shariyat-Ki-Sugmad verweisen:

"Die Stimme spricht zu allen, die zuhören.
Sie spricht im Flüstern des Windes,
im Tosen des Meeres
und in den Stimmen der Vögel und Tiere.
In allen Dingen.
Sie sagt dem, der zuhört,
daß ES niemals denjenigen
Reichtümer, Ruhm, Wohlstand, Heilung oder
Glück bringt,
die diese weltlichen Befriedigungen suchen."

Hier stoßen wir auf etwas, das für jene geschrieben ist, die mystische Schriften kennen — es ist äußerst wichtig, denn hier erfahren wir die Macht von Gottes Wort. Entspanne Dich und meditiere über diese Zeilen, und plötzlich schlägt es wie der Blitz in Deinen Verstand ein — genauso, wie es für Dich zu wissen bestimmt ist. Die spirituellen Übungen von ECK und die Kontemplation sind Aspekte, auf die Du Dich stützen kannst, um etwas zu erfahren, wenn Deine Intuition nicht hinreichend funktioniert.

Die Erleuchtung besitzt soviele Grade an Schattierungen, daß Du vielleicht einmal in die *Varieties of Religious Experiences (Die verschiedenen Möglichkeiten religiöser Erfahrungen)* von Henry James Einblick nehmen möchtest. Das ist ein gutes Nachschlagewerk für alle weiteren Erfahrungen, und Du findest es vielleicht als Maßstab nützlich, wenn Du liest oder anderen beim Gespräch zuhörst.

Was ich herausstellen möchte, ist folgendes: Du brauchst Disziplin! Nicht die Art von Disziplin, an die normalerweise gedacht wird, wenn man auf die Kontrolle über das Verhalten und die Handlungen anderer Bezug nimmt, sondern Selbstdisziplin, verstandesmäßige Disziplin und innere Disziplin! Damit Du eine bessere Vorstellung von dem bekommst, was ich meine, versuche Thomas Mertons Bücher zu lesen. Er ist der Trappistenmönch, der eine Anzahl hervorragender Bücher über seine Erfahrungen und seine Meditationen veröffentlichte. Ein weiteres Buch, das ich erwähnte, ist *Son of Adam Wyngate (Der Sohn des Adam Wyngate)* von Mary O'Hara.

Diese Disziplin erscheint in der Form der verstandesmäßigen Kontrolle, der emotionalen Kontrolle und der spirituellen Kontrolle. Dies sind getrennte und unterschiedliche Kontrollen, die man entwickeln muß. Aber lasse den Mut nicht sinken — sie zeigen sich nicht schon nach einem Tag — es erfordert oft Jahre. Es ist vergleichbar mit dem Mann, der eine Million Dollar haben möchte und bereit ist, dafür zu arbeiten. Er muß in dieser Richtung denken, planen und arbeiten. Wenn Du also die Erleuchtung wünschst, Klarheit und den Anteil an der Selbst-Realisation, der Dir rechtmäßig zusteht, dann mußt Du daran denken, danach planen und überall danach suchen, in Büchern, in den Handlungen von anderen und in Deinen eigenen inneren Tiefen. Aber Du mußt es mit allem betreiben, was in Dir liegt! Das ist echte Disziplin! Denke an den Heiligen, der das ganze Jahr über in derselben Lotosstellung sitzt und sich kaum bewegt, außer für seine Grundbedürfnisse — er läßt sich nicht einmal von den Elementen stören, trotz Schnee, Wind, Regen, Sonnenschein und Tieren — dennoch bewegt er sich nicht, denn sein Verstand ist auf jenes größere Es gerichtet, das er betrachtet, gewöhnlich in einem Trancezustand. Das erfordert Selbstdisziplin! Ich erwarte nicht, daß Du oder irgendein anderer westlicher Mensch dieser Art der Disziplin folgt, aber Du kannst Deinen Verstand ständig mit etwas beschäftigt halten, wie dem Einprägen eines Verses, wie zuvor erwähnt, selbst wenn Deine Hände und Dein Körper bei irgendeiner mechanischen Tätigkeit in Bewegung sind — Dein Verstand kann weiterhin an dem Wunsch arbeiten, auf den Du größten Wert legst!

Eine der einfachsten Disziplinen ist folgende: Wiederhole den Namen des Lebenden ECK Meisters oder eines der ECK Adepten, die Dir bekannt sind. Du kannst Dir ein Ziel setzen, wie den Namen eintausend Mal zu wiederholen, bevor Du aufhörst. Du wirst über die Veränderung staunen, die sich bei Dir einstellt! Eine weitere Disziplin ist das Lesen des Shariyat-Ki-Sugmad, der Spirituellen Aufzeichnungen oder jedes anderen ECK Buches über eine Zeitspanne von mehreren Monaten hinweg. Damit meine ich, daß Du ein Kapitel täglich liest — beginne am Anfang und lies es ganz durch, ohne einen einzigen Tag das Studium zu versäumen. Du wirst ganz sicher eine Veränderung in Dir beobachten!

Nun eine Veränderung im Grundton dieses Briefes. Der Gott, über den Du die Menschen immer reden hörst, ist ein öffentlicher Gott — ganz ähnlich den öffentlich verehrten Göttern von Rom, Griechenland und anderen früheren Zivilisationen. Wenn es Dich interessiert, es gibt eine wahre Gottheit, die sich jenseits des Bereiches des orthodoxen Gottes befindet. Dieser Gott ist nicht jener Gott, der, wie man feststellt, vom durchschnittlichen Laien verehrt wird — es ist eine Macht, die viele Menschen niemals kennenlernen. Dies ist die Kraft, die Herrlichkeit und das ES, das von manchen Heiligen, Wissenschaftlern, Autoren und anderen entdeckt wird, die bereit sind, ihre Entdeckungen bekannt zu machen, aber wenn Du von diesem Gott oder dem ES zu anderen sprichst, wirst Du sofort als Ketzer gebrandmarkt! Du hältst Dich nicht mehr im Bereich des Orthodoxen auf, sondern Du bist ein Außenseiter! Kant versuchte nun diese Macht, oder wie immer man ES nennt, durch das zu ermitteln, was als eine Methode der Untersuchung bezeichnet wird (Du kannst das in seiner *Kritik der reinen Vernunft* finden), aber es gelang ihm nicht. Sokrates versuchte es mit dem, was er die sokratische Methode oder die sokratische Beweisführung nannte, aber auch er drang nicht zur Quelle der Sache vor. Es gab einen bedeutenden Hindu namens Tulsi Das, der im siebzehnten Jahrhundert lebte und später unsterblich wurde. Meines Erachtens kam er in seinen Erfahrungen sehr nahe an das ES heran, so wie er sein Verständnis des ES erklärt. Sein Name und seine Werke werden in einem Buch in der Bücherei behandelt, das ich für Dich noch ausfindig machen muß! Dieser Gott wird von allen Anhängern ECKANKAR's als das SUGMAD bezeichnet.

Auch Walt Whitman kam diesem Wissen nahe, wie durch seine Gedichte offenbar wird. Ebenso schrieb Sir James Jean ein Buch *The Mysterious Universe (Das geheimnisvolle Universum)*, das für jene, die suchen, viele Antworten enthält.

Später mehr.

17. März 1963

Liebe Gail!
Diese Briefe bewegen sich nun mehr auf persönlichem Gebiet als die vorangegangenen. Ich werde jetzt kurz das Studium des Lösens von Problemen aufnehmen; natürlich hat jeder Probleme, aber wie man im Leben vorankommt, hängt davon ab, wie gut man in der Lage ist, diese Probleme zu lösen! Das menschliche Element im Leben ist das Lösen von Problemen!
Häufig hört man das alte Sprichwort: "Keine zwei Menschen sind gleich!" Das ist ein Spiel mit Deinen Emotionen von seiten dessen, der das Sprichwort anwendet, um Dein Vertrauen zu gewinnen! Es wäre wahrscheinlich richtiger, wenn ich sagen würde: "Keine zwei Personen haben die gleiche Einstellung," was nicht genau richtig ist, aber der Wahrheit näher kommt als das vorherige! Da der einzelne aufgrund von Selbstinteresse handelt, erscheinen ihm seine Probleme immer größer als die eines anderen. Laß mich zuerst darauf hinweisen, daß Menschen und Probleme unter eine Klassifizierung fallen, die Morphologie genannt wird — das, was sich mit den fundamentalen Strukturen aller Dinge befaßt. Ein Problem hat eine unendliche Anzahl von Lösungen, von denen keine richtig oder falsch ist. Eine Frage kann eine Antwort erhalten, die entweder richtig oder falsch ist. Die für Dich richtige Antwort ist von mehreren Dingen abhängig — erstens, den moralischen Grundsätzen; zweitens, der Umgebung; drittens, der Kindheitserziehung; viertens, der Schulbildung; fünftens, den emotionalen Verwicklungen oder der Erfahrung beim Lösen von Problemen.
Jegliches Problem-Lösen wird durch Kreativität erreicht! Was ist Kreativität? Es ist der Gebrauch der Imagination, um ein Bild im Inneren zu schaffen, das Dich befähigt, Dich in der richtigen Situation zu sehen, um mit dem Problem in richtiger Weise umzugehen. Mit anderen Worten, wenn Du den Wunsch hast, ein bestimmtes Problem zu lösen, schaffst Du Dir ein Bild in Deiner Vorstellung, daß es bereits gelöst ist, folglich siehst Du nur das Endresultat von dem, was Du wünschst. Auf diese Weise nimmst Du den Standpunkt ein, daß es bereits gelöst ist, und Du spielst einfach die Rolle durch, daß es gelöst wird!
Die schöpferische Kraft ist wirklich die spirituelle Kraft, die in Deinem Inneren am Werk ist. Wenn Du Deine Augen schließt und ein

Pferd auf dem Bildschirm Deiner Vorstellung siehst, betrachtest Du (das wahre Selbst) das Bild. Du kannst das Pferd alles machen lassen — laufen, traben, springen und fressen! Folglich, wenn Du ein Problem zu lösen hast, kann das auf demselben Weg erreicht werden: Stelle Dir das Endresultat als Bild in Deinem Geiste vor, sieh es Dir vom Selbst aus an und gestalte, was Du ausgeführt haben möchtest — dann handle in Deinem äußeren Leben, als ob es bereits erreicht worden wäre! Das führt zum Ziel. Ich habe dies auf die einfachste Ausdrucksweise reduziert, weil es nicht notwendig ist, sich in eine Menge von Komplexitäten zu begeben.

Bedenke folgendes: Die spirituelle Kraft (Deine kollektiven, inneren Kräfte sind Deine wahren Spirit-Kräfte!) ist eine Kraft, die aus Deinem Leben machen kann, was immer Du Dir wünschst. Das alte Sprichwort "Denken verwirklicht es" ist nicht ganz wahr, denn es ist nur ein Teil dessen, was die Gesamtheit ausmacht. Die Vorstellungskraft, die emotionale Kraft und das Denken bilden das Ganze. Mit anderen Worten, 'das mentale Bild, Gefühl und Handeln' bilden die Gesamtheit, und diese Gesamtheit ist für die Steuerung Deines Lebens und das Lösen von Problemen verantwortlich! Der Versuch, irgendwelche Bücher von Neville aufzutreiben, *Power of Awareness (Kraft der Bewußtheit)* und *Awakened Imagination (Erwachte Imagination)*, dürfte sich lohnen, weil sie zu einem besseren Verständnis des Themas beitragen würden.

Um Gebrauch von der Imagination zu machen, muß man vollkommen still werden. Damit meine ich still im Inneren, so daß die Aufgewühltheit der Emotionen und der mentalen Abläufe beruhigt wird, die dazu neigen, wie Affen in einem Käfig herumzutollen. Eine Methode, diese Beruhigung zu erreichen, ist: Arbeite an einem Vers des Shariyat, an einem, der sich für diese Situation gut eignet. Für diese besondere Handhabung sind die Shariyat-Verse in Worte gefaßt, um den Leser zu befähigen, alle Arten von Schwierigkeiten zu überwinden. Es kann Dich, wenn Du willst, auf die Bewußtseinsebene einstimmen, der es angehört. Das ist die überragende Shariyat-Behandlung gegen Furcht.

Der Sinn der Kontemplation oder Selbstbehandlung ist das Anheben des Bewußtseins, und die spirituelle Übung ist das Instrument, das einen dazu befähigt. Das ist der Grund, warum ich Dich zu dieser Stufe geführt habe — durch das tatsächliche Wiederholen eines Shariyat-Verses usw., bis er zu einem Teil Deiner selbst geworden ist. Du wirst in der Lage sein, wissentlich Dein Bewußtsein zu dem Punkt anzuheben, an dem Schwierigkeiten kein Teil Deiner Selbst mehr sind. Du hast zum Beispiel zur Zeit ein kleines gesundheitliches Problem! Warum machst Du nicht den Versuch und stellst fest, was Du dazu tun kannst, um die Gesundheit wiederherzustellen — denn es kostet Geld, krank zu sein — und krank zu sein ist wirklich nicht angenehm! Du kannst anfangen, in Dein Inneres zu blicken, um einen Ausweg zu finden. Versuche es und mache dadurch Deine eigene Entdeckung.

Ich versuche darauf hinzuweisen, daß die Art und Weise, Probleme zu bewältigen, darin besteht, sich über sie in einen klaren Bereich des Denkens hinein zu erheben, wo man Probleme nicht als Teil, sondern als Gesamtheit sieht und sie entsprechend umordnen kann. Das ist nicht leicht, wenn man aufgeregt und besorgt ist und sich vor den Folgen fürchtet! Ich habe immer wieder gesehen, wie Dinge einem Höhepunkt (einer Krise) zustrebten und an diesem Punkt vorbeiglitten, weil die Krise nicht existierte, außer in der eigenen Imagination. Was kann Dir passieren! Ja, was kann Dir passieren, wenn Du für Dich selbst nichts zu befürchten hast? Erinnere Dich an den Vers, in dem es heißt: "Nichts kann Deinem wirklichen Selbst schaden, das Selbst stirbt nicht, es kann nicht mit einem Schwert gespalten werden, etc.!" Wenn Du das verstanden hast, dann spielt im äußeren Leben nichts mehr eine Rolle. Du kannst das Höchste sein, über allen Dingen, denn nichts kann Dich berühren. Stolz ist das einzige, was in dieser materialistischen Welt verletzt werden kann — wenn er verletzt wird, gibt es große Probleme, aber wenn er beiseite geschoben wird, so daß das Selbst hindurchleuchten kann, dann kann nichts mehr dem Individuum Schaden zufügen.

Nun siehst Du, daß Problem-Lösen Kreativität bedeutet. Kreativität ist der Grundbestandteil des Lösens von versteckten Problemen im eigenen Inneren. Da Du den Samen unbegrenzter Kreativität in Dir birgst, trägst Du in Dir auch die Lösungen und die Mittel, Dein Ziel zu erreichen, wenn Du Dir über das zu lösende Problem im klaren bist. Die meisten Probleme, vielmehr sollte ich sagen, alle Probleme, beginnen in einem Zustand des hoffnungslosen Durcheinanders. Ohne Glauben an einen letztlichen Erfolg mündet das Problem in Frustration. Wohingegen eine Situation kein Problem ist, bis Du ihr erlaubst, verwirrend zu werden. Um Sinn in den allgemein chaotischen Beginn eines Problems zu bringen, suche zuerst nach einer Allgemeinbezeichnung des Problems und dann nach einer spezifischen Bezeichnung. Das Lösen eines Problems gleicht sehr dem Schreiben eines Gedichts. Beides beginnt mit einem Gefühl der Unzulänglichkeit. Das ist ein Teil des Vorbereitungsstadiums beim Problem-Lösen.

Viele Menschen können heutzutage keine Probleme lösen, weil ihre Imagination in der Kindheit, im Klassenzimmer oder in den Jahren des Wachstums unterdrückt worden ist. Das ist der Grund, warum so viele Menschen bar jeglichen Denkens und bar jeder Imagination sind. Sie können und wollen nicht denken — stattdessen fühlen sie. Es gibt zwei Arten des Verstandes: Erstens, der konkrete oder Tatsachenverstand — jener Verstand, der nur Tatsachen aufnimmt, und zweitens, der Verstand, der aus wunderlichem Material zusammengesetzt ist — die Art, die Imagination anwenden kann. Schriftsteller wissen das und schreiben Sachbücher für den ersten Typ und Romane für den zweiten Typ. Du kannst an der Anzahl der Sachbücher, die auf den Regalen erscheinen, und am Verschwinden der Romane feststellen, wie sich der Verstand des Menschen ändert.

Problem-Empfindlichkeit ist eine Hauptvoraussetzung für den schöpferischen Menschen. Sie ist mit einer Einstellung, die alles in Frage stellt, verbunden. Nebenbei bemerkt, ein Mensch, der eine infragestellende Denkweise hat, kann niemals ein religiöser Eiferer sein, weil der Akt des Infragestellens den Glauben zerstört. ECK sagt, man soll niemals in Frage stellen, sondern akzeptieren, was einem gegeben wird. Also bezieht Problem-Lösen, genau wie Kreativität, die Theorie der Spiele mit ein, das Gesetz der Wahrscheinlichkeit. Der streng logische Gedankengang ist nicht Teil des kreativen Prozesses. Hier beginnst Du, alles Wissen zusammenzufügen, das ich Dir in den bisherigen Briefen übermittelt habe. Du mußt jenen sechsten Sinn gebrauchen, d.h. die Wahrnehmung und Bewußtheit, daß ein Problem existiert. Die Bewußtheit eines Problems ist nur ein Gefühl, das man hat. Es ist schwer zu definieren, aber Du gehst das Problem an und notierst Deine Gefühle in Bezug darauf, daß etwas nicht in Ordnung ist.

Dann erinnere Dich an die Regel; wenn Du ein Problem verstehst, kann es gelöst werden, und wenn ein Problem gelöst werden kann, dann bist Du fähig, es zu lösen. Ein hochkreativer Mensch liebt das Lösen von Problemen. Nicht unbedingt, um spezifische Antworten auf spezifische Fragen zu erhalten, sondern ein kreativer Mensch wird durch Schwierigkeiten stimuliert. Daher das Verlangen, Kreuzworträtsel, Anagramme usw. zu lösen; des Vergnügens wegen, das sich aus dieser Art des Problemlösens ergibt.

Ich werde hiermit im nächsten Brief fortfahren.

Später mehr.

Liebe Gail!

28. März 1963

Statt in diesem Brief mit dem Lösen von Problemen fortzufahren, werde ich später auf dieses Thema zurückkommen. Jetzt möchte ich das Thema der ECK Kraft behandeln. Möglicherweise würdest Du es vorziehen, sie als spirituelle Kraft zu bezeichnen, aber wie auch immer, sie ist jene Kraft, die Stärke bedingt und Wissen und Macht über jedes Fassungsvermögen hinaus verleiht.

Das erste Prinzip, die spirituelle Kraft in Dir zu entwickeln, ist das Annehmen der Einstellung, daß Du in allen Dingen recht hast! Es ist nicht der Gedanke, daß Du niemals Unrecht haben kannst, sondern erhalte Dir immer die Einstellung, daß Du einem anderen Menschen erlaubst, Deinen Fehler, wenn einer vorkam, aufzuzeigen, ganz gleich auf welchem Gebiet: Im Beruf, in der Gesellschaft oder Religion. Das heißt: "Du kannst auf sie den Eindruck machen, daß Du ihre Berichtigung tolerierst!" Das scheint vielleicht eine arrogante Haltung zu sein, aber der Heilige muß mir noch begegnen, der nicht so auftreten würde. Schriftsteller, Künstler und kreative Genies haben ebenfalls diese Einstellung! Mit Recht, weil es ihre Einstellung, ihr Recht ist, denn sie wissen viel mehr als der Durchschnittsmensch, insofern ihre Errungenschaften weitaus größer und sie der Quelle der Weisheit näher sind als die meisten! Sie haben ein äußerst starkes Gefühl des Selbstvertrauens aufgebaut, das andere nicht besitzen — denn sie haben gelernt, sich auf die göttliche Energiequelle zu stützen und wissen, wie man aus der göttlichen Quelle der Weisheit schöpft. Darum können sie es sich leisten, denen gegenüber tolerant zu sein, die es nicht sind, und daher können sie zynisch sein oder es sich leisten, Liebe zu geben.

Das zweite Prinzip ist das Annehmen der Haltung, daß Du bereits die ECK Kraft zur Verfügung hast und sie bei jeder Gelegenheit für Dich arbeitet. Es ist wie mit der alten Dame, die immer sagt: "Der Herr sorgt für mich!" Es ist gut, diese Einstellung anzunehmen, aber rede nicht mit anderen darüber, denn sie können Dich bestimmt schnell dazu bringen, an dieser Kraft zu zweifeln! Kurz, es ist klug, die Einstellung zu vertreten: "Was immer ich auch vollbringe, geschieht auf meine Weise, denn es ist der Herr, der meinen Geist zum Rechten leitet!" Eine kleine Predigt eigener Herkunft, die gut zu dieser Gelegenheit paßt und eine Haltung bezeichnet, die man gut einnehmen kann, wird Dich an das alte Sprichwort erinnern: "Du gehörst zu denen, die in eine Pfütze fallen können und die mit einem Dollar in der Hand wieder aufstehen!"

Das dritte Prinzip befaßt sich mit der Kommunikation. Wenn Du einen guten Wortschatz und einen großen Wissensspeicher besitzt, auf den Du zurückgreifen kannst, dann kannst Du Dich aus allem heraus- oder in alles hineinreden. Kommunikation kann die meisten Deiner Probleme auf jeder Existenzebene lösen, besonders auf dieser physischen Ebene. Bedenke: Gedanken und Kommunikation können Deine stärkste spirituelle Kraft sein — räume Dir viel Studium in dieser Richtung ein! Es wäre keine schlechte Idee, die Wissenschaft der Semantik (der Sprache) zu studieren, da Dich das bestimmt auf vielfache Weise stärken würde. Kommunikation wird heute in allen Lebensbereichen als der stärkste Faktor zur Förderung des Verstehens betrachtet. Du kannst Deine Ideen von der Kommunikation, angefangen von der Kommunikation mit dem SUGMAD, bis hinunter zur Kommunikation mit einer Fliege einsetzen! Die Kommunikation ist entschieden eines der stärksten Prinzipien der spirituellen Kraft! Eine allgemeine Art der Kommunikation mit Gott durch Rituale, Riten, Mandalas, Mantras, Gebete und viele ähnliche Symbole — die in religiösen Gottesdiensten beobachtet werden können. Mary Austins Buch über das Gebet, das Dir vielleicht gefällt, weist in äußerst interessanter Weise darauf hin.

Das vierte Prinzip, spirituelle Kraft zu entwickeln, besteht darin, in keiner Form und Weise konventionell zu sein, sondern eher die Dinge dem entgegengesetzt zu tun, was die Orthodoxie lehrt. Das gibt Dir eine bestimmte Stärke, weil andere Dich mit Staunen und Ehrfurcht ansehen, d.h. mit Bewunderung, weil sie gezwungen sind, ein normales Leben zu führen und Angst haben, davon abzugehen. Auf diese Weise schaffst Du Dir Deine eigene Welt, und das Bild dieser Welt verschafft sich Durchbruch zu anderen und beeinflußt ihr Denken über Dich. Es ist schwer, sich vorzustellen, wie sehr die Menschen an Dich denken, wenn sie Dich so ansehen, wie Du es wünschst. Das ist Image-Projektion, was ein Teil der Entwicklung der psychischen Kraft ist. Du entwickelst sie dadurch, daß Du die Welt bestimmst, in der Du leben möchtest. Du betrachtest Dich fortlaufend selbst und baust dabei bestimmte Dinge in diesem Selbst-Bildnis auf, bis Du ein passendes hast, das Du der Öffentlichkeit zeigen kannst; daraufhin hast Du plötzlich eine neue Welt, durch die Dich jeder sieht. Dadurch beeinflußt Du die Gedanken der anderen Menschen über Dich! Im allgemeinen kannst Du diese Art des unorthodoxen Verhaltens praktizieren, indem Du Dich in einer Weise verhältst, die einige Menschen als eine Art verrückten Verhaltens bezeichnen könnten!

Das fünfte Prinzip zur Entwicklung der ECK Kraft ist das Prinzip des Aufbauens dieser Kraft im eigenen Inneren. Es gehören zwei Teile zum Aufbau des Gebrauches dieser Kraft: Erstens, das, was in Deinem Inneren entwickelt und auf andere ausgestrahlt wird; zweitens, das, was andere Dir geben! Du mußt jedoch der Antrieb der Kraftentwicklung sein, so daß andere die Gedanken und Bilder auffangen können, die von Dir ausgestrahlt werden. Mit anderen Worten, jeder ist für Dich ein Spiegel. Auf diese Weise benutzt Du einen Menschen, um Dir Deine Gedanken und Ideen wiederzuspiegeln! Merke Dir diesen wichtigen Punkt! Wenn Du irgendein Bild, d.h. eine Idee, die Deinem persönlichen Nutzen dient, entwickeln möchtest, beginne mit jemandem darüber zu reden, der an Dir äußerst interessiert ist — oder mit jemandem, der Dir zuhören wird und der mit dem, was Du sagst, einverstanden ist. Auf diese Weise wird Dir das in irgendeiner Form zurückgegeben, was auch immer Du in Deinen Ideen suchst. Das wird erreicht, da Dein Verstand die Idee aufbaut, die zur Diskussion steht, wenn eine gleichgesinnte Person ein interessierter Zuhörer ist. Würdest Du dieselbe Idee jedoch einer recht negativ eingestellten Person vortragen, würde es ihr gelingen, die Idee herunterzuziehen und zu zerstören, selbst wenn nicht direkt davon gesprochen oder über die Idee diskutiert wird. Auf diese Weise würden die Gedanken solcher Menschen und ihre Meinung in Dich hineinprojiziert und in der Weise durch Dich aufgenommen, daß Zweifel aufkommen und Deine Ideen niederziehen würden. Oder sie lehnen es vielleicht ab, Dir als reflektierender Spiegel zu dienen.

Eine andere Methode, diese Technik zu handhaben, ist folgende: Stelle Dich vor einen Spiegel und sprich mit Deinem Spiegelbild. Du kannst dieser Reflexion Deine Ambitionen, Ziele und Wünsche erzählen; Du kannst tatsächlich diesem Spiegelbild befehlen, Deine Wünsche zu erfüllen, und schließlich wird das geschehen. Das ist eine der ältesten Techniken in der Geschichte der Menschheit. Ich habe Dir mehrere Geschichten über mir bekannte Leute erzählt, die immer darüber sprachen, was für großartige Menschen sie seien, und ohne unnötige Anstrengungen ihrerseits stellten sich im Laufe der Zeit die so sehr begehrten Dinge in ihrem Leben ein. Dies ist eine leichtere Art, das zu bewerkstelligen.

Das sechste Prinzip der spirituellen Energieerzeugung ist das Wiederholen eines Mantras oder Gebetes. Ich habe Dich in einem früheren Brief darauf aufmerksam gemacht, daß Du Teile des Shariyat-Ki-Sugmad oder anderer ECK Schriften und dergleichen verwenden kannst. Du kannst sogar das Wort "SUGMAD" oder irgendeinen anderen Namen, der ES betrifft, wiederholen und diese Kraft aufbauen. Du wirst über die Stärke und Kraft staunen, die Du beim Aufbau von Wissen, Weisheit und Stärke durch diese Methoden entwickelst. Sie stellen tatsächlich den Schlüssel zur Gewinnung spiritueller Kraft dar. Nochmals, viele Menschen gewinnen diese Kraft durch das Singen von Hymnen. In Wirklichkeit kannst Du sie durch viele Methoden entwickeln — häufig hilft es, seine eigenen Techniken zu entwickeln, die auf Dein eigenes Temperament, Deine eigene Einstellung und Deinen mentalen Typus zugeschnitten sind. Irgendwann in der Zukunft werde ich vielleicht nochmals eine Diskussion über spirituelle Kraft aufnehmen.

Später mehr.

28. März 1963

Liebe Gail!

Ich würde gerne ein paar Minuten bei den Sufis verweilen, einer Sekte, von der ich oft gesprochen habe. Unter dem Orden befindet sich der Dawish-Orden, von denen der älteste eng mit dem Islam zusammenarbeitet. Der Qadiri-Orden ist einer der tolerantesten und fortschrittlichsten Orden. Er zeichnet sich durch seine Menschenfreundlichkeit, Frömmigkeit, Demut und seine Abneigung gegenüber dem Fanatismus aus. Der Rifaiya-Orden, bekannt wegen seiner fanatischen Anschauungen und der extremen Praktiken der Kasteiung des Körpers, einschließlich solcher traumatisierender Übungen wie dem Essen von Glas, dem Laufen auf glühenden Kohlen und dem Spiel mit Schlangen. Der Bedawiya oder Ahmadiya-Orden ist ein ländlicher Orden, bekannt durch seine Rituale um das Grabmal seines Führers in Ägypten. Die Almohads bilden einen Orden, der sich der Bekehrung von Heiden zum Islam widmet. Der Shadhiliya-Orden glaubt an das Befolgen übertriebener Rituale und Riten. Der Isawiya-Orden ist berühmt durch sein Ritual des Schwertstechens. Der Derqawa-Orden ist eine scharfsinnige und orthodoxe Gruppe. Der Yeseviya-Orden übte Einfluß auf die Förderung der Frauen im Fernen Osten aus. Der Mevleviya-Orden ist bekannt durch seine wirbelnden Derwische. Außer den bereits erwähnten Orden gibt es Dutzende anderer Orden — einige reichen bis hin zu den unorganisierten, umherwandernden Bettlern und Fakiren.

Wenn man etwas Forschung betreibt, stellt man fest, daß die Religion des Islam die größte Religion der Welt ist, und daraufhin fragt man sich, wo ist sie das? Jedes östliche Land ist voll von Anhängern des Islam. Die Sufis dienten als die Jesuiten des islamischen Glaubens und trugen ihre Religion in jedes Land, einschließlich Afrikas, und in jede Nation, einschließlich Amerikas. Wie die meisten Glaubensbekenntnisse spaltete sich der Islam und zerfiel in viele kleine Sekten. Er wurde z.B. wie das Christentum in zwei große Bereiche, die Shi'iten und die Mu'taziliten geteilt. Die Schi'iten sind Anhänger der orthodoxen Lehre, wohingegen die Mu'taziliten freie Denker sind. (Daher die beiden großen Bereiche — Katholiken und Protestanten — ferner, die beiden Hauptgruppen im Buddhismus.) Ihr Kampf ist ebenso blutig gewesen wie der zwischen den beiden Hauptgruppen des Christentums.

Ich will nicht den Versuch unternehmen, mich mit ihrem Unterschied zu befassen, und auch nicht beim Islam verweilen, da Du Dir ganz einfach in der Leihbücherei gute Bücher über diese Themen aussuchen kannst. Dies soll Dich nur mit den Ideen in der Religion vertraut machen, die Dir vielleicht zur Zeit noch neu sind. Früher oder später wirst Du dann z.b. den Namen Baha'ullah in Diskussionen hören. Es gibt, nebenbei bemerkt, eine Gruppe in dieser Stadt. Es ist ein Zweig der Schi'iten-Gruppe, der durch einen Perser ins Leben gerufen wurde, der 1850 ein Mitglied der schi'itischen philosophischen Schule war. Er predigte eine Kombination liberaler, religiöser Lehren mit gnostischen Elementen.

Sein Jünger Baha'ullah entwickelte die ursprüngliche Lehre zu einer universalen Religion des Pazifismus und der Menschenliebe und gab der gegenwärtigen weltweiten Gruppe ihren Namen. Diese Gruppe behauptet, daß sie eines Tages alle Religionen der Welt verbinden wird. Sie hat eine große Anzahl von Intellektuellen in ihren Reihen.

Der Grund, warum ich so viel Zeit für dieses Thema aufgewendet habe, ist folgender: Die Sufis und die Moslems sind die hervorragendsten Schriftsteller auf religiösem und philosophischem Gebiet gewesen. Ihre Werke übertreffen bei weitem die der christlichen Verfasser. Ich sage nicht, daß sie recht oder unrecht haben, doch sie waren Gott bestimmt näher und weitaus bessere Schriftsteller als die der restlichen Welt. Der größte aller Mystiker, al-Hallai, bot sich selbst als Opfer für die Sünden der Menschen an und redete in einer Sprache so voller christlicher Überlagerungen, daß man keinen Unterschied erkennt.

Der Verstand des Moslem ist außerstande, einen Gott zu verstehen, der in Begriffen der Dreieinigkeit ausgedrückt ist, und es ist ihnen unmöglich zu glauben, daß er im Physischen gekreuzigt wurde. Sie haben die fundamentalen Lehren westlicher Logik nie vollkommen akzeptiert; für sie ist eine Untersuchung über das Wesen der Tugend und der Güte ohne Bedeutung, weil alle Tugend und alle Güte von Gott kommt. Die größten Denker des Islam sind Freibeuter und Räuber des Spirit gewesen, die sich nicht leicht mit den bestehenden Gesetzen, selbst den Gesetzen ihrer eigenen Religion, angefreundet haben. Sie bewegten sich wie der Blitz, um alles zu gewinnen; sie haben sich die Einstellung zu eigen gemacht, alles zu wissen oder das Spiel aufzugeben. Auf diese Weise haben sie Krieg mit dem Himmel geführt, um alles Wissen zu gewinnen oder nichts! Sie glauben nicht, daß Jesus Gott war, sondern der Prophet, der kam, um Gottes Existenz zu verkünden, und später erschien Mohammed, um das Wort Jesu zu bestätigen.

Robert Payne erzählt in seinem Buch *Das Heilige Schwert* eine interessante Geschichte. Er beobachtete ein vom Isawiya-Orden, der berühmten schwertschlagenden Sekte der Sufis durchgeführtes Ritual (das ein Lehrstück für Dich enthält). Bei diesem betreffenden Ereignis versetzten sich eine Reihe von Ordensmitgliedern in Trance und schlugen einige Stunden lang mit ihren Schwertern gegenseitig auf sich ein. Er sah, wie sich einer ein Schwert zehn Zentimeter tief in seinen Bauch, zwischen die Rippen und in seine Brust trieb. Sie hackten, stachen und trieben Nägel und Stricknadeln durch ihre Zunge, ihren Hals, Wangen und Körper, kamen jedoch nicht zu Schaden. Es floß fast kein Blut, bis auf ein winziges Rinnsal, obwohl furchtbare Wucht aufgewendet wurde, um sich die Schwerter gegenseitig hineinzutreiben. Der Kernpunkt der Sache jedoch ist: Der Anführer sagte ihm folgendes: "Man muß den Namen Gottes immer und immer wieder wiederholen. Dann ist alles möglich!" Am nächsten Tag gingen diese Männer wieder ihrer Arbeit nach. Sie scherzten über ihre Handlungen, und es zeigte sich nichts außer ein paar kleinen Wunden. Es gibt nichts an dieser Darbietung, das zur Herrlichkeit Gottes hinzufügen würde, aber es beweist eines, daß, wenn ein Mensch Glauben an oder Wissen um seinen Gott hat, nichts unmöglich ist.

Es hat lange gedauert, zu diesem Punkt zu kommen, aber dies bezieht sich auf das sechste in meinem letzten Brief diskutierte Prinzip. Das Wiederholen des Namens Gottes, eines Verses oder dergleichen, baut diesen Schutz auf. Das ist es, was der Führer dieser Gruppe sagte: "Man muß den Namen Gottes immer wieder wiederholen. Dann ist alles möglich!" Erkennst Du den Kernpunkt, auf dem ich herumreite? Und noch ein weiterer: Nur ein arabischer Philosoph würde es wagen zu sagen, daß der Mann in der Umarmung einer Frau Gott am nächsten kommt.

Was ich hier gesagt habe, ist ein Schlüssel zu meinem Denken — eine Einsicht in meine Philosophie des Denkens! Mein Denken kommt dem der Sufis näher als allen anderen Philosophien. Die Last der Schuld des westlichen Menschen ist ihnen unbekannt — mich kümmert sie nie. Mich kümmert keine lange Reihe ungelöster theologischer Probleme, und ich betrachte mich nicht als einen willigen Diener eines Ideals, dem sich zu nähern nur wenige hoffen können. Meine Helden waren anders als die der meisten Menschen, und mein Gott ist bestimmt ein Gott gewesen, in dessen Richtung zu suchen niemand anderem eingefallen ist. Die aufgezeigten Kernpunkte verlaufen in einer ziemlich logischen Stufenfolge, auch wenn das nicht meiner Natur entspricht. Ich stürze mich in Gebiete spiritueller Erleuchtung hinein, überschreite meine Grenzen und muß manchmal den Rückzug antreten, weil ich mich in Dunkelheit, in unbezeichneten Territorien wiederfinde, da es mir sicherlich an Geduld mangelt. Das ist der Grund, warum ich mit dem Gesellschafts-Gott oder dem öffentlichen Gott der Orthodoxen auf Kriegsfuß stehe.

Später mehr.

Liebe Gail!

31. März 1963

Der Ausgangspunkt meines Denkens auf dem spirituellen Gebiet ist ECKANKAR, die uralte Wissenschaft der Seelenreise. Dies ist die Fähigkeit, den Körper zu verlassen und zu sehen, was außerhalb des physischen Selbst vor sich geht. Es ist nicht das, was man den Astralkörper nennt — sondern die Seele — Selbst! Das soll Dich keineswegs verwirren, sondern ich möchte den Punkt klarstellen, daß das wirkliche Selbst im Inneren jene spirituelle Bewußtheit ist, die ich oft als die Tuza oder die spirituelle Einheit der Bewußtheit bezeichnet habe! Sie wird von den Orthodoxen oft die Seele genannt, aber viele bevorzugen andere Bezeichnungen, deshalb kann sie als Bewußtheit des Bewußtseins, Seele oder Tuza bezeichnet werden.

Überall wird von ihr gesprochen: In den heiligen Schriften, in den Geschichten der Heiligen, in Berichten über spirituelle Sucher usw. Sie ist für die, die den Okkultismus oder das spirituelle Leben studieren, nichts Ungewöhnliches. Wenn Du fähig bist, das physische Bewußtsein im Seelenkörper zu verlassen, dann hast Du kaum noch Angst vor dem Tod oder der Tatsache, daß die Ewigkeit jetzt ist! Du bist tatsächlich in der Lage, Dich in jede gewünschte Sphäre zu begeben, solange Du Dir bewußt bist, daß es dort eine Sphäre gibt. Wenn Du zum Beispiel nicht aus Büchern und anderen Quellen Kenntnis von Australien hättest, folglich nie erkannt hättest, daß jenes Land existiert, wie würdest Du dann davon wissen? Das soll heißen, wie würdest Du wissen, wie man dorthin kommt? Wie könntest Du wissen, ob dort Menschen wären? Dies ist dieselbe Situation, in der sich die Seele befindet, wenn sie nichts über die spirituellen Welten weiß. Wenn sie sich nicht dessen bewußt ist, daß andere Ebenen existieren, wenn sie einen Körper verläßt — wohin sollte sie gehen? Nirgendwohin, außer zurück zu dieser Welt, um sich einen neuen Körper zu suchen. Das ist der Grund, warum so viele zur Wiedergeburt zurückkommen.

Worauf will ich hinaus?

Wissen ist größer als jede andere Eigenschaft, die dem einzelnen als göttliche Gabe geschenkt wird. Ebenso ist die Fähigkeit, dieses Wissen anzuwenden, äußerst wichtig! Ich nehme an, daß die Liebe an nächster Stelle steht, weil der Mensch, der nicht die Kraft besitzt, alle Dinge mit Humor und Freundschaft zu betrachten, es mit Sicherheit schwer haben wird! Mein Vorhaben hier zielt jedoch darauf ab, die

Notwendigkeit der Loslösung von allem Nötigen zu übermitteln, das heißt, die Fähigkeit, von allem losgelöst zu bleiben, außer von dem, an das man sich binden möchte. Rebazar Tarzs erinnerte mich oft daran, daß die Liebe zwar großartig ist, es aber ein Irrtum sei, die Liebe als das erste Element im Leben zu benutzen, weil man nicht die Fähigkeit besitzt, alle zu lieben, während man sich im menschlichen Zustand befindet! Es ist wesentlich, die wenigen in unserer Umgebung zu lieben, für die wir leben und denen wir vertrauen — und allen anderen guten Willen entgegenzubringen! Tatsächlich war alles, was er sagte: "Gebrauche die Liebe mit Unterscheidungsvermögen! Schenke allen anderen guten Willen! Aber bringe Dich dazu, von allem, was Du wünschst, losgelöst zu sein!"

Mit dem Vorhergehenden im Sinn wirst Du die Notwendigkeit erkennen, in Deiner Haltung einen Standpunkt einzunehmen, der es Dir gestattet, die subtile Seite aller Dinge zu betrachten! Eine Definition hiervon lautet: "Geistig scharfsinnig zu sein! Vorgegeben oder charakterisiert durch die Verfeinerung des Denkens, der Einsicht, der Wahrnehmung, analytisch. Es ist die Eigenschaft oder der Zustand, subtil zu sein, die Fähigkeit, feinste Unterschiede zu machen!" Zum Beispiel die japanische Kunst, ihre Verfeinerung des Kochens, des Geschmacks usw. Es könnte ein interessantes Hobby für Dich sein, die chinesische oder japanische Kunst, Schriftstellerei oder etwas in dieser Art zu studieren, worin große Stabilität liegt — oder irgendein anderes Gebiet, das für Dich von Interesse ist. Ich verweise nicht auf die Selbstvervollkommnung, sondern auf etwas, das Gelegenheit bieten könnte, Einsicht zu entwickeln! Früher oder später wirst Du lernen müssen, Einsicht zu entwickeln — vielleicht kommt das auf ganz natürliche Art und Weise!

Was Du tatsächlich lernen mußt, ist die Subtilität des Lebens, des Verstehens ohne Anstrengung, der Einsicht ohne Anstrengung! Diese Subtilität des Denkens wird Dich veranlassen, Dinge zu tun, Dinge zu verstehen und Dinge zu wissen, wie nie zuvor. So hängt die Fähigkeit zum Seelenreisen von einer gewissen Eigenheit des Verstandes ab. Wenn Du zum Beispiel einen anderen Ort außerhalb des Körpers aufsuchen möchtest, mußt Du dort sein — das ist eine Direktheit des Selbst! Es ist weder der Verstand am Werk, noch ist es der Teil, in dem Du zuhörst, gehorchst und denkst, wie die anderen denken. Du führst es einfach als eine subtile, aber direkte Bewegung des Spirit aus — es ist eine Angelegenheit des Seins — nicht des Sehens — nicht des Tuns! Es geschieht, ohne daß Du irgendeinen Druck auf Dich selbst ausübst. Du beseitigst einfach jeglichen Druck, indem Du Dich ohne eigene Anstrengung exteriorisierst!

Ich bin nicht sicher, wie klar Dir dies ist, aber mein Denken geht dahin, daß Seelenreisen den wichtigsten spirituellen Schritt für den einzelnen darstellt. Du kannst dies beim sorgfältigen Studium meines

Buches *Der Zahn des Tigers* erfahren! Das war eine Studie der Seelenreise-Bemühung. Es geschah ohne jede Belastung meiner selbst und spielte sich zu einer Zeit ab, als ich für die Wünsche von Rebazar Tarzs äußerst empfänglich war. Es war zu der Zeit, als er mich auf der fünften Ebene verließ, und von da an war ich auf mich selbst gestellt! Dies ist der Punkt, an dem Du, wie ich hoffe, schließlich ankommen wirst — denn es ist eine Ebene, auf der Du Freiheit besitzt, auf der Du Dich mit IHM identifizierst! Man wird niemals Gott, sondern man wird zum Mitarbeiter, worauf ich immer wieder hinweise! Die Werte, die wir hier vorfinden, sind nicht dieselben Werte, die wir auf jenen Ebenen antreffen. Dies wird im *Zahn des Tigers* erklärt!

Ein Mangel an Werten ist das Problem, dem sich diese Zivilisation gegenübersieht, trotz der Werte, die uns die religiösen Systeme vor Augen halten, in der Bemühung, sie uns einzuprägen. Sie repräsentieren soziale Werte, die in letzter Analyse dem einzelnen wenig nützen. Die Goldene Regel: "Behandle andere so, wie Du von ihnen behandelt werden willst," ist lediglich ein sozialer Gleichmacher, folglich hält er Dich in einer Art Sklaverei, wenn Du es zuläßt. Es ist wesentlich, daß wir verstehen, daß die Prinzipien des Christentums und anderer auf den gewöhnlichen Menschen abzielen — und der gewöhnliche Mensch wird immer wieder in Dunkelheit oder in der einen oder anderen Form der Sklaverei gehalten; gesellschaftlich, wirtschaftlich oder politisch. Die Fähigkeit zum Seelenreisen gibt einem die Freiheit, über die Sorgenzone oder die Zone der Schwierigkeiten der Erde hinauszugelangen und selbst zu erkennen, was die Ursache des Druckes auf Körper und Verstand war!

Tatsächlich haben die Mystiker äußersten Gebrauch von der Moral und den Werten gemacht. Die übrige Menschheit scheint den Moralkodex vergessen zu haben, und infolgedessen hat der Mensch eine lange und blutige Geschichte hinter sich! Der Grund, warum ich das erwähne, ist der, daß Du, sobald Du die Fähigkeit zum Seelenreisen entdeckt hast und beginnst, spirituelle Höhen zu erreichen, auch neue Talente bemerkst, die Dir bislang unbekannt waren. Diese Talente befähigen Dich, dem Durchschnittsmenschen überlegen zu sein, und Du erhältst viele Kräfte, die erstaunlich und häufig zu stark sind — an diesem Punkt stellt man fest, daß man sich strikt nach dem Kodex Gottes richten muß, denn man verliert diese Kräfte, wenn man sie mißbraucht. Du darfst diese Kräfte nicht auf die Unwissenden anwenden, weil der Kampf nicht fair ist. Andere werden Deine Überlegenheit erkennen und Dich angreifen, ohne den Grund dafür zu wissen; weshalb Du höchstwahrscheinlich sehr beschimpft, verleumdet und heruntergemacht werden wirst. Alle Menschen, die irgendeinen Grad spiritueller Höhen erreichen, müssen dies verstehen

— aber sie erfahren bald, daß es einen Schutz für sie gibt — und verwenden ihn nur als Schutz — für nichts anderes!

Später mehr.

Liebe Gail!

1. April 1963

Der Schlüsselfaktor oder das Schlüsselprinzip im Leben ist: Die kosmische Lebenskraft, die wir das ECK nennen. Dies klingt seltsam weit hergeholt, aber sie ist die Grundlage für alle Ebenen der verborgenen Welten und der Grundstein zum spirituellen Erfolg. Sie ist zweifellos weniger bekannt als jeder andere wichtige Aspekt des ALLEINIGEN oder des SUGMAD, das Gott ist, doch sie ist der eine bestimmende Faktor der gesamten Göttlichkeit des ALLEINIGEN. Sie ist die Grundlage meines eigenen Denkens — und sobald Du dies begreifst, befindest Du Dich auf dem Weg zu Deinem spirituellen Ziel. Vieles hiervon wird im Buch *Der Zahn des Tigers* erklärt.

Dies ist ECKANKAR, die Uralte Wissenschaft der Seelenreise — die Lehre der ECK Heiligen. Das ECK bedeutet 'Der Tonstrom, oder die Stimme Gottes'. Der Begriff Kosmische Lebenskraft ist ein weiterer Ausdruck für die Töne, die der Fluß des Lebensstromes erzeugt, indem er durch das Universum fließt. Ich habe irgendwo in meinem Gepäck einen veröffentlichten Artikel, der dieses Thema sehr prägnant behandelt. Vielleicht finde ich ihn eines Tages, und dann kannst Du ihn lesen.

Jede Religion, die in ihren Schriften nicht vom Tonstrom spricht, ist keine wahre Religion. Diese große Wahrheit oder Tatsache, wird im Johannesevangelium im ersten Kapitel hervorgehoben: "Am Anfang war das Wort, und das Wort war bei Gott, und das Wort war Gott. Alle Dinge wurden von Ihm (personifiziert als maskuline Energie) geschaffen, und ohne ihn gab es nichts Geschaffenes, das geschaffen ward."

Hier wird klar ausgesagt, daß etwas, was das WORT genannt wird, mit dem ALLEINIGEN, dem Schöpfer, identisch ist. Obwohl diese Aussage von den Christen nicht verstanden wird, ist sie eine wichtige Verkündung der überwältigenden Tatsache des ECK oder des Lebensstromes. Es wird oft der Tonstrom genannt, aber das ist kein guter Name dafür, weil er nicht ausreichend definitiv ist. Der indische Name Shabda bedeutet einfach Ton, aber das ist immer noch nicht genau genug, denn es gibt Töne. Logos war die griechische Bezeichnung, die von den Neuplatonikern verwendet wurde — deren Meister mit Teilen der östlichen Weisheit vertraut waren. In Wirklichkeit bedeutet Logos das göttliche WORT, und alles, was vom ALLEINIGEN ausgeht, ist

SEIN Wort. Wann immer das ALLEINIGE spricht oder handelt, gibt es einen Ton, und man kann ihn hören; dies ist das ECK oder SEINE Stimme. Es ist der göttliche Fluß, die Welle oder der Strom, der vom ALLEINIGEN SELBST ausgeht und durch das gesamte Universum fließt. Dies ist, was Spirit oder der Heilige Geist genannt wird, oder was wir als das ECK kennen. Wenn das ALLEINIGE spricht, setzt Es nicht nur ätherische Schwingungen in Bewegung, sondern Es Selbst bewegt sich in und durch diese Schwingungen. In Wahrheit ist es das ALLEINIGE Selbst, das durch den unendlichen Raum schwingt. Das ALLEINIGE ist nicht statisch, sondern im höchsten Grad dynamisch, und deshalb schwingt alles, was existiert, und das ist der Ton, das ECK. Er kann von dem inneren Ohr gehört werden, das dafür geschult wurde, ihn zu hören. Er ist die göttliche Energie im Prozess der Manifestation, die das heilige ECK ist. Es ist tatsächlich die einzige Art und Weise, in der das Höchste gesehen und gehört werden kann — diese mächtige, leuchtende und melodische Welle, die kreiert und bezaubert.

Diese große Wahrheit, die den vergangenen oder modernen Denkern so wenig bekannt ist, ist der wesentliche Kern der Wissenschaft der Meister. Sie ist in allen ihren Lehren grundsätzlich und zentral. Sie ist das eine, das ECKANKAR von allen anderen Wissenschaften oder Systemen unterscheidet. Sie ist die Grundlage aller Systeme zur spirituellen Entfaltung. Sie ist der Schlüssel zu all ihren Erfolgen beim Entfalten ihrer spirituellen Kräfte und im Kontrollieren ihres Verstandes. Niemand ist oder kann ein echter Meister sein, wenn er nicht die spirituellen Übungen von ECK lehrt und praktiziert; weil es für niemanden möglich ist, eine hochentwickelte spirituelle Person zu werden, wenn er nicht, um seiner Entfaltung willen, bewußt das ECK verwendet.

Es gibt viele verschiedene Namen für den ECK Lebensstrom. Er ist den meisten westlichen Menschen allgemein als der Lebensstrom bekannt — dies scheint seine tiefere Bedeutung zu beinhalten und ist verständlicher und umfassender. Er ist tatsächlich ein Strom, ein lebensspendender, schöpferischer Strom, und man kann ihn hören. Die Tatsache, daß er hörbar ist, ist äußerst wichtig, und diese Vorstellung muß, wenn möglich, in jedem Namen vermittelt werden, der ihm gegeben wird. Dieser Strom, oder diese Welle enthält die Summe allen Lehrens, das vom ALLEINIGEN ausgeht. Er ist Sein Wort. Er umfaßt alles, was der ALLEINIGE je gesagt oder getan hat; er ist das ALLEINIGE Selbst im Ausdruck, und er ist die Methode des ALLEINIGEN, sich erkennbar zu machen; er ist Seine Sprache, und er ist Sein Wort.

Dieser Ton wird im Sanskrit oder Hindi manchmal Name, oder verkürzt Nam genannt. Die westliche Welt ist es nicht gewohnt, dem Wort Name soviel Bedeutung beizumessen. Aber in Indien bedeutet das Wort bei bestimmten Sekten, daß NAME, oder ECK, alles ist, was das ALLEINIGE ist. Es ist die Gesamtheit des Göttlichen Wesens in Tätigkeit. Um das ALLEINIGE in Tätigkeit vom ALLEINIGEN als göttliche Essenz zu unterscheiden, wird Er das ECK, oder das Lebende Wort genannt. Das göttliche NAM oder 'Ton' oder 'Wort' bedeutet alles, was das ALLEINIGE ist oder je gesagt oder getan hat, weshalb es alle Seine Eigenschaften enthält und die einzige Möglichkeit ist, wie sich der universale Spirit dem menschlichen Bewußtsein manifestieren kann. Wenn also das Höchste SUGMAD Sich als das ECK manifestiert, wird Es zum ersten Mal vollkommen personifiziert, verkörpert und individualisiert und bringt alle Eigenschaften der Gottheit zur Manifestation. Ich spreche davon, wenn ES SICH auf der fünften Ebene manifestiert. Es wird persönlicher Schöpfer, Herr und Gott. Auf dieser Ebene wird Es der Quell, aus dem das ECK, der Hörbare Lebensstrom, fließt. Dieser Strom kann von allen gesehen und gehört werden, die das erwachte Bewußtsein haben, und wenn man ihn hört, hört man das ALLEINIGE, und wenn man ihn fühlt, fühlt der Mensch das ALLEINIGE.

Der Strom gleicht einer Radiowelle, die von der großen Zentralsendestation aus in jede Richtung fließt. Sie kommt vom Höchsten Schöpferischen Zentrum des Universums der Universen. Das ALLEINIGE zeigt sich niemals unterhalb der Fünften Ebene, wenn also jemand behauptet, er hätte Gott gesehen, so fehlt ihm entweder jeder stichhaltige Beweis, oder er hat die Fünfte Ebene besucht.

Es gibt Möglichkeiten, dies zu wissen. Diese Welle hat zwei Aspekte, eine zentrifugale Strömung und eine zentripetale Strömung. Sie bewegt sich von Gott aus nach außen, und sie fließt wieder zurück zum SUGMAD. Indem man sich auf jenem Strom bewegt, scheint alle Kraft und alles Leben nach außen zu den äußersten Grenzen der Schöpfung zu fließen, und wiederum scheint alles Leben auf ihm zu seiner Quelle zurückzukehren. Die Rückkehr ist der wichtigste Aspekt Deines Studiums, denn hier bist Du JETZT IN DEINEM WISSEN ANGELANGT. Der Mensch muß zu dem ALLEINIGEN zurückkehren, und hierin wirst Du in Deinem Wissen geführt, damit Du an dieser Stelle erkennst und verstehst.

WIR MÜSSEN UNS AUF JENE ZURÜCKKEHRENDE WELLE VERLASSEN, UM ZU UNSERER URSPRÜNGLICHEN HEIMAT ZURÜCKZUKEHREN. WENN DU DIE VERBINDUNG HERSTELLST, DAS HEISST, DICH (MITTELS RADIO) DARAUF EINSTIMMST, so treten wir dann unsere Heimreise an, wobei wir alle vergänglichen Welten hinter uns lassen. Gewöhnlich bedarf es des Lebenden ECK Meisters, um diese Verbindung für Dich herzustellen, aber es gibt Zeiten, in denen Du die Verbindung selbst herstellen kannst.

In den Veden wird dieses Wort Nada, oder Nad genannt. In der

Vedanta wird vom Ton immer als kreative Energie gesprochen. Manchmal wird er das Nada Brahma genannt, die Sufis nannten ihn Vadan. Kabir bezeichnete ihn als Reine Weiße Musik. Manche nennen ihn Bani oder Akash Bani. Alle islamischen Heiligen bezeichnen ihn als Sultan-ul-Ashkar, den "König der Wege", oder Ism-i-Asm, ebenso Kalma oder Kalam-i-Lahi. Er ist der göttliche Logos oder das Verlorene Wort des Freimaurerordens. Aber wir kennen ihn als das ECK.

Jede Musik rührt von diesem Ton her. Alle weltlichen Töne enthalten ein nachklingendes Element dieses Tones — des Dhunatmik-Tones, und jene Töne, die von der ursprünglichen Quelle aufsteigen, sind der Varnatmik-Ton. Jedesmal, wenn Du ein Orchester unsterbliche Musik oder einen Meister wie Bach oder Beethoven spielen hörst, so denke daran, daß es der Dhunatmik-Ton ist, der von der ursprünglichen Quelle stammt, der aber, nachdem er den Verstand des Komponisten erreicht hat, stark verwässert ist, weshalb er die nachklingende Melodie empfängt.

Später mehr.

Liebe Gail!

2. April 1963

Dieser Brief wird sehr weit hergeholt erscheinen, aber Verständnis und Einsicht werden Dir sagen, daß das, was ich schreibe, Wahrheit ist. Sei versichert, daß, was auch immer in diesen Briefen dargelegt wird, sich auf Erfahrungen und Nachforschungen gründet. Der Titel dieses Briefes lautet: "Der Zorn des Herrn." Eines der Prinzipien, das vor den weltlichen Augen immer verborgen ist, ist dieses innere Gesetz DES ALLEINIGEN; darum kennen sehr wenige dieses Gesetz, außer diejenigen, die es in Anwendung gesehen haben.

In meinem Brief vom 31. März schrieb ich von dem Schutz, den man für sich selbst gegen diejenigen aufrechterhalten kann, die versuchen, einem Schaden zuzufügen. Dieser Schutz ist ein Prinzip, das "Der Zorn des Herrn" genannt wird. Auf den Schädigenden kommt es als Vergeltung zurück, häufig, ohne daß er weiß, was ihm geschehen ist. Auf dieses Prinzip wird im alten Testament deutlich hingewiesen, denn es formuliert das alte Gesetz "Auge um Auge" und "Zahn um Zahn". Zahlreiche Beispiele werden in der Bibel angegeben, besonders im alten Testament, in dem der Herr als ein Gott der Vergeltung bezeichnet wird. Viele der alten Propheten scheinen recht rauhe Naturen gewesen zu sein, die sich nicht scheuten, dieses Prinzip bei anderen anzuwenden. Im zweiten Buch der Könige, Kapitel 2, Vers 23 bis 24, steht geschrieben: "Und er (Elia) ging von dort nach Bethel; und als er auf dem Wege hinanging, kamen aus der Stadt kleine Kinder auf ihn zu, verspotteten ihn und sagten zu ihm: 'Komm herauf, du Glatzkopf, du Glatzkopf!" Und er drehte sich um, blickte sie an und verfluchte sie im Namen des Herrn. Da kamen zwei Bärinnen aus dem Wald und rissen 42 von den Kindern."

Elia wandte dieses Prinzip an, um sich vor den Spöttereien der Kinder zu schützen. Ziemlich drastisch. Aber er rief den Zorn des Herrn auf sie herab, und sie wurden von Bären angefallen. St. Ignatius von Loyola, einem Heiligen aus dem 16. Jahrhundert, wurde einmal eine Bootsüberfahrt verweigert, und das Boot sank unter Verlust sämtlicher Passagiere. Christus benutzte dasselbe Prinzip, als er den Feigenbaum ausdörrte, wobei er seinen Jüngern die Anwendungsmöglichkeit dieses Prinzips bewies. Es gibt hunderte von Beispielen von Personen, die versuchten, einem Heiligen zu schaden, und später selbst zu Schaden kamen. Beispielsweise unternahm ein Feind

Mohammeds den Versuch, den Propheten Allahs zu töten; er kam sogar durch einen betrügerischen Trick an Mohammeds Schwert und wollte es gegen ihn richten, aber es gelang ihm nicht, denn das Schwert wurde ihm von einer unsichtbaren Kraft aus den Händen geschlagen.

George Fox, der Gründer des Quäkertums, beschreibt eine lange Liste von unglücklichen Ereignissen, die denen widerfuhren, die ihm zu schaden versuchten. Offensichtlich machte er Aufzeichnungen darüber, was seinen Feinden aufgrund dieser übernatürlichen Gesetzmäßigkeit zustieß. Ich habe verschiedene Gelegenheiten aufgezeigt, bei denen das Gesetz in meinem Fall funktionierte — sehr oft ist es nicht nötig, Konzentration oder die direkte Anrufung anzuwenden — oder irgendeinen Fluch auszustoßen. Wenn jedoch irgendeine Person ihren Zorn gegen einen Heiligen, oder einen spirituell hochentwickelten Menschen richtet, funktioniert es oft deshalb, weil dieser emotionale Angriff am unsichtbaren Schutzschild aus weißem Licht abprallt, der automatisch um die betreffende Person aufgebaut ist, und dann zum Absender zurückkehrt. Es ist interessant, dieses Phänomen in der Nähe eines spirituell weit entwickelten Menschen zu beobachten. Manchmal funktioniert es sofort, manchmal erst nach Wochen, Monaten oder Jahren. Mark Twain spricht in seiner Biographie von einem Ereignis, bei dem ein Gebäude bis auf die Grundmauern niederbrannte, nachdem ihm darin ein Unglück zustieß, für das die Besitzer verantwortlich waren.

Die meisten Menschen, die über ein großes Maß anwendbaren Wissens der göttlichen Weisheit verfügen, neigen dazu, anderen gegenüber extrem freundlich zu sein. Erstens, weil sie um die Kraft wissen, die sie selbst erzeugen; zweitens, weil sie die Kraft des Wortes kennen, das sie vom Himmel herabrufen können, um andere mit Segnungen oder mit Flüchen zu überschütten, und schließlich, weil sie die Kunst des Selbstschutzes kennen. Um zu vermeiden, daß bei anderen Menschen negative Gefühle aufkommen, entwickeln sie eine äußerst zuvorkommende Haltung, da sie unter keinen Umständen andere Personen verletzen wollen — in der Tat werden sie oft durch eine andere Person eher leiden, als ihre psychischen Kräfte loszulassen — denn sie kennen die schädliche Wirkung, die diese Kräfte erzielen können. Das geht bis zum gegenseitigen Töten. Es geht die Sage, daß Buddha etwas vergifteten Reis von einem armen Bauern angeboten bekam, der das nicht wußte, sondern glaubte, dem Erhabenen etwas Gutes zu tun — wissentlich aß Buddha den Reis, ungeachtet der Tatsache, daß seine Schüler ihn anflehten, davon abzulassen. Buddha erklärte ihnen, daß der Reis als eine freundliche Gabe gemeint war, und er sie lieber annehme, als unfreundlich zu sein. Aber es hatte seinen Tod zur Folge.

Die geistige Tradition überliefert, daß Buddha infolge seiner immensen Menschenfreundlichkeit und grenzenlosen Liebe für alle

Lebewesen mehr Mysterien offenlegte und mehr okkultes Wissen und geheime Kräfte verbreitet hat, als möglicherweise mit der Sicherheit der Menschheit vereinbar war. So war das Urteil des Karma, des unabänderlichen Gesetzes, das sich wenig um Absichten kümmert, daß er zuerst als der große indische Heilige Shankaracharya, der die Vedanta gründete, wiedergeboren werde, um die esoterische Lehre neu zu formulieren, damit die von Buddha geöffneten Schleusen wieder geschlossen würden. Später wurde er als der tibetanische Adept und Reformer Tsong-Ka-Pa wiedergeboren, der den Arhat-Buddhismus (Esoterische Weisheit) dadurch reorganisierte, daß er ihn von all denjenigen säuberte, die spirituelles Wissen in einer Geisteshaltung sublimer Ergebenheit den höchsten Moralprinzipien gegenüber suchten. Sein moralischer und sozialer Kodex buddhistischer Reform ist der größte, den die Welt jemals kannte — aber durch seine Wiedergeburt als Tsong-Ka-Pa brachte Buddha göttliches Wissen unter die Kontrolle eines strengen Systems von Regeln und Gesetzen und organisierte die Bruderschaft der Adepten. Ich werde mich in einem späteren Brief mit dem Buddhismus befassen.

So haben wir hier also die Macht, zu schaden oder zu segnen. Du wirst feststellen, daß manche Menschen einen ungewöhnlich starken Verstand besitzen und undiszipliniert sind. Sie kreieren viele Probleme unwissentlich durch die Kräfte, die der Stärke ihres Verstandes entspringen. Sie sind oft psychisch so stark, daß sie Gegenstände wie Töpfe und Pfannen, manchmal sogar Tische usw., ohne sichtbaren Aufwand an physischer Energie bewegen können — oft geschieht das ohne ihr eigenes Wissen, und Geschichten über Poltergeister entstehen. (Das sind Geister, die Gegenstände werfen und im allgemeinen boshafter Natur sind). Du ersiehst daraus einiges von dem, was passieren kann, wenn eine Person mit einem starken Verstand über jemand anderen in Zorn gerät, das heißt, den Schaden, den er unbewußt anrichten kann. Häufig ist dies teilweise der Grund dafür, daß Menschen physische Leiden haben, was deshalb der Fall ist, weil irgendjemand sie ihnen bewußt oder unbewußt wünscht. Der Verstand des Menschen ist die grundlegende Ursache für die Schwierigkeiten im Inneren und Äußeren eines Individuums. Folglich versuche ich aufzuzeigen, daß die Gedankenkontrolle die schwierigste aller Kontrollen ist, aber vom Studenten des okkulten Wissens erlernt werden muß, oder er wird mit Sicherheit Zerstörungen in der Welt anrichten.

Es wird behauptet, daß Milarepa, der große ECK Meister des 11. Jahrhunderts, diese Kräfte entwickelte und sie zerstörerisch anwandte. Um ihm dabei zu helfen, Selbstkontrolle des Verstandes zu erreichen, ließ ihn sein Meister ein Haus bauen, das er, der Meister, jede Nacht niederriß. Milarepa brauchte vier Jahre, um dieses Haus zu bauen, aber er lernte mentale Kontrolle.

Später mehr.

Liebe Gail!

4. April 1963

Dieser Brief wird sich auf ein anderes Gebiet beziehen als die Briefe, die Du bisher erhalten hast. Um Dir die Einsicht in die spirituelle Seite zu vermitteln, ist es ratsam, einige Beispiele dafür anzuführen, was dem einzelnen heutzutage widerfährt. Heutzutage begegnet uns das, was in der Literatur als der Antiheld bezeichnet wird. Dieser Antiheld ist ein Symbol menschlicher Wirkungslosigkeit und Angst angesichts einer Welt, die der einzelne nicht mehr beherrschen oder begreifen kann. Er ist die Hauptfigur, der Dinge zugefügt werden, nicht derjenige, der Dinge ausführt! Mit anderen Worten, es ist das Gegenteil des Helden! Zum Beispiel der Film, den wir sahen, "Scheidung auf Italienisch": jeder schien ihn als Komödie aufzufassen, aber in Wirklichkeit war es die Geschichte eines Antihelden, bei der nichts einen guten Ausgang nahm — alles ging in Scherben, und der Held wurde schließlich durch die Umstände seines Lebens und eine feindliche Umwelt besiegt, wenn nicht völlig vernichtet.

Um den Gegensatz herauszuheben: die Filme, in denen Gary Cooper, Clark Gable und Humhrey Bogard Rollen spielten, zeigten die ewigen amerikanischen Volkshelden, deren lakonischer gesunder Menschenverstand und unbestechlicher Mut stets bewirkten, daß sich die Dinge am Ende zum Guten wendeten. Du bemerkst, daß der Antiheld den gewöhnlichen Menschen repräsentiert, dessen starke Ängste und Verzagtheiten in einer hastenden, unverständlichen Welt zum Ausdruck gebracht werden. Folglich hat sich ein großes spirituelles Vakuum auf die Welt gesenkt, und Geschichten, Romane und Filme repräsentieren jetzt den Antihelden statt des Helden! Der Held neigt dazu, verspottet und wie ein Ausgestoßener behandelt zu werden. Aus diesem Grunde ist die Geschichte von Lawrence von Arabien so erfrischend! Hier war der Mann ein Held, denn er hielt sich entgegen jeder Opposition an seinen Moralkodex. Er war ein Held!

Die Tag um Tag anhaltenden politischen Krisen sind nur die Folge einer zugrundeliegenden moralischen Abnutzung aus dem spirituellen Niedergang, dem sich der Mensch gegenübersieht. Bedeutungsvoller als die Berliner Mauer ist die Mauer, die jeder einzelne um sich errichtet, um starke Empfindungen fernzuhalten. Dem Menschen gefällt es, kraftlos zu sein! Aber nicht allen Menschen — manche haben sich bemüht, diese Trägheit in den einzelnen abzubauen, wie der Dichter T.S. Eliot, Jean-Paul Sartre, Hemingway, Santayana und Dutzende anderer. Das gibt mir den Anlaß, Dich zu ermutigen, über die großen spirituellen Helden, die kleineren Helden und jene zu lesen, die es gewagt haben, ihre eigenen Gedanken zu denken und auszusprechen! Rostand, ein französischer Dramatiker, schrieb ein Stück über Cyrano de Bergerac, einen Schriftsteller des 16. Jahrhunderts, Fechter, Romantiker und langnasigen Aristokraten. In diesem Stück erklärt sich Cyrano frei von allen Konventionen des gewöhnlichen Menschen. Zum Teil kann man meinen Lebensgrundsatz in einer ähnlichen Neigung erkennen. Jedenfalls erklärt Cyrano: "Wenn ihr erwartet, daß aus mir ein langweiliger Kerl wird, der 201 Jahre alt werden möchte, nur um sein Versicherungsgeld zu kassieren — nein danke. Wenn ihr glaubt, daß ich jeden Abend zu einer süßen, kleinen Frau nach Hause komme, die von mir erwartet, daß ich ihre kleinkarierten Vorstellungen von dem pflichtgetreuen Gefährten erfülle, für den sie mich hielt, als sie mich heiratete — nein danke. Wenn ihr von mir erwartet, daß ich aufhöre, die dreitausend Mark auszugeben, die ich nicht besitze und meine wilden Träume für eine zahme, aber sichere Existenz am Fließband eintausche — nein danke. Etc."

Was hat das mit Spiritualität zu tun? Eine Menge, denn der einzelne, der das Studium der göttlichen ECK Weisheit aufnimmt, befindet sich in einem dem weltlichen Leben gegensätzlichen Zustand! Man kann es nicht ändern — die beiden vermischen sich nicht! Viele haben direkte Angriffe auf die materialistische Gesellschaft unternommen — zum Beispiel war Madame Blavatsky so wenig in Einklang mit dieser Welt, daß sie sich ihr eigenes System der Verehrung schaffen mußte oder sie hätte sich versklaven müssen, also ließ sie die Theosophie entstehen! William Blake versuchte es, ebenso William Butler Yeats, der irische Dichter, der das gleiche versuchte und ein seltsames Buch hervorbrachte, das "Eine Vision" heißt. Tatsächlich schrieb er es mit der Hilfe seiner Frau, die sich in einen Trancezustand begab, in dem sie Kommunikation mit übernatürlichen Wesen hatte — und er schrieb über ihre Gedanken. George Gurdjieff versuchte das gleiche, und seine Werke wurden von Ouspenskij aufgezeichnet — alles hier Erwähnte kann man in der Bücherei finden. Oskar Wilde's Weigerung, ein gewöhnlicher Mensch zu sein, katapultierte ihn mit Sicherheit in die Literaturgeschichte — und er schrieb eine seltsame Geschichte mit dem Titel "Das Bildnis des Dorian Gray". Diese Geschichte behandelt das Leben eines Menschen, der durch alle Zeitalter hindurch lebte. Der Schwedische Dramatiker August Strindberg mißtraute dem Leben und verabscheute die Gesellschaft. Seine Schriften drücken seine Abneigung gegenüber der materialistischen Welt aus!

Meine Absicht im Vorangehenden zielt darauf ab, den Gedanken zu übermitteln, daß es nicht notwendig ist, so zu sein, wie andere möchten, daß Du bist — vorausgesetzt, Du weißt, wie man die Schwierigkeiten vermeidet, die hartgesottene Denker durch die Hände der konventionellen Bluthunde erfahren. Der Weg, dieser Schwierigkeit zu entgehen, liegt darin, keinen Widerstand zu bieten! Wenn Du stets keinen Widerstand bietest, dann fließen die Probleme, die andere Dir aufzubürden versuchen, vorbei, durch Dich hindurch, etc. Kein Erlöser ist in Wirklichkeit während seines Lebens eine beliebte Persönlichkeit gewesen. Der Weg zu dem ALLEINIGEN ist ein einsamer Weg — daher bezeichne ich die Gottheit als das ALLEINIGE! Denn mit Sicherheit ist Es ALLEIN, wie man erkennt, denn nichts kann IHM in all Seiner Herrlichkeit nahe sein. Während Du die Leiter zum ALLEINIGEN nach oben steigst — oder Dich dem Göttlichen Zentrum aller Dinge näherst, wirst Du ein immer einsamerer Mensch werden! Dies verursacht am Anfang oft viel Kummer, aber danach wirst Du selbständiger sein, größere Kraft besitzen und nicht die Freundschaft, die Liebe oder die Gefühle anderer benötigen, außer derjenigen, die Du in Deiner Nähe haben möchtest.

Ich bin sehr weit ins Detail gegangen, um meine Aussage zu treffen, die lautet: INNERHALB DES SPIRITUELLEN LEBENS VON ECK KANNST DU EIGENSCHAFTEN EINES HELDEN ERWERBEN! DEIN WESEN WIRD HELDENHAFT! ABER UM HEROISCH ZU SEIN, MUSS MAN EINSAMKEIT ERTRAGEN! MAN MUSS DIE PFEILE UND SCHLÄGE DER WÜTENDEN GESCHICKE DES LEBENS ERTRAGEN! UM DIE PROBLEME ZU ERTRAGEN, MUSST DU HELDENHAFTE EIGENSCHAFTEN ENTWICKELN! Deshalb besteht der Unterschied heute darin, daß die Gesellschaft der Held geworden ist und das Individuum der Antiheld ist — das genaue Gegenteil dessen, was im Leben bestehen sollte! Ein Held ist nie beliebt, denn seine Fähigkeiten des harten Lebens sind nicht von der Art, die der gewöhnliche Mensch akzeptieren kann! Der gewöhnliche Mensch möchte nicht akzeptieren, denn das würde die Bequemlichkeiten und die Ruhe seines Lebens beeinträchtigen. Kannst Du Dir vorstellen, daß Florence Nightingale, eine in Reichtum und Bequemlichkeit hineingeborene Frau, glaubte, daß ihr Leben irgendwoanders hingehörte als in ein primitives Krankenhaus, in dem mangels Medikamenten, Bequemlichkeit und Fürsorge Männer zu Hunderten starben? Sie dachte nie an heldenhafte Eigenschaften, sondern dies war eine Aufgabe, die ausgeführt werden mußte, also führte sie sie aus! Clara Barton, die erste Rotkreuzschwester; Susan Anthony, die Kämpferin für das Frauenstimmrecht; die hl. Franziska Cabrini, die Gründerin katholischer Hospitäler, und Dutzende anderer Frauen, die sich für die Menschheit geopfert haben, besaßen heroische Eigenschaften und moralische Standfestigkeit. Sie sahen ein Ziel und arbeiteten auf jenes Ziel hin, aber sie waren sehr einsame

Menschen, und doch waren sie alle weit auf dem spirituellen Weg. Ich glaube, der Name der ersten Kinderbibliothekarin war Ann Carroll Moore — die vor vielen Jahren bitter darum kämpfte, daß eine eigene Abteilung für Kinderbücher eingerichtet werde. Ich habe oft an sie gedacht — ohne ihren Mut und ihre moralische Standfestigkeit hätte ich vielleicht keine so erfreuliche Kindheit gehabt, wenn ich nicht die Möglichkeit gehabt hätte, Bücher zu lesen.

Keine dachte daran, heroische Eigenschaften zu entwickeln, noch brachten sie sich wahrscheinlich selbst damit in Verbindung. Ihr Wunsch, ihren Mitmenschen zu helfen, setzte sich über alles in ihrem Inneren hinweg — und infolgedessen wurden sie zu spirituellen Heldinnen — nicht wie die hl. Theresa, die hl. Cabrini oder Nofretete, die schöne Königin von Ägypten, aber in gewissem Sinne ebenso großartig wie diese geistigen Heldinnen. Ein Studium ihres Lebens ist ein muß in Deinen Nachforschungen über Okkultismus; es wird Deinen Glauben an Dich stärken!

Später mehr.

5. April 1963

Liebe Gail!

Ich greife wieder das Thema von ECKANKAR auf und hoffe es in diesem Brief abzuschließen. Du wirst feststellen, daß das ECK oder der Ton einer der wichtigen Aspekte des spirituellen Lebens ist, wie ich verschiedentlich aufgezeigt habe. Es ist für jeden, der im christlichen Glauben erzogen wurde, interessant zu wissen, daß das Neue Testament sehr eindeutig den ECK Lebensstrom erwähnt hat und lehrte, daß die neue Geburt durch ihn erlangt werden sollte. Das ist es, worauf die großen Meister stets bestanden haben, und obgleich gesagt wird, daß man ihn hören könne, hat die Kirche völlig seine Bedeutung vergessen. Das Evangelium des Johannes bezeugt diese Aussage der Lehre. Hier, bei Johannes, im 1. Kapitel, Vers 1 — 14, spricht er vom Ton und Licht (den Punkten, die ich klarzumachen versucht habe). In der Tat spricht er vom Tonstrom durch das Johannesevangelium — zum Beispiel spricht er im 3. Kapitel, Vers 8, wieder vom ECK Lebensstrom wie folgt: "Der Wind bläst, wo es ihm beliebt und du hörst seinen Ton, aber du kannst nicht sagen, woher er kommt, noch wohin er geht; so ist jeder, der aus dem Spirit geboren ist."
Im 3. Kapitel, Vers 6, heißt es: "Das, was aus dem Fleisch geboren ist, ist Fleisch; und das, was aus dem Spirit geboren ist, ist Spirit." Hier spricht er vom ECK Lebensstrom, aber die Terminologie der Heiligen Schrift wurde geschrieben, um die wirkliche Bedeutung des geschriebenen Wortes zu verbergen, denn die Regierung bestrafte jene, die nicht den orthodoxen Lehren folgten. Jedesmal, wenn die Schriften vom Heiligen Spirit, Spirit, dem Heiligen Geist oder Tröster sprechen, redete der Autor folglich vom ECK. Die Einheit der Bewußtheit (das, was die Orthodoxie Seele nennt) kann diese Stimme klar und deutlich sprechen hören, gerade so wie man das Rascheln des Windes in den hohen Kiefern hören kann. Jedoch wurde die ursprüngliche Lehre mit einer Masse von Dogmen und Aberglauben überdeckt. Wenn die Theologen nur eine entfernte Vorstellung von der Bedeutung dessen hätten, was gesagt wurde, und diese eine grundlegende Wahrheit begreifen könnten, wäre die ganze Theologie der Kirche heute eine andere.
Im 2. Kapitel der Apostelgeschichte wird berichtet, was am Pfingsttage geschah. Sie hörten einen Ton "wie von einem mächtigen, brausenden Wind" und sahen dann Lichter wie "Zungen aus Feuer",

die auf den Häuptern der Apostel saßen, und dann "waren sie alle erfüllt vom Heiligen Geist" (dem ECK Lebensstrom) und begannen, in fremden Sprachen zu sprechen. Die Erfahrung des Sprechens fremder Sprachen ist nicht ungewöhnlich für jemanden, der Erfahrung mit dem Tonstrom hat — gewöhnlich geschieht dies ganz am Anfang seiner Entwicklung. Der Ton ist wie der eines brausenden Windes; bisweilen hört man andere Töne, acht oder zehn verschiedene, aber bevor man den Ton des wahren ECK hört. Im allgemeinen wird Licht den Menschen umgeben, und er hört die himmlischen Töne. Als Ergebnis dieser Erfahrungen ist er dann von stärkerem Licht und größerer Kraft erfüllt. Unter anderem ist er in der Lage, alle Sprachen zu verstehen, als ob alle in seiner eigenen Sprache sprechen würden. Dies ist eine universale Erfahrung jedes Chelas des ECK Meisters, und es ist das, was einem in der ersten Region des spirituellen Weges begegnet. Bei einer Erfahrung dieser Art wird man vom Heiligen Spirit erfüllt, kann jede Sprache verstehen, ganz gleich, welche es sein mag, und indem man im göttlichen ECK aufgeht, gelangt man in den Besitz vieler der höheren Kräfte der Lebenskraft.

Das ist eine sehr interessante Feststellung, denn man erlangt durch diese Erfahrung göttliche Weisheit. Der deutsche Mystiker Jakob Böhme, ein ungebildeter Schumacher, was eines Tages bei seiner Arbeit, als er plötzlich vom Licht getroffen wurde (ich weiß nicht, ob er den ECK Lebenston hörte), aber er fiel offenbar in einen Trancezustand und empfing innerhalb weniger Sekunden all das Wissen, das man an einer Universität in einem Zeitraum von Jahren erlangen würde. Später schrieb er mehrere Bücher über spirituelle Themen, die anerkannte Klassiker wurden, obwohl ihn die Kirche, als sein erstes Buch erschien, aus seiner Geburtsstadt vertrieb. Heute wird er als einer der wirklich großen Mystiker aller Zeiten anerkannt, und seine Schriften werden im Laufe der Jahre immer populärer.

Im vorangegangenen Absatz habe ich festgestellt, daß Böhme innerhalb weniger Sekunden mehr über das religiöse und spirituelle Bewußtsein lernte — sowie Weisheit in allen Lebensbereichen — als er es in jahrelanger Universitätsarbeit hätte erwerben können. Dies ist äußerst wichtig, und ich hatte seit langem vorgehabt, Dir diese Aussage zu übermitteln. Erkenntnis ist der Schlüssel zum Lernen — es ist das Erlangen von Weisheit im Blitz einer Sekunde! Innerhalb dieses Blitzes kannst Du viel, ohne die üblichen Bücher, Lehrer oder Bildungsanstalten, lernen. Das ist der Schlüssel zu aller Weisheit. Natürlich beziehe ich mich auf das Einstimmen auf den ECK Strom — denn wenn Du das erst einmal erreicht hast, kann Dich nichts mehr abhalten: Du kannst höchste Weisheit haben, großes Verständnis und Tiefe der Wahrnehmung.

Drei Teile gehören zu diesem Ziel: 1. Selbstrealisation oder Selbsterkenntnis, 2. Gottrealisation oder Wissen von Gott, und 3. das

Eingehen in das Reich des Himmels — entweder in diesem oder im nächsten Leben — das heißt, in das ECK einzutreten und darin aufzugehen. Kein Mensch hat je spirituelle Freiheit, Kraft und Weisheit durch einen Prozeß der Logik, a priori, durch Schlußfolgerungen, Metaphysik, das Lesen von Büchern oder das Anhören von Vorträgen erlangt. Trotzdem sind das die Methoden, die von der Mehrzahl der Menschheit angewandt werden. Du mußt lernen, Dein Wissen durch die Einsicht und Hören zu empfangen.

Die Methodes ist einfach! Suche einen Ort, der von Geräuschen freigehalten werden kann. Setze Dich auf einen geraden Stuhl oder im Schneidersitz aufs Bett, auf den Fußboden oder an irgendeinen bequemen Platz. Es ist besser, auf einem geraden Stuhl zu sitzen, mit dem Gesicht zur Lehne, so daß Du die Ellbogen darauf stützen kannst; laß das Kinn in den Händen ruhen, lege die Zeigefinger über die Augenlider und die Daumen auf die Ohrmuscheln und schließe die Augen. Richte Deine Aufmerksamkeit auf einen Punkt im Kopf hinter den Augen — vier bis fünf Zentimeter, aber auf der Höhe der Augenbrauen. Jetzt versetze Dich in der Vorstellung dorthin und konzentriere Dich darauf. Dieser Punkt ist das, was man "Drittes Auge" oder das Geistige Auge nennt! Es ist die zehnte Tür des Seelenkörpers — nach einiger Zeit wirst Du sehen, wie sich diese Tür öffnet, und Du kannst in eine andere Welt hinaussehen, dann wirst Du durch sie hindurchschreiten und den Körper völlig verlassen. Dies wird eine neue Dimension sein, und man könnte sie die vierte Dimension nennen, weil es wahrscheinlich eine Unterebene der Astralwelt ist. Zu diesem Zeitpunkt wirst Du eine gewaltige Steigerung Deiner Kräfte als auch der Freuden erfahren! Dein Verständnis und Dein Wissen werden im gleichen Verhältnis zunehmen. Zu diesem Zeitpunkt erscheint das gesamte materielle Universum wie ein offenes Buch, und alle dunklen Mysterien werden verschwinden.

Mit anderen Worten: Du befindest Dich im Besitz des gesamten Wissens dieser niederen Welten. Du wirst sie dann kennen und Macht über sie haben. Von hier aus wirst Du Dich aufwärts in eine andere Ebene oder Welt bewegen und Wissen und Macht über die Welt unter Dir erlangen. So wirst Du die Kraft und die Herrlichkeit kennenlernen, die wirklich dem Menschen gehört, statt der Ameise, die auf dieser Erde krabbelt.

Später mehr über 1. religiöse Schulung, 2. Schußfolgern, 3. Sehen ohne Augen.

Liebe Gail!

6. April 1963

Dieser Aufsatz bezieht sich auf die Stärke Deines Glaubens an ein Ideal. Wie sehr glaubst Du an ein Ideal? Wie sehr glaubst Du daran, daß das Absolute ein Ideal ist, daß Du lieben, verehren und auf das Du großen Wert legen mußt? Dies sind Fragen, Die Du Dir früher oder später wegen des Sturmes und der Belastung infolge der Wandlung zum Glauben an diese Absolute Idee stellen mußt. (Glauben ist ein schwaches Wort, und ich ersetze es durch Wissen oder Sein, das heißt, das Absolute Ideal zu wissen oder sein Sein darin zu haben.)

Lincoln war ein Mann, der sein Sein in einem Ideal hatte, nämlich dem Ideal der Freiheit der Menschen. Er war ein Sozialist, ob jemand es gerne sieht, daß ihm dieses Etikett verliehen wird , oder nicht — seine Ansprache in Gettysburg war eine sozialistische Rede, wenn nicht gar die erste, die den Nationalismus in diesem Land verkündete. Sein berühmter Ausspruch zeigt das: "Für das Volk, durch das Volk und vom Volk!" Jedenfalls brachte ihm das Sein in seinem Ideal nichts als Unheil, Unglück und Verleumdung und schließlich einen gewaltsamen Tod! Sein Sieg kam später, aber selbst die allgemeine Haltung war so universal gegen ihn gerichtet, daß die Bürger von Cleveland, Ohio, seinen Tod mit einem riesigen Picknick feierten. Das war eine typische Haltung in der gesamten Nation, mit Ausnahme des Militärs und einiger Anhänger.

In den frühen Tagen seiner Bekehrung pflegte Ramakrishna stundenlang vor dem Schrein der Kali zu sitzen, der Muttergöttin der Hindus, die der christlichen jungfräulichen Mutter ähnlich ist. Den Berichten zufolge glaubte er, daß sie (die Statue) lebe und atme. Es scheint tatsächlich, daß er zu ihr zu singen und zu beten und mit ihr wie ein Kind mit seiner Mutter zu sprechen pflegte, bis er das Bewußtsein der anderen Welt verlor. Es heißt, daß er gelegentlich stundenlang weinte und andere ihn nicht trösten konnten. Al Ghazzali, der bedeutendste Mystiker des Islam (der Moslems), hatte ein mystisches Erlebnis, das, wie es scheint, viele Jahre lang anhielt. Gautama, der zum Buddha wurde, suchte sechs Jahre lang nach seinem Ideal, bevor er es nach vierzig Tagen des Fastens und der Meditation unter dem Bobaum fand. Fubbi Quantz, der große ECK Meister, verbrachte Jahre in der Wildnis auf der Suche nach seinem Ideal und fand es schließlich, nachdem er alle nicht wünschenswerten Dinge der materiellen Welt abgewehrt hatte. Chaitanya, der berühmte Apostel Krishnas für das Volk Bengalens, einer Provinz in Indien, war ein kalter Intellektueller voller Stolz der Gelehrsamkeit, aber auf einer Pilgerfahrt erfuhr er, ähnlich wie der hl. Franziskus, eine plötzliche Umwandlung zum spirituellen Bewußtsein.

Die Geschichte aller Heiligen folgt einem ähnlichen Muster! Der normale Mensch müßte glauben, sie seien verrückt, würde er beobachten, wie jemand den Sturm und die Belastung einer spirituellen Veränderung durchmacht.

Es heißt, die Sturm— und Drangzeit des Ramakrishna habe zwölf Jahre gedauert, bis er eines Tages, auf der Suche nach dem Idealbild der Himmlischen Königin, die Statue der Kali jammernd anflehte: "Mutter, ist dies das Ergebnis dessen, daß ich Dich anrufe und an Dich glaube? All dieses Leiden?" Und den Berichten zufolge antwortete ein liebliches, lächelndes Gesicht und eine gütige Stimme:"Mein Sohn, wie kannst Du hoffen, die höchste Wahrheit zu realisieren, wenn Du nicht die Liebe zu Deinem Körper und Deinem kleinen Selbst aufgibst!"

Laß mich zu diesem Kernpunkt zurückkehren: "Wenn Du und ich mehr an diesen Dingen dieser materiellen Welt interessiert sind, wie am Erwerb von Geld, um den Körper zu ernähren und ihm Annehmlichkeiten zu bereiten, und wir unser Ideal in einem Ziel haben, daß sich auf die Äußerlichkeit bezieht, dann steht uns größeres Leiden bevor, als wir uns vorgestellt haben!"

Du könntest Dich folglich fragen: Was ist mein höchstes Ziel in der Ewigkeit, denn was immer Du Dich in Gedanken auszuführen entschließt, wird schließlich geschehen, wenn nicht sofort! (Wenn ich das Wort G e d a n k e n gebrauche, ist es in Wirklichkeit ein unzureichendes und schwaches Wort, aber ich habe keinen Ersatz dafür.) Eigentlich ist es nicht so, daß man sich entschließt, etwas auszuführen, sondern man stellt sich ein Bild vor den inneren Gedankenbildschirm und hält mittels der Willenskraft die Aufmerksamkeit auf dieses Idealbild gerichtet!

John Bunyan schrieb "Die Pilgerfahrt" ("Pilgrim's Progress"), während er im Gefängnis war — eine Aufzeichnung seiner Bekehrung durch mystische Erfahrung. Er trat in dieses spirituelle Bewußtsein im Verlauf von mehreren Monaten ein. Sergant York, ein berümter Held des Ersten Weltkrieges, wurde in einer mystischen Erfahrung bekehrt, als ein Blitz so nahe einschlug, daß er für Stunden betäubt war und in diesem Zustand in das Kosmische Bewußtsein eintrat. Bruder Giles, der dritte Schüler des hl. Franziskus von Assisi, der von der Kirche heilig-gesprochen wurde, trat während einer Predigt bei einer Messe in das Kosmische Bewußtsein ein, verließ die Kirche sofort, um sich dem hl. Franziskus anzuschließen und wurde als Mystiker unsterblich. Sudar Singh saß drei Jahre lang in der Dunkelheit und fand die göttliche Weisheit von ECK. Keiner dieser Männer war gemäß den Maßstäben seiner Zeit gebildet, aber jeder von ihnen wurde unsterblich, das heißt, über die Jahrhunderte der Menschheit bekannt. Die hl. Katharina von Siena sah sich während ihrer Kindheit als Braut Christi und wurde eine Nonne, die Seiner Sache ergeben war. Ihr Leben war dem Wohl der Menschen gewidmet — sie beendete einen Krieg zwischen Frankreich und Italien, veranlaßte, daß die Steuern für das Volk ihres Landes gesenkt wurden, und trug zur Anhebung seines Lebensstandarts bei. Sie wurde für alle zur spirituellen Heldin, und immer wenn sie in eine Stadt kam, versammelte sich die gesamte Bevölkerung, um ihr zuzujubeln! Wie die anderen hatte sie keine Bildung genossen, aber sie diente Päpsten und Königen ihrer Zeit als Beraterin.

Man könnte Hunderte von Namen nennen, wie Emerson, Whitman, Pope, Bach, Mozart, Gauguin, Tagore, Descartes, Pascal, Eckhart, Apollonius von Tyana, Pythagoras, Hegel, Sargeant, Rodin, Renoir, Pissarro, Rembrand etc., die das kosmische Bewußtsein erfuhren. Das soll besagen, immer dann, wenn ein Individuum in diesen Bewußtseinszustand eintritt, ist er fortan, für immer, ein veränderter Mensch — häufig zeichnet er sich auf irgendeine Weise aus — auf seinem auserwählten Gebiet oder auf andere Weise. Das bedeutet nicht, daß er vermögend an materiellem Besitz wird, sondern er hat sich dieser göttlichen Kraft geöffnet und erlaubt ihr, seine Begabungen zu lenken, anstatt zu versuchen, sie zu manipulieren — es gibt jedoch einige, die die göttliche Quelle zu persönlichem Nutzen leiten können, obwohl der wahre Zweck nicht darin besteht, materiellen Besitz zu erwerben! Man sollte sie stets zur universalen Hilfe für andere verwenden!

Deshalb ist die beste Bezeichnung, die man diesem Bewußtsein geben kann, wahrscheinlich "kosmische Haltung" oder "kosmisches Bewußtsein". Gewöhnlich sind diejenigen, die es erlangen, eine Zielscheibe für die Unwissenden, die aus jeder möglichen Richtung angreifen, weil sie die spirituellen Kräfte nicht ertragen können, die von diesen erleuchteten Personen ausgehen. Die meisten Menschen, die dieses Bewußtsein erreicht haben, halten es zu ihrem eigenen Schutz geheim, denn sie möchten in keiner Weise größer als ihre Mitmenschen erscheinen — sie erkennen, daß sie das Glück hatten, dieses Geschenk des Göttlichen zu empfangen — und daß ihre Mitmenschen diese Stufe noch nicht erreicht haben, obwohl es nicht ihre Schuld ist. Deshalb prägt Demut ihre Haltung anderen gegenüber.

Einer der ersten Schritte, die man unternehmen muß, um das kosmische Bewußtsein zu erhalten, ist die totale Hingabe an das Absolute. Man muß alte Gewohnheiten, alte Absichten und alte Lieben aufgeben; diese Einstellung stellt die Essenz der Wandlung dar. Erinnere Dich daran, was Jesus sagte: "Sobald Du die Hand an die

Pflugschar legst, darfst Du nie zurückblicken." Bist Du bereit, diese Veränderung in Dir vorzunehmen?

Später mehr.

Liebe Gail!

7. April 1963

Bevor Du zu Sein lernst, solltest Du das Seelenreisen beherrschen. Das ist die Kunst, Dich aus Deinem physischen Bewußtsein in einen Bereich höheren Bewußtseins zu bewegen. Da es so gut bekannt ist, frage ich mich, warum es im Bereich der Religion und der Wirtschaft auf soviel Ablehnung stößt. Die Philosophie scheint wenig Verwendung dafür zu haben, und die Medizin streitet vollkommen ab, daß etwas derartiges existieren könne.

Dennoch sind religiöse Schriften voll von Geschichten über Seelenreisen. Um Verwirrung zu vermeiden, zähle ich einige der Bezeichnungen auf, die andere diesem Aspekt der Entwicklung gegeben haben: "Außerkörperliche Bewegung", "Andersheit", "Der Glorienkörper" und "An zwei Orten zu gleicher Zeit sein." Ich ziehe es vor, ihn den "Atma-Sarup" zu nennen, der die Strahlenform ist. In diesem Körper kannst Du Dich bewegen, wohin Du willst, und das Vorhandensein von Raum und Zeit stellt keine wirklichen Barrieren mehr dar.

Das ist einer der nützlichen Aspekte, den alle entwickeln, wenn sie eine bestimmte spirituelle Stufe erreichen. In dem uralten mexikanischen religiösen Ritual, das von den Indianern dort praktiziert wurde, gab man den Schülern eine Probe des heiligen Pilzes (ich kenne den medizinischen Namen dafür nicht — obwohl es ein Buch über dieses Thema in der städtischen Bibliothek gibt, von einem Doktor der Medizin geschrieben, der ihn vor kurzer Zeit studiert und die Resultate gesehen hat — wie er Körper und Spirit trennte) so daß sie ihren Körper verlassen und andere Leben und andere Welten im Nuri-Sarup erforschen konnten! Dies wurde unter der Kontrolle eines Priesters durchgeführt, so daß kein Schaden daraus entstehen konnte.

Ich spreche von Schaden! Wenn jemand nicht in der Lage ist, die Kontrolle über sich selbst zu behalten, während er sich außerhalb des Körpers aufhält, ist es möglich, daß er Schaden nimmt. Das heißt, wenn er nicht weiß, wie er den Körper schützt, wenn er ihn verläßt, dann besteht die Möglichkeit, daß ein geistiges Wesen, das im Äther ohne Körper umherwandert, sich des Körpers, den es als frei ansieht, bemächtigt und in ihn eintritt. Madame Blavatsky wird das Verdienst zugeschrieben, jemanden gerettet zu haben, der es unter Hypnose versucht hat. Am Anfang ist es immer am besten, das Seelenreisen unter dem Lebenden ECK Meister zu lernen, der Dich schützen kann. Zwei Engländer, Muldoon und Carrington, schrieben ein ganzes Buch über das Thema mit dem Titel "Die Kunst der Astralprojektion". Es könnte in der Bibliothek sein, aber ich bin mir dessen nicht sicher. In dem Buch liest Du über Pater Pios Fähigkeit, sich in den Körper hinein und aus ihm heraus zu bewegen. Das passiert im allgemeinen auf den niederen Ebenen, und darum wird es Astralprojektion genannt. Hierbei arbeitet der einzelne innerhalb und in der Umgebung der ersten unsichtbaren Ebene und dieser physischen Ebene. Das bezieht sich auf die Toten — solche, die von ihrem toten Körper zur Erde zurückkehren können, um in einem Haus zu spuken (der gebräuchliche Ausdruck) oder ihre Freunde zu besuchen; es bezieht sich auch auf Träume, wie sie derjenige hat, der von seinen verstorbenen Verwandten und Freunden träumt. Dieser astrale Gesichtspunkt ist jedoch nicht der Punkt, von dem aus ich das Thema besprechen möchte, weil das Wesen des Menschen mit einem halben Dutzend Teilen zu tun hat — sozusagen die unsichtbaren Selbste — und bevor man nicht zur Atma (Seele) vordringt, nachdem man all diese verschiedenen Gegenstücke abgelegt hat, wird man nicht wirklich sich selbst. Atma ist der Hindu-Name, der der Seele gegeben wird — aber er bedeutet die Über-Seele aller Teile des einzelnen Menschen. Jivatma ist ein anderer Name für dieses vollkommene Selbst des Menschen — und ich werde diese Bezeichnung oftmals gebrauchen, wenn ich vom wahren Selbst rede! Für den Augenblick denken wir jedoch in Begriffen des Atma Sarup, und dieses Niveau der dazugehörigen Ebenen müssen wir zuerst angehen. Die anderen werden der Reihe nach folgen.

Die Fähigkeit, außerkörperliches Bewußtsein zu erlangen, dient einem grundlegenden Zweck — nämlich, um Wahrnehmungsvermögen , Wissen und Verständnis zu erlangen. Das Erlangen dieser drei Eigenschaften hängt jedoch vom einzelnen ab, wie in jedem anderen Bereich des Lernens. Es ist ein Ausbildungsbereich, in dem jeder einzelne sich um das Erlangen dieser drei Eigenschaften bemühen sollte, aber die Autoritäten fürchten jeden, der diese Fähigkeit hat — weil es für ihre Herrschaft gefährlich und zerstörerisch sein kann. Folglich wollen sie nicht, daß irgendein Teil davon gelehrt wird — und wenn etwas davon bekannt wird, zerstören sie es, indem sie: 1. es lächerlich machen, 2. gesetzliche Maßnahmen ergreifen, um es zu beenden, und 3. jeden bestrafen, der versucht, es zu gebrauchen oder zu lernen. Daher verweisen sie alles von dieser Art an die religiösen Systeme, die wiederum allen spirituellen Lehren einen Riegel vorschieben. Sie wollen, daß die Sinne durch ihr eigenes Erziehungssystem geschärft werden, so daß sie die Kontrolle über die Massen übernehmen können. Der Intellekt ist einer der niedersten Teile des Menschen — Wahrnehmungsvermögen, Verständnis, Wissen und Sein sind die höchsten Teile.

Um den intuitiven Sinn in Dir zu entwickeln, muß Du Einsicht (Wahrnehmung) und psychisches Wissen besitzen. Wie erlangst Du das? Durch die Fähigkeit des Aus-dem-Körper-Tretens und dadurch, daß Du Dich abseits stellst und Dich, oder was auch immer Du anzusehen wünschst, objektiv betrachtest! Das Jivatma (das vollkommene Selbst im Menschen) kann sich selbst in mehreren Positionen im Verhältnis zum Körper aufhalten, an den es gebunden ist. Es kann 1. innerhalb des Körpers in der Herzgegend eingeschlossen sein, 2. innerhalb des Schädels, direkt im geistigen Auge (lies den Brief über das geistige Auge) eingeschlossen sein, 3. kann es sich einen Meter hinter dem Kopf aufhalten, und 4. sich in jeder Entfernung vom Körper befinden und den Körper von diesem Punkt aus steuern. Ich habe seinerzeit über zwei Körper verfügt — einen in Indien und einen in den USA. Das Bewußtsein ist im Jivatma, und von ihm aus kann ein Mensch andere Körper in Gang halten; mit anderen Worten, man kann zwei oder drei Körper besitzen, für deren Erhaltung und Steuerung man verantwortlich ist.

Laß uns von der oben erwähnten "Position Zwei" ausgehen, wobei sich das Jivatma innerhalb des Bereiches zwischen den Augen befindet, ungefähr drei Zentimeter hinter den Augen. Du solltest Deine Augen schließen und anfangen, auf ein Bild des Lebenden ECK Meisters zu schauen. Du verstehst: dies ist das Jivatma, das das Bild anblickt — und bald wird es, das Jivatma, sich aus dem Körper, den es bewohnt, herausbewegen. Du wirst seine Bewegung wahrscheinlich fühlen und zu einem anderen Ort in der anderen Welt oder der physischen Ebene geleitet werden. Hab' keine Angst, denn der Lebende ECK Meister ist bei Dir, ist da zu Deinem Schutz. Wenn es notwendig ist, werde ich da sein! Wenn Du erst einmal draußen bist, beginnt Deine Schulung — denn wenn Du empfänglich bist, wirst Du Dir sehr schnell Wissen aneignen. In einem Augenblick kannst Du mehr lernen, als Du es in Jahren auf der Universität könntest. Du kannst Wissen über andere Länder gewinnen, Einsicht in das Denken anderer Menschen, und Du wirst den Charakter anderer Menschen wahrnehmen, indem Du ihre Aura betrachtest — dies geschieht in einem Augenblick. Du wirst die Bedeutung von finanziellen, politischen und gesellschaftlichen Ereignissen und Geschehnissen ohne Mühe verstehen. Du wirst außerdem feststellen, daß Du dieses Wissen nicht wie andere auf der physischen Ebene aufspeichern mußt, vielmehr kannst Du es immer griffbereit haben. L. Adam Beck, eine Romanschriftstellerin der ersten Jahre dieses Jahrhunderts, konnte ihren Körper verlassen, sich die Bilder auf der Zeitspur der Vergangenheit ansehen und zur gleichen Zeit den Körper ihre Eindrücke niederscheiben lassen. Infolgedessen war sie eine der besten Autorinnen historischer Romane ihrer Zeit. Viele ihrer Bücher stehen

in der städtischen Bibliothek auf den Romanregalen.
Später mehr.

Liebe Gail!

8. April 1963

Es folgt eine Unterbrechung in der Serie der Briefe, um kurz die Religionen Chinas zu besprechen. Diese kurze Übersicht über die chinesischen Glaubensvorstellungen ist aufgrund ihres Platzes in der Weltgeschichte wichtig. Geschichte sollte nicht nur vom westlichen Gesichtspunkt aus studiert werden, sondern auch von östlichen, weil der Osten an Kultur und Zivilisation viel älter ist als der Westen.

Etwas mehr als tausend Jahre vor dem Christentum lebten die Shang- oder Yin-Menschen am Ufer des Gelben Flusses im nördlichen Zentralchina. Ihr Ursprung und ihre Geschichte waren alt, reich und erschöpft. Sie hinterließen Beweise großen Könnens in der Entwicklung der chinesischen Schrift. Die Chou-Dynastie eroberte sie ungefähr um 1100 v. Chr.. Diese Menschen entwickelten eine umfangreiche Literatur und frisches, ursprüngliches Denken auf philosophischem Gebiet. Sie waren Forscher des psychischen Bereiches: Konfuzius, Menzius, Chou und die Verfasser der Gedichte im Tao Te Ching, ganz zu schweigen von anderen, weniger Ausschlaggebenden, aber auf ihre Weise nicht minder Fähigen. Dieser Ausbruch intellektueller Bemühungen gab den Chinesen in der Folge 2500 Jahre lang Material zum Denken und für Kommentare, angefangen mit Konfuzius im 6. Jahrhundert v. Chr.. In der Kategorie der Philosophen und Denker plazierte dieser Ausbruch das chinesische Volk insgesamt weit vor allen anderen Ländern in der Welt.

Aus dieser Periode aber kam eine Anthologie von Schriften, "Das Buch der Oden", Liebeslieder voll von Zartheit und Gefühl, Kommentare über die Chou-Regierung, Politik und aktuelle Probleme. Das lieferte den nachfolgenden Philosophen und Mystikern den Stoff zum Schreiben.

Der Konfuzianismus war ein System ethischen Benehmens für den einzelnen und die Regierung. Konfuzius entwickelte es, um eine ideale Regierung aufzubauen, eine perfekte Ordnung mit einem aufrechten Bürger. Die religiösen Zeremonien und okkulten Handlungen jedoch waren als Taoismus bekannt, dessen Anfang im Dunkel verborgen liegt. Tao bedeutet der Weg. Er war durch Zeremonien und Aberglauben arg verdeckt, bis Lao Tse, ein großer Philosoph und Reformer, in einem berühmten Buch, das *"TAO TE KING"* oder *"Der Weg des Lebens"* heißt, seine ursprüngliche Bedeutung wieder aufzeigt. (Ich habe das Buch, falls es Dich interessiert.) Er bringt für den Schüler den ECK Tonstrom auf unbestimmte Weise zum Ausdruck. Eine hervorragende Feststellung, die in diesem Buch getroffen wird, lautet: "Das feststehende Naturgesetz besagt, daß nichts sicherer ist als die Tatsache, daß kein einzelnes Ding oder Ereignis auf dieser Ebene für sich allein bestehen kann. Es ist an all das gebunden, das vor ihm stattgefunden hat, und es wird an all das gebunden bleiben, das ihm folgen wird. Es entstand aus einer bestimmten Ursache heraus, und ihm muß eine bestimmte Wirkung folgen, in einer endlosen Kette. Das, was durch irgendein Lebewesen, ganz gleich welcher Gattung, in Bewegung gesetzt wurde, muß in der Wirkung schließlich zu jenem Individuum zurückkehren. Was auch immer wir begehren, beginnt sich sogleich in unsere Richtung zu bewegen, es ei denn, ein stärkerer Wunsch von einer anderen Quelle zieht es an. Daher sind Aufmerksamkeit und Liebe die Mittel, um uns mit Objekten zu verbinden, die außerhalb unserer selbst liegen. Durch Wünsche werden wir zum Objekt der Wünsche. Darum ist die vollständige Losgelöstheit des Selbst von jedem weltlichen Objekt notwendig. Es vermeidet Bindung an jene Dinge. Aus diesem Grund SOLLTEN WIR NICHTS MIT DEM WUNSCHE ES ZU BESITZEN LIEBEN. In dem Augenblick, indem wir dies tun, betreten wir die ersten Stufen der Sklaverei. Wer nach Belohnungen Ausschau hält, wird ein Sklave solcher Belohnungen. So lange, wie ein Mensch sich nach Belohnungen sehnt, ist er an jene Belohnungen gebunden, und Yin Quo (chinesischer Ausdruck für Karma) ist sein Meister." Daher das Yang und Yin, worüber Du neulich gelesen hast!

Die chinesischen Mystiker waren wahrscheinlich die größten der Welt, aber sie stimmten darin überein, daß sie ein Kommunikationsproblem hatten. Sie hatten in jenen frühen Zeiten etwas Einzigartiges entdeckt, das weder ein Wort noch einen Namen besaß und nicht der Welt angehörte, in der die Sprache geboren wurde. Die Welt war sein Nebenprodukt, und nichts konnte ohne es existieren. Was noch unmittelbarer war — es konnte eine gute Regierung oder Wohlergehen für den Menschen auch getrennt davon geben. Dennoch war es sein eigener Meister, und alles andere war ihm untergeordnet. Ihre einzige Zuflucht war, ein Zeichen dafür zu erfinden, welches das Tao oder der Weg war!

Einige der herausragenden Mystiker des frühen China waren: Mo Ti, der T'ien (die Liebe Gottes) betonte und 200 Jahre lang eine große Anhängerschaft hatte; Shang Yang, der 338 v. Chr. starb, schrieb das Shang Chun Shu (das Buch von Shang dem Herrn); Yang Chu, 6. Jh. v. Chr., hinterließ nichts Schriftliches, aber über seine Predigten ist viel geschrieben worden; Huai-nan Tse, ein mystischer Schriftsteller des zweiten Jahrhunderts, zeichnete viele der mystischen Schriften auf. Es gabe viele andere, von denen ich einige bereits genannt habe. Jedoch wünschte der chinesische Mystiker nicht, zu bekannt zu sein. Denn kein wahrer Mystiker würde wissen, daß er einer ist. Er könnte nicht mehr über Mystizismus sozusagen in Reichweite diskutieren als der Student der Bibel es vermag, Religion objektiv zu erörtern. Christus zum Beispiel erwähnt Religion nicht; er ist religiös und alles, was er vollbringt und sagt, ist daher religiös und alles, was er vollbringt und sagt, ist daher religiös, aber nicht auf bewußte Weise.

Zu unserem Verständnis benötigen wir Vergleiche mit den Berichten von Mystikern anderer Länder. Diese Periode in der Weltgeschichte kommt annähernd jener der Propheten von Israel gleich. Vergleicht man sie mit anderen Ländern und Zeiten, ergibt sich eine bemerkenswerte Einstimmigkeit der großen Mystiker Chinas, Indiens, Persiens, des Heiligen Landes und Europas, und man kann dies als eine der wahrhaft eindrucksvollen Tatsachen der spirituellen Geschichte der Menschheit verzeichnen. Im allgemeinen waren sie große Skeptiker hinsichtlich populärer oder traditioneller Religionen usw., da sich ihre Einsicht aus spirituellen Gründen herleitete. Sie reiften eher durch moralisches Wachstum als durch intellektuelle Mühe, waren aber für gewöhnlich gewandte Denker. Wann immer ein großer Mystiker oder eine Gruppe von Mystikern in einem Land erschien, wurden die volkstümlichen Glaubensvorstellungen über Götter und Geister zerbrochen, und daraus erwuchs die Tendenz, das Denken der Menschen zu jener Höchsten Realität anzuheben — hinter die Welt der Erscheinungen. Dies ermöglichte der Kultur und Zivilisation der Zeit, eine höhere Stufe zu erreichen.

Zwei oder drei Begriffe der chinesischen Mystik sind von Interesse: 1. Yang und Yin — von denen Du jetzt eine Vorstellung besitzt; 2. TAO. Eine Straße, ein Pfad, ein Weg, auf dem Menschen reisen, um die höchste Realität zu erreichen. Yaubl Sacabi sprach davon, als er sagte: "Ich bin der Weg, usw."; 3. Wei Wu Wei, ein paradoxer Ausdruck, aber er bezieht sich auf etwas folgender Art: "So vorankommen, wie die Natur es tut: die Welt wird geschaffen, Lebewesen wachsen und vergehen ohne ein Zeichen der Anstrengung", sagte Yaubl Sacabi, und: "Seht die Schafe auf dem Felde, sie mühen sich nicht und arbeiten nicht, usw." Daher bedeutet das Wei Wu Wei für den Mystiker, in Stille zu kontemplieren, ruhig, still und passiv zu sein, so daß das TAO, die Höchste Realität, das Universum des Seins, durch ihn hindurch ungehindert handeln kann; 4. Pu Shih. Dies heißt, unabhängig zu sein, nicht in oder mit Dingen oder Angelegenheiten verwickelt zu sein. Dieser Ausdruck führt tatsächlich die Bedeutung der vorangehenden Ziffer 3 in diesem Absatz aus. Der Weise vollbringt, was er für alles und jedermann tun muß, bleibt aber unabhängig von allen. Er ist im wesentlichen der absolute Autokrat, der Meister!

TAO kann in gewissem Sinne als der ECK Strom übersetzt werden, aber nicht ganz so hoch wie das ECK. In jedem Fall ist es jener Weg, den das Jivatma zur Göttlichen Quelle zurückreist, aus der es kam. Ich möchte vorschlagen, daß Du Dir mein Exemplar des TAO TE KING von Lao Tse ausleihst, das Dir die volle Wiedergabe der Weisheit des alten China vermitteln wird.

Später mehr.

Liebe Gail!

9. April 1963

Gegenstand dieser Besprechung sind die verschiedenen Teilbereiche des Menschen. Von der unteren Schicht ausgehend, kann man sagen, daß der Mensch zuallererst animalisch ist. Er ist der physische Körper, der von den Orientalen Isthul Sharir genannt wird. Den Körper allein bezeichnet man als GE, oder Genetic Entity (Genetische Einheit), der Teil aus Fleisch und Materie, der aus den chemischen Strukturen der Natur aufgebaut ist. Man kann sagen, daß die GE auf einer Montagemaschine gefertigt wird, fast genauso wie auf dem Fließband einer Fabrik. Es ist in Wirklichkeit ein Sauerstoffapparat, der von der Zeit, durch Zufall oder absichtlich zerstört werden kann.

Es wurde gesagt, daß der Zweck des Körpers tatsächlich der ist, hier die Erde zu bewohnen, und einige glauben, daß er ohne Seele, Atma, leben kann, ohne viel Sinn — eben nur um des Daseins willen. Der einzige Grund, warum die Seele (Atma) von einem Körper Gebrauch macht, ist: 1. Sie fühlt sich genötigt, eine Behausung zu haben, genauso wie irgendein sozialer Zwang auf ein Individuum ausgeübt wird; 2. Das Jivatma ist ein zu feines Instrument oder ein zu feiner Körper für diese physische Welt und muß den groben Schutz des physischen Körpers in Anspruch nehmen, um hier zu existieren. Nun, das ist als Theorie nicht sehr sinnvoll, aber einige spirituelle Theoretiker glauben dies.

Innerhalb des physischen Körpers befindet sich ein feinstofflicherer Körper, Nuri Sarup oder Lichtkörper genannt. Der Zweck ist die unterbewußte Steuerung des Körpers; das heißt, er kümmert sich um das sympatische Nervensystem, wie Kreislauf, Herz usw. Wenn die Funktion dieses feinstofflichen Körpers innerhalb des physischen Körpers ausfällt, bewirkt dies eine Einstellung aller unterbewußten Funktionen des physischen Körpers. Er entspricht der Astralwelt (erste Ebene) und hat fünf Sinne, ähnlich wie der physische Körper. Stirbt der physische Körper, so bleibt der Astralkörper als ein Instrument des Ausdrucks in der Astralwelt bestehen, manchmal spricht er zu Lebenden durch die spirituelle Welt, manchmal wird er als Geist gesehen, usw.

Innerhalb des Astralkörpers befindet sich ein weiterer Körper, noch viel feinstofflicher und subtiler als dieser. Er wird im Orient Karan

Sharir genannt, aber den westlichen Studierenden des Okkulten ist er besser als der Kausalkörper bekannt. Er wird so genannt, weil sich sämtliche Ursachen oder Keime aller Ereignisse, die jemals im Leben des Individuums eintreten werden, hier befinden. Innerhalb dieses Körpers ist wiederum ein noch feinstofflicherer und subtilerer Körper, Tirkuti oder Mentalkörper genannt. Er kann als eine Hülle betrachtet werden, und er stellt die Eindrücke des Verstandes dar. Er existiert auf der Mentalebene, das heißt, er wirkt als eine Art Schutzhülle um das Atma und ist sehr empfindsam für Impulse von der Seele. Seine Funktion ist es, zwischen Verstand und Seele und zwischen Verstand und Astralkörper Eindrücke aufzunehmen und zu übermitteln. Er führt genau Buch über jede Erfahrung des Individuums durch unzählige Leben seiner Existenz hindurch. Diese Erfahrungen formen den Charakter, und aus diesem Charakter ergibt sich jede individuelle Handlung. Ein ECK Meister kann diese Aufzeichnungen sehen, und weiß dann um die Vergangenheit und die Zukunft eines Menschen. Es ist alles im Kausalkörper gespeichert; die Zukunft in Keimform, die Vergangenheit in sichtbarer Aufzeichnung.

Nun kommen wir zum Verstand selbst, der tatsächlich die vierte Einheit im Aufbau des Menschen ist. Er steht in so enger Beziehung zu der Kausal- und der Mentalhülle, daß es nicht leicht ist, zwischen diesen zu unterscheiden. Er ist noch subtiler und viel feinstofflicher als die anderen Körper oder Hüllen, die ich bereits aufgeführt habe, jedoch in größerer Nähe zum Atma selbst, und ist mit viel größeren Kräften ausgestattet, weil er in engerer Beziehung zum Atma steht.

Solange man in der physischen Welt existiert, muß man den Verstand und den Kausalkörper beibehalten. Um sich auf der Astralebene zu manifestieren, muß man gleicherweise sowohl den Kausal- wie den Astralkörper besitzen. Wenn man sich auf der physischen Ebene manifestieren soll, sind alle drei der oben genannten Instrumente erforderlich. Wenn ein Individuum schließlich von der physischen Ebene zur Astralebene aufsteigt, von dort zur Kausalebene, und schließlich den Verstandeskörper auf der Reise nach oben zurückläßt, legt er ein jedes dieser Instrumente ab, weil er sie nicht mehr benötigt. Wenn er den nächsten Bereich über der Mentalebene erreicht, findet er sich frei von allen Werkzeugen und sieht sich als reiner Spirit. Er weiß dann alles, erfreut sich aller Dinge — durch direkte Wahrnehmung, ohne Mittel der Kommunikation oder Meditation. Dieser Bereich ist den Travelern als Daswan Dwar bekannt.

Es wird Dir vielleicht schwerfallen zu verstehen, wie ein Mensch seinen Verstand ablegen und dabei immer noch etwas wissen kann. Das ist deswegen so, weil die Bewohner dieser Erde sich so sehr daran gewöhnt haben, den Verstand als das Instrument des Wissens zu betrachten. Tatsächlich ist er das aber nicht, da der Verstand selbst genauso unfähig ist, etwas zu wissen, wie irgendeine Maschine, sondern er ist nur das Werkzeug, das vom Atma benutzt wird, um mit Wissensgegenständen auf der materiellen Ebene in Verbindung zu treten; es ist allein das Atma, dem das tatsächliche Wissen zukommt. Aus diesem Grund hat das Atma keine Verwendung für den Verstand oder irgendeinen der materiellen Körper, wenn es zum Daswan Dwar oder höher hinaufsteigt. Es weiß, wie ich schon verschiedene Male festgestellt habe, durch direkte Wahrnehmung. Alles Wissen steht ihm offen, ohne ein Werkzeug irgendwelcher Art — dies ist der Grund dafür, daß die eigene Wahrnehmung aufs höchste entwickelt wird, wenn man, ohne Gebrauch des Verstandes, in diese Ebene reist. Darum ist der Gebrauch der Sinne gar nicht so wichtig, wie allgemein geglaubt wird, und jeder, der von Bildungsmaßstäben abhängt, wie sie auf dieser Welt gelehrt werden, baut sozusagen auf Sand.

Der Verstand selbst wird manchmal in verschiedene Sektionen aufgeteilt, gemäß der Ebene, auf der man gerade arbeitet. Der Samenverstand, auch Nij-manas genannt, trägt die Keime aller Handlungen in sich. Er beinhaltet die Sanskaras (die Eindrücke aller früheren Leben). Manchmal sprechen wir vom Kausalverstand, Astralverstand und physischen Verstand, gemäß dem Bereich oder der Ebene, auf der der Verstand arbeitet, aber diese Unterscheidung machen wir nur der Bequemlichkeit halber. Ich werde den Verstand und seine Funktion in einem späteren Brief detaillierter besprechen.

Jetzt sind alle Körper oder Werkzeuge abgelegt, wie im Vorhergehenden besprochen, und man tritt hervor als das Jivatma, der eigentliche Kern des wahren Selbst, der die fünfte Einheit im Aufbau des Wesens ist, das Mensch genannt wird, so wie es in diesem Leben gesehen wird. Merke Dir, daß man alle fünf dieser Elemente besitzt, während man auf dieser Erde lebt, und daß man sie getrennt benutzen kann - es kommt alles auf einen selbst an! Im Atma hält sich alles Bewußtsein auf und alle Macht. Alles, was darunter ist, sogar der Verstand, ist unbewußt, automatisch und mechanisch in seiner Handlungsweise. In der Tat hängt alles, was existiert, mit seinem Leben und seiner Aktivität ausschließlich vom Spirit ab. Wäre nicht die zeitlich begrenzte Flucht des Atma in die materiellen Bereiche, würde keines dieser Instrumente benötigt. Aufgrund seiner extremen Feinstofflichkeit kann der Spirit mit den grobstofflicheren Welten nicht ohne ein zwischengeschaltetes Instrument in Kontakt treten. Tatsächlich gibt es keinen freien Raum, an dem keine Seelen sind - einige von ihnen haben einen besseren Verstand und Körper als andere, aber es besteht kein Unterschied zwischen der Amöbe und dem Menschen, zwischen dem Insekt und dem Gelehrten, außer dem der Evolution. Jeder zahlt seine Karmaschulden an das Universum. Keiner kann entkommen!

Später mehr.

Liebe Gail!

10. April 1963

Das Thema dieses Briefes ist "Kreativität". Es wird eines Tages eines der wichtigen Themen für die praktische Anwendung sein. Nur wenige Menschen scheinen tatsächlich zu wissen, was Kreativität ist — und was sie bedeutet. Laß mich kurz feststellen, daß Kreativität "die Freisetzung von Energie mittels einer Vorstellung, eines Rituals oder Ritus, mittels Musik, Dichtung, inspirierender Erkenntnis, einer Predigt und so weiter ist."

Die Freisetzung dieser Energie geschieht für etwas universal Gutes, für andere, durch die Werke der Kunst, Literatur, Musik und anderer schöpferischer Kräfte. Keines der Werke der Kunst, Literatur, Musik oder Bildhauerei verdient seinen Namen und seine Tradition, wenn es nicht im Betrachter, Zuhörer oder Leser einen Wunsch erweckt, selbst ein eigenes kreatives Beispiel oder Muster hervorzubringen. Der Wunsch kann schwach oder stark sein, und vielleicht ist es kaum mehr als ein Symbol, das es ihnen ermöglicht, Energie freizusetzen.

Ich erinnere mich, daß Sudar Singh einmal eine große Anzahl von Methoden angab, die angewandt werden könnten, um Wünsche jeglicher Art zu erfüllen. Ein Schüler kam zurück und berichtete ihm, er habe eine dieser Techniken verwendet, aber sie habe nie funktioniert. In seiner Antwort wies der Lebende ECK Meister darauf hin, daß diese Technik nichts bedeute, sondern daß alles in seinem Inneren sei, um sein Verlangen zu erfüllen. Das ist richtig, denn es ist diese schöpferische Energie, die im Inneren angefacht wird, wenn man jenes Symbol wahrnimmt, das einen zu einer großen Tat veranlaßt oder anregt.

Oft erblicken Menschen, die an einer schweren Krankheit leiden, die eine lange Leidenszeit bedeuten kann, in der Meditation das Kreuz oder die Gestalt eines Heiligen. Wenn diese Gestalt auf dem Bildschirm ihres Bewußtsein erscheint, rufen sie diese um Hilfe an, und ihre Energien werden mit einer derartigen Freude und Tröstung freigesetzt, daß sie augenblicklich geheilt sind. Ich bin nicht sicher, ob dieses Beispiel klar ist, aber ich bin so manchesmal durch ein Musikstück ermutigt worden, wenn mich etwas bedrückte, aufzustehen und mich an die Schreibmaschine zurückzubegeben. Ein einzelnes Gedicht oder ein Vers in der Bibel können in mir eine Flut von Energie freisetzen, die ich als spirituelle Energie erkenne. Das befähigt mich,

Müdigkeit zu überwinden, und ich kann wieder lange Zeit an der Schreibmaschine weiterarbeiten. Das ist nicht ungewöhnlich, denn Mary Austin schreibt in ihrem Buch *"Jedermanns Genius" (Everyman's Genius)*, wie Navajo-Indianer dasselbe durch Tanzen und durch die Anwendung anderer einfacher Methoden erreichten.

Die Oberhäupter der Kirchen erkannten schon vor langer Zeit, wie wichtig es war, Rituale für die Leute einzuführen. Die Messe ist sicherlich ein Ritual zur Freisetzung göttlicher Energie im Individuum. Das Gebet vor einer Statue ist eine weitere Methode, Energie in einem selbst freizusetzen. Viele Wunder im Menschen kann man der Tatsache zuschreiben, daß göttliche Energie in ihm ausgelöst wurde und ihn veranlaßte, eine übernatürliche Tat zu vollbringen. So berichtet beispielsweise Brown Landone, vor wenigen Jahren ein großer Okkultist, daß in seiner Jugend seine Beine so verletzt waren, daß er kaum gehen konnte — aber in seinem Hause brach ein Feuer aus, und er glaubte, er wäre gefangen, und so rief er Gott an, ihn zu retten, und allein die Vorstellung Gottes in seinem Geiste löste so viel Energie in ihm aus, daß er aus dem Bett stieg, einen schweren Koffer ergriff und ihn ohne jede Hilfe die Treppe hinunterschleppte.

Das Geheimnis der Kreativität ist diese Fähigkeit, die spirituelle Energie im eigenen Inneren freizusetzen. Viele haben diese Kunst zu ihrem eigenen Vorteil erlernt — und sind dadurch fähig gewesen, Erfolge zu erzielen, deren Ausmaß ihre kühnsten Vorstellungen übertraf; andere wenden sie nur auf einen bestimmten Teil ihres eigenen Lebens in einem geringeren Umfang an. Doch kann man Symbole und Rituale solange anwenden, bis man die Methode der direkten Kommunikation mit dieser göttlichen Quelle erlernt. Ich bin nicht sicher, ob das ganz klar geworden ist — vielleicht ist es zu vage, aber alles was ich zu sagen versuche, ist, daß die schöpferische Kraft in einem durch das Individuum in das Äußere gelangt. Der Mensch fungiert lediglich als das Instrument, und er ist gewissermaßen ein Tor oder ein Weg für diese Kraft, auf die physische Welt und die Ereignisse einzuwirken. Der Verstand des Menschen formt diese Kraft zum Gebrauch auf der Erde oder der Astralebene. In meinem Buch *"Die Flöte Gottes" (The Flute of God)* sprach ich von dieser Kraft als einer noch ungeformten Kraft, die, wenn sie das Instrument, das der Mensch darstellt, durchströmt, zum Gebrauch geformt wird.

Die Kraft fließt durch den Scheitelpunkt des Kopfes hinab in das Gehirn und benutzt das sympathische Nervensystem als Übermittler. Das Atma ist das Medium, das der Kraft gestattet, in den Körper einzutreten und als Energie verwendet zu werden, etwas von Wert zu schaffen. Das Jivatma ist tatsächlich der Zugang, wie Sudar Singh sagte: "Ich bin der Weg". Er sprach von der Ebene der Seele aus. Die Emotion ist der Dampf, der diese Kraft antreibt, und sie wirksam werden läßt; das Gefühl ist die inspirierende Eigenschaft, die sie zum

Vorschein bringt. Man könnte daher sagen, daß die Liebe die Eigenschaft ist, die der Kreativität dient. Liebe zur Kunst, zur Malerei, Schriftstellerei usw. wird ein Meisterwerk auf einem Gebiet hervorbringen. Wissen oder Erkenntnis ist die Eigenschaft, die es hervorbringt. Du hast oft gesehen, wie jemand, der große Begeisterung für eine Idee hatte, einen Weg fand, sie zu verwirklichen! Das ist das Prinzip der Kreativität, das arbeitet, um die Freisetzung zu ermöglichen! Zuerst aber muß man all seine Hemmungen ausschalten, damit der Kanal, durch den sie fließen kann, nicht blockiert ist. ist.

Manche Künstler, Schriftsteller und kreativ Arbeitende benutzen alkoholische Getränke oder gewisse Arten von Drogen, um diese Freisetzung zu erzielen. Besser gesagt, sie wenden derartige Dinge an, um ihre Hemmungen auszuschalten, damit sie direkten Kontakt mit der göttlichen Quelle aufnehmen können. Diese Leute sind in starkem Maße aberriert, und dies ist die einzige ihnen vertraute Möglichkeit; würde jedoch der einzelne erkennen, daß er sich vielleicht nur eines bestimmten Musikstückes, der Statue eines Heiligen oder einer spirituellen Übung zu bedienen brauchte, um sich von seinen mentalen Behinderungen zu befreien, so daß er direkten Kontakt mit der Quelle aufnehmen könnte, so würde ihm das von großem Nutzen sein. Das Alter hat mit dieser Fähigkeit nichts zu tun — ein Neunzigjähriger bringt das ebenso leicht fertig wie ein fünfjähriges Kind. Wenn einer das Geheimnis erfährt, vermag er sich sein jugendliches Aussehen jahrelang unverändert zu erhalten.

Henri Bergson, ein französischer Philosoph, schrieb ein Buch mit dem Titel *"Der schöpferische Verstand" (The Creative Mind)*, in dem er sich mit dem Thema beschäftigt, über das ich gerade schreibe. Er kommt nicht zu den grundlegenden Punkten, arbeitet aber um sie herum. Das Buch ist durchaus lesenswert — es steht in der Bibliothek! Auf diese Weise gewinnst Du Herrschaft über die Dinge Deines eigenen Wesens und wirst kreativ. Du lernst, Dinge von hoher Bedeutung zu tun, und wirst Einfluß auf Leute haben, die Du niemals kennenlernen und von denen Du niemals etwas erfahren wirst.

Es wird einem einiges abverlangt. Man muß die Furcht aufgeben, die sozialen Ängste und die Angst um seine Sicherheit; sei passiv, als wärest Du feminin, wenn Du die göttliche Kraft anrufst, durch Dich zu wirken — dies wird im Tao Te King, der berühmten chinesischen Lebensweise, beschrieben. Wenn das Atma der Kanal ist, fließt eine Flut göttlicher Energie hindurch, gibt Deinem Verstand die Idee ein und verleiht Deinen Fingern die Energie, um die Aufgabe auszuführen. Du wirst Dein eigener Herr und unabhängig im Verstand und in der Tat. Viel läßt sich erreichen durch das stille Chanten eines Verses, eines Wortes der Inspiration usw., wie es schon in einem anderen Brief aufgezählt wurde.

Später mehr.

11. April 1963

Liebe Gail!

Dir auf ein paar Seiten alles über Zen-Buddhismus zu erzählen, scheint unmöglich zu sein, also werde ich versuchen, so gut es geht zusammenzufassen. Zen ist weder Psychologie noch Philosophie. Es ist ein System, um Satori (das japanische Wort für Erleuchtung) zu erreichen. Fast jeder hält es für etwas Japanisches, dabei ist es ein Nebenerzeugnis der Chinesen. Es ist eine Methode, mit deren Hilfe viele fähig sind, totales Bewußtsein zu erlangen. Das Auftreten von Satori wird interpretiert und formuliert als der Durchbruch eines auf die Ego-Form begrenzten Bewußtseins zum Zustand des nicht-egohaften Selbst. Mit anderen Worten, man geht durch das Selbst hindurch in das Satori, wobei man alle egoistischen Dinge, die man in sich trägt, vernichtet.

Jedes spirituelle Ereignis ist ein Bild und eine Imagination; wäre es nicht so, dann könnte es kein Bewußtsein und kein Inerscheinungtreten des Geschehens geben. Die Imagination selbst ist ein psychisches Geschehen, deshalb ist es ganz unerheblich, ob man eine Erleuchtung als real oder als imaginär bezeichnet. Jemand, der Erleuchtung hat oder sie zu haben behauptet, glaubt, daß er erleuchtet ist. Was andere davon halten, kann für ihn im Hinblick auf seine Erfahrung überhaupt nicht entscheidend sein. Das System des Zen ist, wie ECKANKAR, ein paradoxes Verfahren, das hauptsächlich auf dem Koan basiert, einer widersinnigen Frage, einem Ausdruck oder einer Handlung des Meisters. Zen kennt keinen Gott, kein Jenseits, kein Gut und kein Böse. Es besitzt keine Doktrin oder Heilige Schrift, seine Lehren werden vor allem in der Form von Parabeln übermittelt, die so mehrdeutig sind wie Kieselsteine, die Berge symbolisieren. Fragt ein Schüler: "Was ist Zen?" so ist die traditionelle Antwort des Meisters etwa: "Drei Pfund Flachs" oder "Eine verfaulte Nudel" oder auch ein kräftiger Schlag auf das Haupt des Schülers. In ihren Mondos und Koans erreicht japanische Mehrdeutigkeit ihren metaphysischen Gipfel; es ist das äußerste Sichentziehen. Aber es erfüllt seinen Zweck in der Aufrechterhaltung des Gleichgewichtes der Extreme im Leben des Japaners. Es stellt in einem begrenzten Ausmaß eine Form der Psychotherapie für die selbst-bewußte, von Schamgefühlen gepeinigte japanische Gesellschaft dar. Die großen Meister des Zen stellten in Abrede, daß es auf moralische Verbesserung abziele, wie es bei den übrigen Systemen der Fall sei, die es mit Religion zu tun haben.

Bodhidharma, ein buddhistischer Missionar, brachte es im 6. Jahrhundert von Indien nach China. Er war der geistige Vater des Zen, und nachdem es sich in China als erfolgreich erwiesen hatte, begab er sich nach Japan, wo er dem Zen seine volle Aufmerksamkeit widmete. Er hatte es in China durch ein alogisches Gespräch mit dem chinesischen Kaiser eingeführt, und bis auf den heutigen Tag ist es ein alogisches, sich gerne lustig machendes, subtiles Lehrsystem. Ist jemand im Zen allzu logisch, so wird er hinausgeworfen, und ihm wird niemals verziehen. So fragte ein Mönch beispielsweise seinen Meister, was Bodhidharma veranlaßt habe, aus Indien zu kommen. Der Meister erwiderte: "Reich mir den Hocker!" Als der Mönch ihm den Hocker gab, schlug der Meister ihm damit über den Schädel. Das ist alles über diese Geschichte.

Das Schlagen, auf den Arm nehmen und Ausweichen ist eine Form der Schock-Therapie, um den Schüler aus seinen mentalen Gewohnheiten aufzurütteln und es in seinen Schädel einzuhämmern, daß er spontan handeln soll, ohne nachzudenken, ohne Selbstbewußtsein und Zögern. Das ist der Hauptzweck des Mondo — des kurzen scharfen Dialoges zwischen Meister und Schüler, und des Koans — des logisch unlösbaren Rätsels, das der Schüler zu lösen versuchen muß. Zen bekämpft rationales Denken — verbale Konzeptionen, Definitionen, die Operation der Logik und das Einordnen in Kategorien. Immer überspitztere Koans werden konstruiert, um diese ad absurdum zu führen, um das Vertrauen des Schülers in seine Fähigkeit zu bewußten Schlußfolgerungen zu untergraben und dadurch die Hindernisse für Satori zu beseitigen — das plötzliche Aufblitzen intuitiven Verstehens, das den Weg zur Erleuchtung erhellt. Daher das Mißtrauen Worten gegenüber, die als Keim-Träger abstrakten Denkens betrachtet werden. Daher:
Jene, die wissen, sprechen nicht
Jene, die sprechen, wissen nicht
Wenn du stille bist, spricht "Es"
Wenn du redest, schweigt "Es"
Die Philosophie des Zen wird traditionsgemäß in vier Sentenzen zusammengefaßt, die dem T'ung-shan, dem 2. Patriarchen-Schüler Bodhidharmas, zugeschrieben werden:
Nicht lehrbar und unorthodox
Nicht auf Worten und Buchstaben gründend
Direkt in den menschlichen Verstand zielend
In das eigene Wesen schauen und Buddhaschaft erlangen
Es steckt etwas von der Haltung des Erasmus in der Verachtung, die Zen für die Eitelkeit aller Bemühungen hegt, sich dem Absoluten mit dem Maßstab der Logik nähern zu wollen. So ergeben einige Koans einen Sinn durch ihren direkten Appell an die Intuition jenseits des verbalen Denkens, während andere dazu ausersehen sind, die selbst-

auferlegten Beschränkungen und imaginären Fesseln zu zerstören, die der spontanen Ausübung der imaginativen Kräfte im Wege stehen. Sobald man einmal in den Geist des Spieles eingedrungen ist, liegen die Antworten auf bestimmte Koan-Typen ziemlich klar auf der Hand. Wenn zum Beispiel ein Zen-Meister seinen Schüler anfährt: "Bring das Schiff auf einem fernen Ozean zum Halten!", dann sollte der Schüler ohne Zögern antworten: "Keine Sorge, ich habe gerade einen Eisberg vor seinen Bug geworfen!" Der Gedanke dabei ist, daß, wenn er die Freiheit besitzt, sich ein Schiff vorzustellen, ihn nichts daran hindern sollte, sich auch einen Eisberg zu vergegenwärtigen.

Als Tao-hsin seinen Meister fragte, wie die Befreiung zu erreichen sei, antwortete der Meister: "Wer bindet Dich?" "Niemand bindet mich", gab Tao-hsin zurück. "Warum also suchst Du dann nach Befreiung?" und in diesem Augenblick empfing Tao-hsin die Erleuchtung. Mit anderen Worten: alles, was Du zu tun hast, um Freiheit zu gewinnen, ist, zu realisieren, daß Du frei bist — sonst geht es Dir wie dem Mann in dem chinesischen Sprichwort, der nach dem Ochsen suchte, während er auf ihm ritt. Um ein anderes Sprichwort zu zitieren: die Koans sind "Ziegelsteine, um damit die Tür aufzuschlagen". Es ist die Tür, die zum natürlichen Menschen führt, der hinter den Mauern künstlicher Beschränkungen gefangen ist. Die ganze Zen-Lehre scheint gegen die Unterdrückungen und Beschränkungen gerichtet zu sein, die durch den japanischen Verhaltenskodex auferlegt werden. Die traditionelle Furcht vor unvorhergesehenen Situationen wird neutralisiert durch plötzlich auftauchende Überraschungen und Schocks für den Schüler, und dadurch, daß er angeregt wird, auf eine entsprechend unkonventionelle Weise zu reagieren: die Koan-Technik ist dazu bestimmt, gerade jene Seite der Person zum Vorschein zu bringen, die vom sozialen Kodex als "der unerwartete Mensch" verurteilt wird. Im sozialen Kodex ist "Selbstachtung" praktisch gleichbedeutend mit vorsichtigem und umsichtigem Verhalten, dazu ausersehen, nachteilige Kritik zu verhindern: Zen treibt den Schüler dazu, alle Vorsicht in den Wind zu schlagen, und lehrt ihn, spontan zu reagieren, "ohne auch nur eine Haaresbreite zwischen Impuls und Tat." Gesellschaftliche Konditionierung führt zu einer Betäubung des Selbstbewußtseins und zu schamhafter Menschenfurcht. Zen zielt auf die Vernichtung des sich selbst beobachtenden Selbst ab. Es proklamiert die Philosophie der Nicht-Vernunft, des Nicht-Denkens, des Nicht-Strebens, der Nicht-Verstellung und des Drauflosgehens ohne zu zögern.

Zen beraubt sogar väterliche Autorität ihres Nimbus', indem es eine Art psychotherapeutischer Übertragungs-Situation erzeugt, in der der Roshi (Meister) als furchterregende Vaterfigur von tigerhafter Erscheinung posiert, den Schüler jedoch allmählich dazu bringt,

Respekt mit Spontanität zu verbinden und auf harte Koan-Nüsse mit kecken Gegenzügen zu antworten. Einer ihrer weisen Sprüche lautet: "Schaffe jedes Hindernis aus dem Weg. Wenn du dem Buddha begegnest, töte ihn. Wenn du deinen Eltern begegnest, töte sie. Wenn du jemandem deiner Art begegnest, töte ihn. Nur so wird dir Erlösung zuteil. Nur dann wirst du den Fesseln entkommen und frei werden."

Später mehr.

12. April 1963
Liebe Gail!

Ich fahre fort mit der Studie über Zen. Seine Spontanität wurde zum idealen Gegenmittel gegen die konfuzianische Starrheit der Gesellschaftsordnung. Das bewirkte eine Ehe zwischen zwei extremen Gegensätzen, was charakteristisch für die japanische Kultur ist. Beides kam aus China, wo der Konfuzianismus Gesetz und Ordnung, schulische Erziehung und die Konventionen bestimmte. Der Taoismus wies in die Richtung des intuitiven Weges — den inneren Menschen und die höchste Realität. Zen verdankt dem Taoismus wahrscheinlich mehr als dem Buddhismus.

Zen schlug sofort Wurzeln, als es ungefähr im 12. Jahrhundert nach Japan kam. Durch ein Kunststück an mentaler Akrobatik, dessen vermutlich keine andere Nation fähig wäre, wurde die sanfte, gewaltlose Lehre des Buddha von den mörderischen Samurai als Glaubensbekenntnis übernommen. Später gewann sie beherrschenden Einfluß auf die Malerei, die Landschaftsgärtnerei, das Blumen-Arrangement, die Tee-Zeremonie, die Glühwürmchenjagd usw. einerseits — und andererseits hatte sie Einfluß auf Fechtkunst, Ringen, Judo, Bogenschießen, Sturzbomberaktionen und dergleichen. Das Geheimnis bestand in einer einfachen Formel, die sich auf alle diese verschiedenen Tätigkeiten anwenden ließ, dem Allheilmittel des Zen: Vertraue deiner Intuition, schließe deine Überlegungen kurz, wirf die Vorsicht über Bord und handle spontan. Das wirkte Wunder bei in Schwierigkeiten geratenen Leuten, die auf die dazu gegensätzliche Sammlung von Prinzipien konditioniert waren.

Um alle Hindernisse beiseitezufegen, war etwas von dieser Art nötig — für Satori oder die Erleuchtung. Auf diese Weise kam dann ein Zeitpunkt, da der Maler oder Schwertkämpfer das Geheimnisvolle ES wurde und nicht mehr selbst den Pinsel oder das Schwert führte, sondern daß vielmehr die Kraft hinter ihm dies tat. Wenn die endgültige Erleuchtung erreicht war, lebte der Schüler, wie wenn er tot wäre, das heißt, losgelöst und gleichgültig gegenüber Erfolg oder Fehlschlag. Satori ist demnach eine Befreiung moralischer, spiritueller und intellektueller Art. Der Handelnde ist im Besitz seiner Freiheit in ihrem ursprünglichen Sinne. In diesem Zustand entdeckt der Verstand alle möglichen Werte, die bis dahin dem Blick verborgen waren. So arbeitet man auf etwas hin, was man in unserer Sprache als eine ausgeglichene oder zu einem Ganzen geformte oder in sich geschlossene Persönlichkeit bezeichnen würde.

Zen stammt vom Yoga ab und pflegt die Verwendung von Sanskrit-Ausdrücken, es zielt jedoch in die entgegengesetzte Richtung. Samadhi, die Erleuchtung des Yogi, ist die Ausschaltung des bewußten Selbst im tiefen Schlaf des Nirvana; Satori ist die Ausschaltung des bewußten Selbst in den hell-wachen Aktivitäten intuitiven Lebens. Der Yogi strebt danach, sich im universalen Unbewußten oder Spirit zu ertränken; wohingegen der Zen-Übende bemüht ist, das verborgene "ES" aus den Tiefen an die Oberfläche zu bringen. Um diesen Punkt ganz klar zu machen: Samadhi bedeutet tiefer Schlaf, und Satori bedeutet Erwachen. Mystisch gesehen, bedeutet tiefer Schlaf dann den Eintritt in das wahre Leben, während der Erwachte so lebt, wie jemand, der bereits tot ist.

Das Hauptgewicht beim Zen-Training liegt auf vollkommener Gleichgültigkeit gegenüber Erfolg oder Mißerfolg. Die Macht oder Kraft (das Göttliche ES) wird nur dann in die Handlung eingehen, wenn Anspannung und Bemühung aufgehört haben, und die Aktion mühelos und automatisch wird. Auf diese Weise lernt der Schüler eine mühelose Kunst — durch Entspannung — er ist befreit von der Anspannung des Gewinnes, von Besorgnis und unangemessenem Kraftaufwand. Das Ziel von Zen, wie auch das von ECK, besteht darin, Spannungen lozuwerden!

Sowohl Yoga wie Zen zielen darauf, über den gefangenen Verstand hinaus vorzudringen — das "über hinaus" bedeutet in einem Falle tranceähnlichen Schlaf und Tod, im anderen Falle bezieht es sich auf eine intensivere Bewußtheit des Jetzt und Hier. Somit ist Yoga eine Herausforderung an die Existenz; und Zen ist eine Herausforderung an die Traditionsgebundenheit. Der Yogi praktiziert bestimmte Arten von körperlichen Stellungen usw., um seinen Verstand und seinen Körper zu veranlassen, sich ihrer eigenen Aufhebung zu fügen. Zen verwendet die mentalen Verzerrungen des Koan, um die Vernuft zu verblüffen und die Abdankung zu erzwingen. Genau wie im Hatha Yoga (dem Körper-Yoga) die Asanas und Mudras (die Stellungen und Übungen) zum physischen Ersatz für wahre Meditation geworden sind, füllen im Rinsai Zen (dem Zen des wahren mentalen Wesens) die Koans und Mondos das spirituelle Vakuum.

Zen war in früheren Jahren die wichtigste buddhistische Sekte. Heute lehrt sie immer noch die Befreiung der Seele von einem Gemisch weltlicher Gedanken, und ihre Vereinigung mit der Wahrheit der Welt und des Lebens.

Diese Lehre spiegelt sich in der Wahl der Motive, wie sie von einigen östlichen Malern verwendet werden. Im fünften Jahrhundert ging ein Inder namens Daruma nach China, um die Zen-Doktrin zu lehren, und wurde zum Vorbild für sie. Ich will drei weitere erwähnen: Sesshu, ein japanischer Maler des 16. Jahrhunderts, Keishoki, aus demselben Land und Jahrhundert, und Daito Kohushi, ein japanischer Maler des 14. Jahrhunderts. Die meisten monochromen Bilder (eine Art der japanischen Malerei mit Unterteilungen) zeigen ihre charakteristische Linienführung, die symbolisch ist für Schlichtheit, Strenge und Kraft. Diese Maler gelangten zu hohem Können durch die Bemühungen der Zen-Priester und anderer, die, zwischen 1600 und 1800 n. Chr., stark durch ihr Zen-Training beeinflußt waren.

In Japan findet das Training des Zen-Studenten gewöhnlich im Semmon Dojo, dem Sitz vollkommener Weisheit statt — einem Übungsort in den Zen-Klöstern. Ein Zen-Mönch wird nicht als solcher angesehen, wenn er nicht mehrere Jahre in einem derartigen Institut zugebracht hat, wo er strenger Disziplin unterworfen ist. Die meisten Mönche die nach den Riten der Zen-Schule des Buddhismus ordiniert werden, sind Absolventen dieser Schule. Das Leben im Semmon Dojo steht nicht so ganz im Einklang mit der modernen Lebensweise. Alles Moderne und jegliche symbolische Vorstellung vom frommen Leben fehlen hier. Statt arbeitssparender Maschinerie wird das gefördert, was als Vergeudung von Arbeitskraft erscheinen könnte. Geschäftsgeist und Eigenwerbung sind verpönt; wissenschaftliche und intellektuelle Ausbildung ist untersagt. Bequemlichkeit, Luxus und weibliche Freundlichkeit glänzen durch Abwesenheit. Es herrscht ein Geist grimmigen Ernstes, durch den höhere Wahrheiten gesucht werden; man bemüht sich um Weisheit als ein Mittel, um allen Nöten und Leiden des menschlichen Lebens ein Ende zu setzen. Auch wird Nachdruck auf die Aneignung der fundamentalen sozialen Tugenden gelegt, damit unaufdringlich, unauffällig der Weg zum Weltfrieden und zur Förderung des allgemeinen Wohlergehens der ganzen Menschheit geebnet wird. Das Zen-Leben versucht, gute Bürger als Mitglieder der Gesellschaft und als Individuen hervorzubringen, und überdies die spirituelle Entwicklung des Mönchs reifen zu lassen.

Das Zendo-Leben kann in großen Zügen analysiert werden als: (1) Ein Leben der Demut; (2) ein Leben der Arbeit; (3) ein Leben des Dienens; (4) ein Leben des Gebetes und der Dankbarkeit und (5) ein Leben der Meditation. Nach seiner Schulung und Einweihung in die Bruderschaft, soll der Mönch diesen Richtlinien entsprechend ausgebildet werden. Die Einweihung bezieht sich auf die Aufnahme eines Mönches in die Gemeinschaft der Zen-Bruderschaft, die mit einem bestimmten Kloster verbunden ist.

Einige vorbereitende Schritte müssen getan sein, bevor er sich als Novize vorstellen kann: Zunächst muß er mit einem Zeugnis versehen sein, das besagt, daß er ein ordnungsgemäß ordinierter Schüler eines Zen Priesters ist, dann muß er mit den notwendigen Gegenständen ausgerüstet sein, wie einem Bambushut, tief und groß sein Haupt bedeckend (Du hast sie in den japanischen Filmen gesehen), ein Paar Sandalen und Baumwoll-Gamaschen. Dann reist er zu einem bestimmten Kloster, um zu studieren. Sein Hauptgedanke ist jetzt: Woher kommt die Geburt und wohin führt der Tod? Denn dies ist der Zweck seiner Pilgerreise zu dem Kloster, wo er die Antwort erfahren wird.

Seine Ausbildung erfolgt auf der Straße, während er dahinwandert. Er beginnt, in das eigene Wesen zu schauen, um das Leben zu sehen. Indessen, nachdem er im Kloster angekommen ist, muß er lernen, daß viele Dinge möglich sind, denn das Kloster kann ihn zurückweisen. In diesem Falle versucht er es bei einem anderen, bis er angenommen werden kann. Oft wird er körperlich hinausgeworfen, aber er kann vor der Tür in Meditation sitzenbleiben, bis er angenommen wird.

Später mehr.

Liebe Gail!

13. April 1963

Die indischen Religionen sind eine komplexe, verworrene Wissensanhäufung, die zu konfrontieren die meisten Leute nicht versuchen wollen. In gewissem Sinne ist diese Haltung angebracht, weil es allein im Hinduismus 33.000 zu verehrende Götter gibt — wenigstens sieht das für den Außenstehenden so aus. In Wirklichkeit sind sie keine Götter, sondern nur Heilige und gottgeweihte Menschen. Sie glauben, daß die gewöhnliche Welt nicht real ist, das heißt, daß sie eine Illusion der unbegreiflichen Realität, des Absoluten ist. Dieser Gott ist im Menschen und in der Natur, die Essenz des Seins des Menschen, sein Höheres Selbst, und die Essenz, die hinter der Natur steht. Dies bezieht sich auf den Körper des Menschen und den Körper der Natur als den Körper Gottes. Man nennt dies Monismus.

Der Monismus ist die Lehre von der einen, höchsten Realität, und diese Realität ist ein einheitliches, organisches Ganzes ohne unabhängige Teile. Vergleiche dies mit der Theologie, die der christliche Glaube ist. Theismus ist die Doktrin, die lehrt, Gott sei der Mittelpunkt aller Aktivität und beanspruche göttliche, unumschränkte Herrschaft; deshalb ist sie eine Herrschaft der Priester, Geistlichen, etc., als der Repräsentanten Gottes. Das Wissen von Gott und dem Übernatürlichen soll durch Glauben, Taufe usw. erlangt werden.

Die frühen Einwohner Indiens waren Anhänger der Veden, einer Sammlung über zehntausend Jahre alter religiöser Schriften. Diese sind:
1. Der Rig-Veda, 2. der Sama-Veda, 3. der Yajur-Veda, und 4. der Atharva-Veda. Diesen folgten die Schriften der zwölf Upanischaden — religiöse Schriften in Versen und Prosa. Tatsächlich gibt es 108 Upanischaden, aber nur 12 sind für den Westen übersetzt.

Ihnen folgte die Entwicklung dessen, was als Hindu-Religion bezeichnet wird. Ich möchte mich hierbei nicht aufhalten, weil Du Dir über dieses Thema gute Bücher in der Bücherei aussuchen kannst. Fast als Schwesterreligion dazu entstand der Jainismus als Reaktion auf die Upanischaden, er leitet seinen Namen von seinem Gründer Jina (Sieger) ab, genauso, wie der Buddhismus seinen Namen von Buddha (der Erleuchtete) ableitet. Der Jainismus wurde etwa 500 Jahre vor Christus gegründet. Die Jainisten sind in zwei Gruppen aufgeteilt: 1. Die Digambaras, die nackt gehen und 2. Die Svetambaras, die nur weiße Kleider tragen. Sie setzen sich das Nirvana zum Ziel, von dem sie glauben, daß es sie von der Geburt und Wiedergeburt im physischen Körper erlöst. Ihre vier Tugenden sind: Großzügigkeit, Güte, Frömmigkeit und Reue über begangene Verfehlungen. Sie glauben, daß es nicht klug ist, irgendetwas zu töten, das sich bewegt — Käfer, etc., aus Angst, in ihrer nächsten Inkarnation in dieser Form zurückkehren zu müssen.

Aus den Veden und den Heldengedichten entwickelte die Indische Kultur eine klassische Literatur, die auch die Entwicklung bekannten indischen Gedankengutes zu philosophischen Systemen bewirkte. Es gibt sechs dieser philosophischen Systeme: 1. Purya, 2. Mimansa, 3. Yoga, 4. Nyaya, 5. Vedanta und 6. Vaisehika. Ich schlage vor, daß Du Dir das Buch "*Kunst in hinduistischer Sicht*" *(The Hindu View of Art)* besorgst, das eine knappe und präzise Erklärung dieser Systeme gibt, so daß Du nicht allzuviel Zeit aufwenden mußt, Dich über die Hintergründe zu informieren.

Zusätzlich zu diesen Richtungen gibt es die folgenden beiden starken Kulte: 1. Vaishnavismus, die Anbetung Vishnus, des Sonnengottes im Rig-Veda. Es hat eine lange Reihe von Erlösern gegeben, in denen sich Vishnu reinkarnierte, einschließlich Krishnas, des Helden-Gottes in der Bhagavad-Gita. Viele der Kulte im heutigen Indien entstammen dem Vaishnavismus. 2. Der Saivismus. Diese Gruppe besteht aus den Anhängern Shivas. Er war der uralte Gott oder das Vorbild der Diebe, Barbaren und des verwilderten Gesindels, das in den dichten Wäldern, Bergen und versteckten Winkeln Zuflucht suchte. Seine schreckliche zerstörerische Natur wurde in den heftigen Regenfällen, Stürmen und Erdbeben während der ersten Zeit seiner Herrschaft manifestiert, entwickelte sich aber später zur Würde des Höchsten, des wohltätigen und gütigen Gottes der folgenden Jahrhunderte. Heute beschreibt man ihn als den Gott, der dem Feuer, dem Wasser, der Luft und allen lebenden Wesen innewohnt. Er ist der Schöpfer der Welt, ihr Lehrmeister und Erlöser. Die Legende erzählt, daß seine Feinde ihn zu vernichten suchten, Shiva aber schlug alle ihre Magie zurück und tanzte den Siegestanz—dieser Tanz ist bekannt als der Tanz des Shiva. Man betrachtet diesen Tanz sogar bis auf den heutigen Tag als das höchste Ideal der indischen Tanzkunst. Er wird auf den indischen Bühnen regelmäßig aufgeführt!

Der dritte Kult heißt Shaktismus oder die Anbeter der Shakti. Er ist um den Gedanken errichtet, daß die weibliche Energie die Mutter der Welt, die Essenz der Realität, das Geheimnis des Kosmos ist. Dabei handelt es sich hauptsächlich um eine Inkarnation weiblicher Kraft, Kali, Devi oder Shakti, Uma und Parvati. Eine der Sekten betrachtet Kali als die Gemahlin Shivas, als dieser der schreckliche Gott war, und sie, als Kali, die Zerstörerin. Danach wurde sie in drei Aspekten angebetet: 1. Die göttliche Mutter als die höchste Gottheit, die über die Welt herrscht. 2. Die göttliche Mutter als die Schöpferin. 3. Die göttliche Mutter als die Zerstörerin.

Weiter gibt es den Tantra. Der Tantra beschäftigt sich mit den indischen Schriften. Er versucht den philosophischen Standpunkt einzunehmen, daß die Schriften von den Veden bis zum gegenwärtigen Zeitalter, das Kali-yuga oder Eisernes Zeitalter genannt wird — das heißt, unser Maschinenzeitalter — dem Individuum Erlösung zuteil werden lassen. Der Tantra wurde von bestimmten Schriftstellern in einer frühen Periode Indiens begründet und ist heute ein geschriebender Kommentar der Schriften, der eine eigene Philosophie auf der psychologischen und theoretischen Basis der Anbetung des Absoluten bildet.

Die heiligen Schriften bestehen aus: 1. Den Veden, 2. Den Upanischaden, 3. den Heldengedichten, 4. dem Tantra. Der letztere kann kaum als heilige Schrift bezeichnet werden, weil er ein Ableger der anderen ist.

Die Heldengedichte bilden einen Teil der indischen Religionssysteme, aus denen die großen philosophischen Systeme erwuchsen. Zwei große Epen sind aus der goldenen Ära Indiens erhalten: das Ramyana und das Mahabharata. Beides sind außerordentlich lange Gedichte — ich glaube, es sind die längsten Gedichte in der Geschichte der Weltliteratur. Beide erzählen die Geschichte der ersten drei- bis fünftausend Jahre indischer Zivilisation, die Essenz jener physischen und geistigen Kräfte, die ihre Ideen in ein einheitliches Glaubenssystem brachten, das als Hinduismus bekannt werden sollte. Zuerst wurden sie gesungen, später, zwischen 1000 v.Chr. und 500 n.Chr., schriftlich niedergelegt. Sie sind hauptsächlich Sammlungen hinduistischer Mythen und Legenden.

Das Ramayana ist ein Gedicht mit 48 000 Versen. Es wurde von einem einzigen Autor, Valmiki, geschrieben. Das Schwestergedicht dazu, das Mahabharata, ist eine lange Erzählung aus Fakten und Erfindungen in etwa 100 000 Versen. Sie wurden von einem Inder namens Vyasa gesammelt. Es ist die Geschichte eines Machtkampfes zwischen zwei Königen — die weltberühmte Bhagavad Gita, die zur Bibel für Millionen von Menschen wurde und wahrscheinlich die erste Gedichtsammlung ist, die den Nutzen des Yoga vorbereitete und auch die Übungen angab. Hier finden wir die Geschichte des Krishna — bzw. seinen Dialog mit Arjuna, der uns die Basis für das Studium auf dem Gebiet des Yoga liefert. Er gibt uns die Methode, durch die wir uns über die irdische Ebene erheben können, um in die Seligkeit des Brahma einzugehen.

Ich habe die indische religiöse Szene nur umrissen. Du solltest sie detaillierter studieren, wann immer Du Zeit dazu findest. Das hilft, den Verstandeshorizont in Bezug auf ECKANKAR und Weltreligionen zu erweitern.

Später mehr.

Liebe Gail!

14. April 1963

Was den überragenden Menschen vom gewöhnlichen Menschen unterscheidet, ist eine Eigenschaft oder ein Zustand, der Adel genannt wird! Das ist im allgemeinen ein Eigenschaftswort, das Rang und Titel bezeichnet; in dem Zustand, den ich kenne, ist dies aber falsch. Es ist in Wirklichkeit die Eigenschaft oder der Zustand des Adels im Hinblick auf Charakter und Fähigkeiten, jene Eigenschaften, die für den überragenden Geist, die Großmut und Erhabenheit in Tat und Denken, bezeichnend ist. Sie hat nichts mit dem religiösen Geist zu tun, es sei denn mit seinem Glauben!

Ich möchte darauf hinweisen, daß diejenigen, die den größten Einfluß auf das Menschengeschlecht ausgeübt haben, Menschen noblen Charakters waren, ungeachtet ihrer Geburt. Buddha führte die Parade dieser erhabenen Gnade, des Adels der Geburt und des Charakters an. Die meisten Meister, Gelehrten und Weisen entwickeln Nobilität während der Entfaltung ihres spirituellen Selbst. Dies ist eine der Qualitäten, die sich in einem Menschen entwickeln, während er sich auf dem Weg zur Herrlichkeit befindet. Mut ist die höchste Eigenschaft im Wesen des Suchenden, denn er muß ihn besitzen, wenn er bereit ist, das Heim, Freunde, Reichtum und manchmal ein Königreich zurückzulassen, um in den Dschungel zu gehen und alle Arten von Mühsal, Härte, Not, Leiden, Kälte und Hunger und Absonderung von allem, was die Welt liebt, zu ertragen; und wenn er all dies tut, im Streben nach einem spirituellen Ideal, dann bedeutet dies, daß er weit über den gewöhnlichen Menschen steht. Dies weist auf einen echten Adel hin, der des höchsten Lobes wert ist. Er ist Gott-gleich, er stellt die Auslese des Adels dar und die Essenz der Größe. Als Buddha ein armer, hungriger Bettler war, der seine spirituellen Ziele verfolgte, trat sein wahrer Adel viel mehr hervor als inmitten der königlichen Pracht seines Vaters. Obwohl Rebazar Tarzs auch jede Armee hätte führen können, denn so groß war seine mentale Energie, so stellte doch seine Größe alle Herrlichkeit dieser Welt in den Schatten, als er in seiner Jugend über staubige Straßen wanderte, um den Vielen die spirituelle Botschaft zu bringen.

Wenn ein Mensch eine solche Selbstmeisterung erlangt, daß er große Dinge für die Menschheit tun kann, dann muß ich seinen Mut bewundern. Das deutet auf Größe des Geistes und eine starke Willenskraft hin. Dergleichen Dinge verlangen einen Heldenmut, der weit größer ist als jener, der einen Menschen treibt, sein Leben auf dem Schlachtfeld zu opfern. Wir sollten seine Hingabe an seine Ideale bewundern, und daß er zeigt, was ein Mensch durch mentale Disziplin vermag. Buddha erklärte den Adel in seinen vier Edlen Wahrheiten. Nach dieser Formel wird erstens die endliche Existenz in Begriffen des Leidens oder der Abwesenheit von Glückseligkeit analysiert. Zweitens wird das Leiden anhand des Kausalzusammenhanges bis zu seinem Ursprung, "Tanha", zurückverfolgt, was Durst bedeutet, Begehren oder heftige Begierde nach der endlichen Existenz, nach Vergnügen und Erfolg. Drittens ist die Aufhebung des Leidens nach dem Buddha nur durch das Überwinden des Ur-Begehrens selbst möglich. Viertens ist der Weg, dem man folgen muß, um das Leiden zu überwinden, im Achtfachen Pfad aufgezeigt.

Der Achtfache Pfad des Buddha besteht aus: Den rechten Ansichten, den rechten Absichten, rechtem Reden, rechtem Benehmen, rechtem Verdienen des Lebensunterhaltes, rechtem Streben, rechter Aufmerksamkeit und rechter Meditation.

Tatsächlich lehrte Buddha nicht eine Religion, sondern, wie bei Christus, entwickelte sich ein Großteil der buddhistischen Philosophie oder der buddhistischen religiösen Lehren aus dem, was seine Jünger lehrten. In Wirklichkeit waren es nicht die Worte Buddhas. Buddha versuchte, jeden Menschen zu lehren, edel zu leben; dasselbe taten Zarathustra, Lao-Tse und andere. Mohammed tat das gleiche in seinen fünf Säulen des Glaubens. Es sind: 1. Bekenntnis des Glaubens, 2. Gebet, 3. Almosengeben, 4. Fasten und 5. Wallfahrt nach Mekka.

Die fünf Tugenden, wie sie von den ECK Meistern gelehrt werden sind: 1. Reinheit, Enthaltsamkeit, 2. Vergebung, Toleranz, 3. Unterscheidungsvermögen, 4. Nicht-Verhaftetsein und 5. Demut. Diese geben einem wirkliche Kraft und Freiheit. Jedoch gibt es noch eine andere Tugend, die einen zum Führer der Menschen macht und ganz sicher einen Platz im unsterblichen Leben gewinnen läßt — das ist Mut — denn Mut, mit Urteilskraft und Überzeugung vereint, verleiht ganz sicher einen Namen, dessen man sich erinnern wird.

Viele Götter, Helden und edle Menschen sind auf dieser Erde gewandelt. Tausende von ihnen sind in die Geschichte und Legende eingegangen. Ich könnte Tausende aufzählen, aber hier sind die Namen einiger weniger: Herkules, Ajax, Hektor, Paris, Napoleon, Washington, Lincoln, Wellington, Bismarck usw. Sie hatten eine gemeinsame Charaktereigenschaft: MUT — aber in manchen Fällen war ihr Ideal nicht das höchste. Überzeugung besaßen sie auch, aber es war ein humanistisches Ziel — und aus der genannten Gruppe sind nur Washington und Lincoln die menschlichen Helden, die versuchten, die Probleme des einfachen Mannes zu lösen. Bismarck wirkte für ein größeres Reich auf Kosten anderer Nationen. Diese

Beispiele seien jedoch erwähnt, um die Faktoren des Mutes und der Überzeugung aufzuzeigen, die diesen Menschen einen hohen Grad von Adel verliehen! Auf der anderen Seite sieh Dir jene an, die das höchste Ideal suchten — Lao-Tse, Jesus, Zarathustra, Tulsi Das, Rumi, Akeon, Shankaracharya, Kabir, Sudar Singh, Yaubl Sacabi und andere ECK Meister, die auf dieser Erde wandelten. Diese suchten das spirituelle Ideal oder das höchste Ideal — und wurden zum Kanal für den ECK Strom, um auf dieser Erde zu wirken. Solches Suchen adelt den Suchenden in höchstem Maße. Es hält ihn von den fünf tödlichen Perversionen ab, die da sind: Lust, Zorn, Gier, Verhaftung und Eitelkeit. Die mächtigste unter diesen ist ohne Zweifel die Eitelkeit und Selbstgefälligkeit — sie ist ein wucherndes Ego, eine bösartige Vergrößerung des Ich. Sie äußert sich in Bigotterie, Anmaßung bis zur Verletzung anderer, Zurschaustellung von Reichtum und Macht, auffälliger Kleidung, despotischer Geisteshaltung, herrischem Wesen, Zank und Nörgelei. Sie ist eine Gefährtin der Charaktereigenschaft des Zornes. Zorn zerstört den Frieden, neutralisiert die Liebe, erzeugt Haß und macht Individuen zu Feinden. Er reißt nieder, zerstört, schwächt und vernichtet jegliche feinere Eigenschaft des Geistes und der Seele. Er verbrennt alles, was edel in einem Menschen ist — und das ist der Grund, warum die Großen niemals zornig sind. Er ist ein nützlicher Diener der negativen Kraft, und solange er den Geist beherrscht, ist es für diesen Menschen unmöglich, auf dem spirituellen Weg voranzukommen.

Die Eigenschaften des Adels sind: Geduld, Wohlwollen, Güte, Mut, Liebe, rechtes Wissen, Sanftmut, Offenheit, Aufrichtigkeit und Dutzende ähnlicher Eigenschaften. Lincoln kann als Beispiel eines Vertreters der wahren und edlen Eigenschaften erwähnt werden, die sich in einem Menschen von bescheidener Herkunft entwickelten. Als anderes Extrem könnte Washingtons Herkunft aus wohlhabender Familie angeführt werden. In beiden Fällen waren drei große und edle Tugenden vorhanden: 1. Mut, 2. Überzeugung, 3. Wahrheitsliebe. All dies hört sich ziemlich altmodisch für die Zeit an, in der wir leben, aber dies waren immer die Tugenden der Helden und Götter, die unter den Menschen lebten.

Falls Du noch nie die Geschichte des hl. Franziskus gelesen hast, solltest Du es tun. Er war ein lebendiges Beispiel für diese edlen Tugenden. Seine Milde und Liebe für alles veranlaßte sogar die Vögel, sich um ihn zu scharen, um seinen Predigten zu lauschen. Er war in der Tat ein wunderbares Beispiel des Adels in einem Menschen.

Ein anderes Beispiel ist Sudar Singh, der große ECK Adept. Die ECK Meister geben uns zahlreiche Beispiele. Ich meine, daß eine hervorragende Tugend des Edlen darin liegt, an der Wohlfahrt aller interessiert zu sein und doch ein Einzelwesen zu bleiben. Aber sobald der einzelne sein spirituelles Ideal sucht und auch nur den mindesten erwähnenswerten Grad erreicht, dann nimmt dieses die Zügel auf und regiert mit eiserner Hand. Dann gibt es kein Entkommen mehr.

Später mehr.

Liebe Gail!

15. April 1963

Es folgt eine Zusammenfassung der Gedanken im philosophischen und religiösen Sinn dieser Welt:
"Das ständige Problem, das sich den Erlösern und Philosophen seit Anbeginn der Zeit auf dieser Erde immer wieder gestellt hat, ist nicht der Zustand der Anmut und Würde beim Individuum oder materielles Wohlergehen, sondern seine Geistesverfassung."
Merke Dir das, denn es ist der wichtigste Gedanke, den Du in all diesen Briefen finden kannst! Die Idee dahinter ist, daß sich alle philosophischen und religiösen Systeme untereinander streng bekriegen. Jedes ist darauf aus, soviele Bekehrte wie möglich zu gewinnen, um in der heutigen Welt die dominierende Macht zu sein!

Um diesen Punkt zu veranschaulichen, will ich die Geschichte erwähnen, die man über einen chinesischen Bauern erzählt, der in seinem Garten Bewässerungsgräben zog und sich dann daranmachte das Wasser in einem irdenen Gefäß von einem nahen Fluß zu holen. Nachdem ein amerikanischer Tourist dieses Verfahren mehrere Stunden lang beobachtet hatte, fragte er ihn, warum er die Gräben nicht bis zum Fluß zog und Dämme baute, um das Wasser zu regulieren und so die Bewässerung seines Gartens zu beschleunigen. Der Amerikaner setzte ihm sorgfältig auseinander, welche mechanischen Vorkehrungen dazu nötig seien. Der Bauer erklärte, nachdem er sich den Ratschlag angehört hatte, daß er verstand, was der Amerikaner meinte, aber sich schämte, solche Methoden anzuwenden.

Das lief praktisch auf eine Verurteilung des Maschinenzeitalters hinaus, da sich der Bauer nicht dazu entschließen konnte, seine Einstellung zu ändern. Das heißt, er weigerte sich einfach zuzuhören!
Vor ein paar Jahren schrieb E.M. Forster, ein britischer Romanschriftsteller:"Wir können niemals soziale und politische Stabilität erreichen, weil wir ständig wissenschaftliche Entdeckungen machen und sie anwenden — die neuen Ordnungen bilden sich so rasch heraus, daß der Mensch niemals in Harmonie mit seiner Umgebung kommt, sondern sie dauernd verändert. Und so stößt das Menschengeschlecht, aufgrund seiner Unfähigkeit Schritt zu halten, allenthalben auf Mißerfolg."

Was der Bauer sagte, und was der Schriftsteller zum Ausdruck brachte, war praktisch ein und dasselbe. Es ist in den vorangegangenen Zitaten zusammengefaßt — daß die ganze Betonung bei der Änderung der Menschheit auf der Abhängigkeit des Menschen von seiner Geistesverfassung liegt. Das ist das Problem, dem sich alle Erlöser gegenübersahen, als sie auf diese Erde kamen — die Einstellung ist am schwierigsten zu verändern — doch es bedeutet, wie im Falle des Bauern, daß ein Wandel in seiner Einstellung eine leichte Veränderung seiner inneren Ruhe bewirken könnte, da es mehr Wachsamkeit, mehr materielle Kosten usw. erfordert. Dies passiert gerade dem Abendländer — seine innere Ruhe wird fortwährend durch Faktoren verschiedenster Art gestört, und die Folge davon ist, daß wir viel zu viele Patienten für Psychiater, die Krankenhäuser, die Gerichte und Kirchen haben.

Viele haben dies erkannt und sahen eine heiter gelassene Seelenruhe als wertvollstes aller Besitztümer an. Diokletian, ein großer und erfolgreicher römischer Kaiser, dankte im Alter von neunundfünfzig Jahren auf der Höhe seiner Macht ab, um sich seinem Garten auf dem Lande zu widmen. Als man ihn drängte, zurückzukehren, lehnte er ab, weil gar nicht die Rede davon sein konnte, von ihm zu erwarten, daß er Glück für bloße Macht aufgab. Jean-Jacques Rousseau, ein französischer Philosoph, legte dieselbe Botschaft in seinen *Bekenntnissen* und anderen Schriften nieder. Henry Thoreau hob hervor, daß das einfache Leben der einzige Weg sei. Die Brook-Farm in der Nähe von Boston, zu deren Gemeinschaft Hawthorne gehörte, förderte das einfache Leben, ebenso wie die Quida Farm in New York.

Da diese Welt an Komplexität zunimmt, ergibt sich aus dem steigenden Druck, den sie auf den menschlichen Geist ausübt, ein anhaltend schwieriges Problem.

Die wichtige Frage ist also, zu bestimmen, wie man in dieser Welt leben und eine ruhige Geistesverfassung aufrechterhalten soll.

Ich behaupte nicht, alle Antworten zu wissen, doch ich werde einige der Wege aufzeigen, durch die man einen Zustand ruhiger Gelassenheit erreichen kann. Erstens, lerne die meiste Zeit Ursache statt Wirkung zu sein; zweitens, lerne die Kunst der inneren Losgelöstheit; und drittens, lerne die Kunst der Projektion, das ist die Fähigkeit, Abstand zu nehmen und alles von einem objektiven Standpunkt aus zu betrachten.

Mit dem alten mystischen System, zu versuchen, eins mit Gott zu werden, ist es vorbei. Es ist einfach zu schwerfällig, zu veraltet und zugleich zu zeitraubend im Erreichen seines Ziels. Da wir als Menschen weder eins mit Gott noch Gott selbst sind — müssen wir also etwas anderes lernen. Das bezieht sich darauf, ein Mitarbeiter Gottes zu werden, mit IHM und durch ES zu handeln — da dies der einzige Weg ist, während man sich im Körper befindet, der aktive Kanal für das Absolute zu sein. Das karmische Rad wird für das

Individuum zum Stillstand gebracht, das lernt, selbst in eine andere Dimension zu reisen und dort Weisheit zu suchen. Das ist nicht nur möglich, sondern es geschieht ständig. Religionen und Philosophien neigen dazu, das Individuum zu introvertieren, sie veranlassen es, sich selbst zu betrachten und über die eigenen Fehler, Sünden und Nöte zu jammern und zu klagen. Das ist der Hauptgrund, warum Yoga, Hinduismus, Buddhismus, Christentum und Islam von geringem Wert für Dich sind.

Sie zu kennen ist gut, denn es zeigt Dir, was es mit ihnen auf sich hat und wie sie zu beurteilen sind, wenn andere sich mit Dir darüber unterhalten. Die meisten Kulte sind einander in zahlreichen Punkten ähnlich. Der Mensch verehrt im allgemeinen ein Absolutes, weil er zu sich selbst kein Vertrauen hat; und er muß etwas haben, an das er sich halten kann. Das heißt nicht, daß es kein Absolutes gibt! Sondern einfach, daß der Mensch dazu neigt, die Gottheit gelegentlich etwas einfältig erscheinen zu lassen. Mit anderen Worten will ich sagen, daß es schwer zu verstehen ist, wie beispielsweise zwei Nationen, die sich untereinander bekriegen, zu demselben Gott um den Sieg beten. Oder wie ein Mensch Gott darum ersuchen kann, ihn bei einem Geschäftsabschluß gewinnen zu lassen und, wenn ihm Erfolg beschieden ist, behaupten kann, daß Gott ihm half, das Geschäft zu machen. Vielen erscheint das zumindest einfältig.

Mir kommt in den Sinn, irgendwo in diesen Briefen etwas gesagt zu haben des Inhalts, daß Gott alles weiß und hört, was vor sich geht, das Zirpen einer Grille inbegriffen, da ER sozusagen alles auf Automatik gestellt hat. Um daher das göttliche ES oder Gott zu erreichen, muß man sich in die höheren Dimensionen projizieren. Das heißt, zu den höchsten Ebenen! Dann lernt man die erhabene Lehre kennen — nicht bloß das, was man von einem Priester oder Geistlichen von einer Sonntagskanzel herab über moralische Fragen hört.

Im Lauf der Weltgeschichte wurden viele Kriege aufgrund von Differenzen in den philosophischen und religiösen Anschauungen begonnen. Als gutes Beispiel könnte man heute auf die Schwierigkeiten zwischen dem Marxismus und dem demokratischen System hinweisen. Die Kreuzzüge waren mehrere Jahrhunderte lang ein ständiger Krieg zwischen dem Christentum und dem Islam im Heiligen Land und später in Spanien. Jahrhundertelang haben die Mohammedaner versucht, eine pan-islamische Welt zu schaffen; das kommunistische Regime versucht das gleiche; die Briten taten dasselbe, mit einer pan-britischen Welt, ebenso die Römer in einer pan-römischen Welt, und Alexander der Große versuchte es für Griechenland, und ad infinitum. In dieser Hinsicht ist es interessant die Religionen zu vergleichen. Die Mohammedaner versuchten, den größten Teil des Ostens im Namen ihres Glaubens zu erobern, das

Christentum versuchte, sich mit dem Schwert im Westen durchzusetzen, sogar der Buddhismus errichtete durch Akbar im 4. Jahrhundert v. Chr. eine Staatsreligion in Indien. Deutschland hatte seine Zeit, indem es die Philosophie von Hegel, Kant und Nietzsche annahm, die die Germanen zur Herrenrasse der Welt machte. Das System des Shintoismus trieb Japan in den Zweiten Weltkrieg; und man entdeckt, daß Hitler der altdeutschen Philosophie mit dem Zusatz einiger neuer Ideen folgte. All dies bedeutet, daß der Krieg zwischen Kulturen, Religionen und Philosophien in der Bedeutung zusammengefaßt werden kann, daß der einzelne sie annehmen oder durch den Druck, der auf ihn ausgeübt wird, sterben muß. Größtenteils ist die allgemeine Einstellung — laß mich in Ruhe — "alles, was ich möchte, ist, mir meine innere Ruhe zu erhalten."

Dieser Krieg geht schonungslos vor sich, sei es mit Schwertern, Gewehren oder Priestern. Der Missionar, der in den Dschungel geht, um den Eingeborenen zu predigen, ist nichts anderes als ein Soldat ohne Gewehr, der bereit ist, sein Leben zu geben, damit die Kirche mehr Bekehrte haben kann. Zu welchem Zweck? Zu keinem, außer, um über die gegnerische Philosophie einen Sieg zu erringen, ob es nun Voodooismus oder Buddhismus ist! Dieselbe Kriegführung geht heute in unserer sogenannten zivilisierten Gesellschaft vor sich, wenn eine Glaubensrichtung versucht, bewußt oder unbewußt anderen die Mitglieder wegzustehlen; wenn sie sich auch bemühen, so zu tun, als ob sie freundlich zueinander wären, ist dies doch nicht wirklich der Fall — denn unter der Oberfläche spielt sich dieser wogende Krieg ab. Nimm zum Beispiel Deine eigene Erfahrung. Du wirst dauernd von einer bestimmten Kirchengruppe angerufen, ihre Klassen für Anfänger zu besuchen, wenn Du einer anderen Kirche angehörst. Ist das nicht eine Art von Kriegführung?

Der einzige Weg, Frieden zu erlangen, ist durch 1) innere Losgelöstheit, 2) Seelenreisen und 3) Ursache sein!

Verzeih mir, wenn dieser Brief hart oder schroff gegen orthodoxe Religionen zu sein scheint, aber denke daran — Du mußt das Leben kennenlernen, selbst dann, wenn es viel Leiden erfordert, zu lernen. An allen Ecken gibt es die Arglistigen, die Dir an jeder Biegung des Weges auflauern, bereit, sich Deines Geldes, Deiner Aufmerksamkeit, Deiner Zeit und Deines Glaubens an allgemeine Tugenden zu bemächtigen und Dich mit nichts als Hoffnung zurückzulassen! Lerne, wer sie sind und wie man ihnen aus dem Weg geht; ebenso erwirb Dir einen Maßstab für alle philosophischen und religiösen Systeme.

Um zur himmlischen Heimat zurückzukehren, muß man sich selbst helfen. Dann wird das Absolute seine Hilfe darreichen — das heißt, beim ersten Anzeichen, daß man sie aufrichtig will.

Später mehr.

16. April 1963

Liebe Gail!

Das "Chaos Gottes" ist ein merkwürdiges Phänomen, das sich ständig ereignet. Dieser poetische Ausdruck hat seine Bedeutung in bezug auf das Unbekannte, das Mysterium, das die ECK Meister umgibt. Es ist so subtil, so verborgen, daß nur sehr wenige zu wissen scheinen, was da vor sich geht, und weshalb um sie herum ein Chaos herrscht — warum ein bestimmtes Durcheinander in ihr Leben kommt.

Es mag seltsam klingen, aber immer wenn ein ECK Meister hierhergebracht wird, stellt sich ein allgemeines Chaos ein. Überall wohin er geht, tritt ein Chaos auf, und das ereignet sich auch in einer Umgebung, in der sich jemand niederlassen möchte, der eine gewisse spirituelle Entwicklung aufweist. Das ist kein ungewöhnlicher, sondern eher ein normaler Faktor, denn die spirituelle Aura, die das Individuum trägt, hat die Kraft, jeder von anderen erzeugten Negativität zu widerstehen, und so wird sie auf ihren Urheber zurückgewandt, und das erzeugt eine Verwüstung in ihm. So ist im allgemeinen die Wirkungsweise.

Das kann sich innerhalb von Gruppen, Organisationen, großen Körperschaften und sogar Nationen abspielen. Wenn ein ECK Meister einmal in einer Gegend erscheint, dann kann alles in dieser Gegend durcheinandergeraten; dennoch weiß niemand, von wo die tatsächliche Ursache ausgeht. Menschen mit tiefsitzenden Problemen oder Aberrationen (oder Engrammen, oder wie immer Du sie nennen willst) können die Nähe eines hochentwickelten Individuums nicht ertragen. Es wühlt ihre Aberrationen auf und bringt sie durcheinander, selten jedoch gelingt es ihnen, die Quelle ihrer Schwierigkeiten ausfindig zu machen. Das ist höchst interessant, denn häufig wird ein heiliger Mann vom Mob angegriffen, allein aus dem einfachen Grund, weil er äußerst unbeliebt ist. Welches bessere Beispiel ließe sich finden als das von Jesus — er wurde von den Juden angegriffen, weil seine selbstsicheren Äußerungen Bestürzung bei ihnen hervorriefen. Ihre eigenen Engramme waren dem nicht gewachsen.

Es gibt Hunderte von Beispielen. Ich habe das sogar persönlich erlebt, wenn ich mich in der Nähe von Heiligen oder hochspirituellen

Menschen befand und mich beunruhigt fühlte. Mir war das derart unangenehm, daß ich nicht lange in ihrer Gegenwart sein konnte — und das was sicherlich nicht ihr Fehler, sondern dem Umstand zuzuschreiben, daß meine eigenen Aberrationen abgewickelt wurden, so daß sich die Verriegelungen lösen konnten und ich von ihnen befreit wurde.

Es gibt einen alten Spruch: "Sonnenschein und Ruhe folgen dem Sturm." Das ist wahr, denn gerade die Schwierigkeiten, durch die Du vielleicht in der Gegenwart eines Meisters hindurchgehst, bedeuten, daß, was auch immer in Dir ist, von ihm oder durch einen natürlichen Vorgang abgearbeitet wird, bei dem die von ihm ausgehende spirituelle Kraft diese Negativität aus Dir heraustreibt. Das ist der Heilungsprozeß — das ist die Art, wie Meister arbeiten. Oft ist es ein langwieriger Vorgang, es kann Monate oder Jahre in Anspruch nehmen, um ein bestimmtes Problem, das Dich — physisch, emotional oder mental — stört, loszuwerden. Das heißt, wenn Du Dich in der Gegenwart eines spirituell entwickelten Menschen befindest, daß das Problem — was es auch immer sein mag — verstärkt wird, bis es unerträglich scheint (Dich fast verrückt macht, wie man sagt), aber auf einmal läßt es nach, und schließlich ist es vollständig beseitigt, und Du bist für immer von ihm befreit. Dasselbe kann einer ganzen Gruppe oder Nation widerfahren; was immer diese Menschen in ihrer Gesamtheit stört, treibt einem Höhepunkt zu und ruft schreckliche Konflikte hervor, jedoch entsteht daraus universal Gutes, das der ECK Meister herbeizubringen versuchte. Niemand denkt daran, während es geschieht, aber daraus erwächst eine Gruppentugend — etwas, das allen von Nutzen ist. Das ist eine der interessantesten Phasen dieses Phänomens — und Du kannst darüber in der Geschichte nachlesen, wie beispielsweise im Falle von Saulus, der zum hl. Paulus wurde, dessen Aufgabe darin bestand, die Christen zu verfolgen — und der mit seiner Bande religiöse Menschen gefangen nahm, um sie der Obrigkeit für ein Gerichtsverfahren zu überantworten. Dieser Erfahrung entsprang seine eigene Bekehrung — sein religiöser Versuch — der ihm Gelegenheit gab, das Christentum, sei es zum Guten oder zum Schlechten hin, zu organisieren, je nach dem Standpunkt, den Du im Hinblick auf dieses Thema einnimmst. Man könnte Hunderte und sogar Tausende dieser Beispiele anführen, die dem Umstand zuzuschreiben sind, daß, wenn ein Mensch, der als ECK Meister hochentwickelt ist, ein Gebiet durchschreitet, dieses Gebiet sich verändert, und gewöhnlich geschieht das durch Leiden, denn das Negative ist niemals dazu bereit, seinen Halt aufzugeben, koste es, was es wolle. Du kannst Dich darauf verlassen, daß es einen schrecklichen Kampf liefern wird!

Als ich in Sudar Singh's Ashram ging, um dort zu leben, legte ich ein Gelübde ab, dem Weg von ECKANKAR für den Rest meines Lebens zu folgen und es mit allen Menschen zu teilen. Du machst Dir keinen Begriff von den Problemen, die auf einmal vor mir auftauchten und in einem Schrotthaufen endeten — mit mir obendrauf! Das ist eines der seltsamsten Dinge, wenn man versucht, den Weg zum Absoluten zu beschreiten. Es ist in keinem Augenblick leicht! Sämtliche Probleme, denen Du in Deinem Leben ausgewichen bist, stürzen plötzlich wie eine Tonne Steine auf Dich, und Du denkst, wenn das das Leben in Wohlbehagen und Herrlichkeit ist, das viele der religiösen Denker zu predigen versuchen, dann können sie mir alle damit gestohlen bleiben! Für eine solche Einstellung stimmt das. Aber man muß das durchleben, und wenn Dich ein ECK Meister führt, dann versteht er, was da vor sich gegangen ist. Mir ist bis jetzt noch niemand begegnet, der sich auf den Weg begeben und nicht all diese schrecklichen Schwierigkeiten gehabt hätte. Lasse Dich dadurch nicht einschüchtern, denn die Belohnungen sind größer als alle Schwierigkeiten, die Du vielleicht erfährst.

Der Grund für dieses Chaos ist einfach zu erklären. Der äußere Teil des Universums ist Chaos, die innere oder subjektive Seite aber ist Rhythmus. Wenn man den spirituellen Pfad betritt, muß man durch das Chaos hindurchgehen und es dabei als das erfahren, was es ist — denn es entspricht der eigenen, äußeren Natur; der mentalen Substanz, die man mit vielen Aberrationen darin geschaffen hat. Diese Aberrationen kommen einen teuer zu stehen, denn man muß sie alle los sein — und man wird jedem Problem begegnen, das sie mit sich bringen, bis sie alle verschwunden sind — und man steht außerhalb ihrer im reinen Selbst da. Wenn man sie alle in sich aufgearbeitet hat, dann kann man in dieses reine Selbst auf der fünften Bewußtseinsebene eintreten. Hier wird man ein freier Mensch und ist für sich selbst verantwortlich — dann gibt der ECK Meister einen frei! Bis dahin ist man für seine eigenen Handlungen nicht verantwortlich, denn man ist das Ergebnis von Wirkungen, die sich im Laufe vieler Leben herausgebildet haben.

Die Feder oder Sperre, die die Engramme niederhält, darf nur allmählich geöffnet oder losgewickelt werden, einfach deshalb, weil ein schnelles Lösen so nervenaufreibend sein würde, daß der Betroffene den Schock nicht ertragen könnte. All seine Aberrationen oder Engramme würden so rasch herauskommen, daß er von sich selbst vollkommen überwältigt sein würde. So aber wird, nachdem ein Problem gelöst ist, ein anderes in Angriff genommen, so lange, bis sie alle eingepfercht oder aufgelöst sind und das Individuum schließlich zum Meister über sich selbst wird. Es ist kein leichter Vorgang, und es ist das beste, wenn man sich in der Obhut eines spirituellen Meisters befindet, andernfalls kann das Individuum allem Anschein nach infolge des Übergewichts seiner Probleme zugrundegehen. Hat man jedoch einen weisen spirituellen Lehrer, der einen führt, dann ist das

Gewicht der eigenen Probleme leichter zu ertragen.
Die Wahl eines ECK Meisters ist eine wechselseitige Angelegenheit. Man sollte nie getrieben werden, einen Meister zu nehmen, solange man ihn nicht sorgfältig geprüft hat, um zu sehen, ob er, was die Situation angeht, unbefangen ist. Ein ECK Meister wird immer 1. eine hohe Ethik haben, 2. nur die erhabene ECK Lehre vertreten, 3. Dir immer erlauben, selbst die Wahl zu treffen, ob Du ihn akzeptieren willst, 4. große Liebe für alles zeigen, 5. immer unparteiisch sein. Später mehr.

Liebe Gail!

17. April 1963

Im dritten Kapitel der Apostelgeschichte, Vers 1-9, steht geschrieben, daß Petrus und Johannes zum Gebet die Stufen des Tempels hinaufstiegen und von einem Lahmen angehalten wurden, der um Almosen bat. "Und Petrus, zusammen mit Johannes, heftete seinen Blick auf ihn und sagte: 'Sieh' uns an!' Und er beobachtete sie aufmerksam in der Erwartung, etwas von ihnen zu bekommen. Petrus aber sprach: 'Silber und Gold habe ich nicht; was ich aber habe, das gebe ich Dir: Im Namen Jesu Christi von Nazareth, stehe auf und geh'!'
Der Bettler tat wie ihm geheißen und war geheilt!"
Dieser Blick ist den Mystikern als das Tiwaji (der Blick des Meisters oder der Blick Gottes) bekannt. Er wird von vielen der ECK Meister angewandt, die heilen wollen, um uns näher zu sich zu bringen — es ist der Blick, der alle Vorhänge wegreißt, die Dein Gesicht vor dem des Absoluten verborgen haben, und Du gehst daraus hervor als reine Seele! Es ist der furchtbare Blick des ECK Meisters, der in seinem Zorn darangeht, Übel zu zerstören! Du erkennst es sofort, wenn ein Guru oder ein spiritueller Lehrer da ist, der ihn anwendet.
Sein ganzer Gesichtsausdruck verändert sich! Er wird zum strengen oder zum liebevollen Meister, der zerstören oder helfen will! Dieser Blick ist wie ein kraftvoller Strahl, der direkt zur Seele hindurchschneiden und alles beiseitefegen kann, was den Schüler gestört hat. Alles was Du sehen kannst, sind diese Augen, die in Liebe zu Dir brennen, und es ist wie ein Lichtstrahl, der in Dein Herz fährt; ich weiß, daß es tatsächlich so ist, denn ich erinnere mich noch daran, als ich ihn durch Rebazar Tarzs erlebte. Keine Frau in tiefster Liebe hätte mir einen mächtigeren Blick als diesen geben können.
In den Comic-Strips gibt es eine Figur, gelegentlich in Li'l Abner, die Evil Eye Foogle oder so ähnlich heißt. Ich habe oft gedacht, das wäre jemand, der diese Kraft anwenden könnte, um zu zerstören. Ich weiß nicht, woher Al Capp, der Künstler, seine Idee hat, aber er muß diese Kraft des durchdringenden Blicks entweder selbst erfahren oder von ihr gelesen haben. Dieser Blick ist nun außerordentlich kraftvoll und überträgt die Botschaft, die sein Eigentümer wünscht. Nichts vermag mehr auszusagen als die Augen, denn sie tragen die Botschaft

von der Absicht ihres Besitzers. Das ist bekannt, denn ich habe es bei Boxkämpfen im Ring erlebt, daß ein Gegner seine Schläge oft durch die Augen signalisiert. Man kann genau bestimmen, was er tun wird, indem man seine Augen beobachtet! Der Blick ist der Träger der göttlichen Kraft. Diese Kraft kann angewendet werden, um Menschen zu heilen, um ihnen zu helfen, um ihnen große Liebe zu geben, usw. Andererseits könnte sie zum Bösen verwendet werden. In den Ländern zum Beispiel, wo Voodoo noch starken Einfluß hat, liegt ein Tabu auf dem bösen Blick; er ist immer noch ein Bestandteil des Glaubens der in Pennsylvanien lebenden Holländer-Amerikaner. Man findet ihn häufig unter den intellektuellen und hochgebildeten Menschen, aber sie geben es in der Öffentlichkeit nicht zu, weil es ihrem intellektuellen Prestige Abbruch tun könnte. Der Blick ist jedoch eine Tatsache; und natürlich wird er bei der hypnotischen Trance angewendet. Es ist sogar möglich, hypnotisiert zu werden, während man auf der Straße an einem Fremden vorbeigeht. Das ist oft genug geschehen, aber dieser Gedanke wird von der allgemeinen Öffentlichkeit nicht akzeptiert — wenn Du tatsächlich versuchst, das zu erörtern, wird man Dich wahrscheinlich auslachen. Trotzdem ist es eine Tatsache. Lies' einmal Richardsons *The Great Psychological Crime (Das große psychologische Verbrechen)*. Das Buch ist in der Stadtbibliothek.

Ich habe die Wirkung dieses Phänomens mehrere Male beobachtet. Was könnte so einfach sein, wie auf der Straße an jemandem vorbeizugehen, und er wirft einem einen so starken Blick zu, daß die Aufmerksamkeit vielleicht für Stunden davon in Anspruch genommen wird? Wenn das nicht Hypnose ist, was ist es dann? Jedenfalls ist es das Tiwaji!

Tiwaji ist ein arabischer Ausdruck, welcher "der Blick Gottes" bedeutet. Das weist somit auf einen reinen Blick der Liebe hin, der alle Sanskaras aufrollt, jene Wirkungen, die man ausarbeiten muß, ehe man in den reinen Zustand des ALLEINIGEN gelangt! Dieser Blick eines Meisters kann einen wirklich von den Füßen heben und auf die höchste Ebene bringen. Mein Erlebnis mit Rebazar Tarzs veränderte mich so sehr, daß ich nicht mehr derselbe Mensch war, sondern ein neuer Mensch mit einer offensichtlich veränderten Art des Fühlens, anscheinend einem anderen Körper und einer neuen Einstellung dem Leben gegenüber. Du wirst erkennen, daß es, sobald dies geschieht, für Dich in Deiner Entwicklung auf dem spirituellen Pfad kein Zurückhalten mehr gibt.

Vielleicht erinnerst Du Dich, daß in einer Passage des Evangeliums Petrus vor den Richtern ableugnete, Jesus zu kennen. Jesus sah ihn mit einem Blick der Liebe an, den Petrus nicht zu ertragen vermochte, so daß er sich seinen Umhang über das Gesicht zog und ging. Dieser Blick war es, der Petrus veranlaßte, auf den spirituellen Weg zurückzukehren, und so gelangte er schließlich an das Ende seiner Mission auf einem umgedrehten Kreuz in einem römischen Gefängnis. Es gibt noch andere Aufzeichnungen, wonach Jesus jemandem diesen Blick zuwarf, und es wird berichtet, welche Wirkung das hatte. In dem Buch *Meine ersten zweitausend Jahre* (einem Roman über den EWIGEN JUDEN) steht geschrieben, daß Jesus seinen Blick auf den Juden richtete und ihm sagte, er müsse bis zu seiner Wiederkehr bleiben. Tagelang konnte der Jude diesen schrecklichen brennenden Blick nicht vergessen! Das ist eine gute Beschreibung des Tiwaji, und niemand kann diesem Blick standhalten, wenn es nicht ein Blick der Liebe ist.

Der Grund, warum ich Dir diese Information gebe, ist einfach ihr Stellenwert im Studium des spirituellen Lebens. Sie fügt sich als ein weiteres Teilchen in das Puzzle ein, und eines Tages wirst Du das Ganze haben — irgendwo, irgendwann in der Zukunft. Wissenserwerb kann eine furchtbare Angelegenheit sein — denn Wissen kann das zweischneidige Schwert sein, das töten oder heilen wird. Wissen kann jedoch niemals glücklich machen, denn eine Eigenschaft, die eigennützig ist, wird immer Unglück bringen. In dieser Welt zufrieden zu sein, heißt, ein Wissen zu erwerben, das uns befähigt, unsere Probleme auf allen Ebenen des Lebens zu handhaben und mit ihnen fertig zu werden.

Wenn der Blick in übler Absicht angewandt wird, ist das Opfer sicherlich unglücklich. Daher hat der "Böse Blick" seinen Namen. Er war wirklich einmal eine Realität, die sich aber verloren hat, weil heute niemand mehr daran glaubt — und es gibt so wenige, die sich hoch genug entwickelt haben, um über ihn Bescheid zu wissen oder ihn in der richtigen Weise anzuwenden! In jenen Ländern, in denen die Entwicklung des Okkultismus ungewöhnliche Höhen erreicht hat, kommt dem "Bösen Blick" immer noch große Bedeutung zu. Das gilt besonders für tropische und subtropische Gegenden — tatsächlich ist in Indien, in der südlichen Gegend um Madras, genau solch ein Ort — wo der Okkultismus in seiner ganzen Pracht regiert, und für alles, was man auch wünscht, stehen viele Magier zur Verfügung. Wenn man seinen Nachbarn umbringen möchte, ist einer für diesen Zweck zu haben, oder wenn man jemanden berauben will, um Rache zu üben, so ist auch das zu haben. Alles was man wünscht, ist dem Magier des linken oder bösen Pfades möglich, denn er ist bereit, seine Talente für eine entsprechende Summe zu verkaufen. Der weiße Magier arbeitet in der entgegengesetzten Richtung. Der Unterschied zwischen einem Magier und einem Meister ist leicht zu begreifen: Der Magier arbeitet auf der Stufe der Natur, da er die Fähigkeit besitzt, die Kräfte der Natur seinen Wünschen gemäß zu manipulieren, wohingegen der Meister auf einer spirituellen Ebene arbeitet. In der Tat kommt es selten vor, daß ein Magier überhaupt höher als bis zur Astralebene gelangt, während der Meister in die absolute Ebene eingeht.

    Wenn Du mehr über den Tiwaji lesen möchtest, schlage ich Dir vor, die Bücher von Alexander Cannon zu lesen. Er war ein berühmter Arzt, der mehrere Jahre lang in Indien lebte und die verborgene Seite des sich dort abspielenden Lebens studierte. Diese Bücher sind in der Stadtbibliothek zu finden. Sie zählen zu den interessantesten Büchern, die ich über dieses Thema kenne.

    Später mehr.

Liebe Gail!

18. April 1963

Ägypten ist schon so lange ein mohammedanisches Land, daß viele Menschen überrascht sind, wenn sie erfahren, daß es einmal einer der Ecksteine des Christentums war. Selbst heutzutage erweisen in diesem Land fast eine Million Ägypter, die sich als die wahren Nachkommen der alten Ägypter betrachten, immer noch einem ägyptischen Papst, dem 115ten in der Nachfolge des hl. Markus, spirituelle Treue.

Ich weiß nicht, wer das gegenwärtige Haupt der ägyptischen Kirche ist, aber sein prachtvoller Titel "Der Heiligste Papst und Patriarch der großen Stadt Alexandria und des ganzen ägyptischen Landes, von Jerusalem, der Heiligen Stadt, von Nubien, Abessinien und Pentapolis und aller Predigten des hl. Markus."

Der hl. Markus, der Evangelist, war der Gründer der ägyptischen Kirche. Er wurde zum Märtyrer gemacht und in Alexandria begraben, wo seine Reliquien verehrt wurden, bis die Moslems das Land eroberten. Die ersten von ihm Bekehrten waren Griechen, und das Griechische war zu jener Zeit die Kirchensprache. An zweiter Stelle, nur Rom gegenüber verpflichtet, welches ihm intellektuell vorstand, war das Patriarchat von Alexandria bis zum fünften Jahrhundert eine der Säulen der Universalen Kirche. Namen wie der des hl.Clemens von Alexandria, des hl. Athanasius, des Origines und des hl. Antonius, des Begründers des Mönchswesens, weisen auf den Beitrag hin, den Ägypten für das Christentum in der ersten Phase der Kirche geleistet hat. Das Land wurde schließlich christlich, und Millionen von Menschen gaben ihre alten Tempel zu Gunsten der Kirche auf. Sie erklärten, Christus sei nicht Mensch, sondern Gott, und Sein irdisches Leben demzufolge eine Erscheinung. Diese Häresie trennte sie 451 n. Chr. von Rom, und von jenem Tag an ging die ägyptische Nationalkirche ihren ketzerischen Weg — in der Lehre des Monophysitismus, wie dies genannt wurde. Die Kirche gab die griechische Sprache auf und griff das Ägyptische in einer als Koptisch bezeichneten Mischform auf. Die Araber eroberten im 7. Jahrhundert das Land und gaben den Anhängern des Christentums den Namen "Kopten". Seither wird diese Kirche die Koptische Christliche Kirche genannt, die eine der ungewöhnlichsten Gruppen in der Welt darstellt.

Nach Jahrhunderten des Leidens unter den Arabern gelangten die Kopten wieder zu nationaler Anerkennung. Der Stuhl des hl. Markus ähnelt dem Thron des Petrus in Rom, nur ist er vom Patriarchen der Kirche besetzt. Immer noch verwenden sie ihren koptischen Dialekt, der eine Mischung aus Griechisch und Ägyptisch ist, um die Messe zu lesen und ihre Liturgie zu rezitieren. Aber es ist so wenig über die Kopten und ihre religiösen Gebräuche geschrieben worden, daß es merkwürdig erscheint, daß sie überhaupt bekannt sind — denn sie waren vierzehn Jahrhunderte lang vom Christentum getrennt. Ihr einziges Ziel war, ihr altes religiöses Leben und seine Gebräuche zu bewahren und unversehrt weiterzugeben — etwas, das heutzutage immer noch in Ägypten existiert. Tatsächlich weisen die meisten erhalten gebliebenen Kirchen keine äußere Architektur auf, denn sie wurden so gestaltet, daß sie allem anderen, nur keiner Kirche glichen, damit die Moslems sie übersähen.

Alle Kopten betreten ihre Kirche in Strumpfsocken. Der größte Teil der Messe wird umgekehrt wie in der westlichen Welt gehalten — nicht in umgekehrter Reihenfolge — doch verschieden. Die Messe wird Korban genannt, und jede Kirche kann bis zu drei Altäre haben; auf diese Weise sind, wenn drei Messen abgehalten werden, die etwa zur selben Zeit stattfinden, genügend vorhanden. Von der Krypta von Abu Sarga, einer Koptischen Kirche im alten Kairo in Ägypten, heißt es, daß dies der Ort sei, wo Joseph und Maria auf ihrer Flucht nach Ägypten Rast gemacht hätten.

Die Koptische Christliche Kirche ist wirklich die westliche Ur-Kirche, möglicherweise die einzige heute noch existierende. Sie ist eine der wenigen übriggebliebenen Gruppen, die immer noch die "Traum-Heilung" praktizieren. Man behandelt damit jene, die geisteskrank oder nach orthodoxen Verfahren unheilbar sind. Das wurde in den alten Tempeln der ganzen Welt praktiziert, ehe das Christentum und andere orthodoxe Religionen dem Einhalt geboten. Man hat es die Traum-Heilmethode des Äskulap genannt. Der Patient wurde von einem Priester in einen tiefen Trance-Schlaf versetzt, und während er sich in diesem Schlaf befand, wurde er in einem Traum von einem Heiligen oder einem Gott besucht und geheilt.

In einigen der koptischen Klöster waren unter der Ikone des hl. Georg schwere eiserne Halfter in die Mauer eingelassen, und eine geistesgestörte Person wurde in den Raum gebracht und in das Halfter geschlossen — wo sie kämpfte und tobte — bis Erschöpfung sie einschlafen ließ. Während dieses Schlafes kam der hl. Georg und heilte. Das wird heute noch praktiziert — mit Erfolg!

Ein weiterer interessanter Punkt ist der, daß die frühen irischen Kirchen auf derselben Grundlage organisiert und geleitet wurden wie die koptischen — vieles in ihren Schriften und in der Kirchenarchitektur ist gleich. Ehe der hl. Patrick kam, studierten viele irische Mönche in Ägypten. Die Gebeine zahlreicher koptischer Heiliger liegen in ihren Kirchen über das ganze ägyptische Land verstreut.

Diese Gebeine sind in Bündel gewickelt, ähnlich wie ein Baby in eine Decke gewickelt wird. Wenn jemand in die Kirche geht, um zu einem Heiligen um Hilfe zu beten, kann es sein, daß er die Gebeine des frommen Heiligen aufhebt und sie, auf dem Boden sitzend, hin- und herwiegt und zu ihnen singt, als wären sie ein Baby, während er den Heiligen anfleht, ihm bei der Erfüllung seiner Wünsche zu helfen.

Viele Wunder werden in den koptischen Kirchen und unter ihren Anhängern gewirkt. Der hl. Antonius aus der Wüste soll ein Kopte gewesen sein. Man nimmt an, er habe einhundertfünfzig Jahre in der Wüste Sahara als Asket und Verehrer des Absoluten gelebt. Tatsächlich weiß niemand, wie alt er wirklich geworden ist, doch es ist sicher, daß er weit über hundert Jahre alt wurde. Er lebte hauptsächlich von Brot und Wasser — von so wenig, daß es einen Gesundheitsapostel womöglich zum Wahnsinn getrieben hätte. Stell' Dir vor, abends heimzukommen und einen Becher Wasser und eine Scheibe Schwarzbrot zu essen und zur Geschmacksverbesserung ein bißchen Salz daraufzustreuen! Das diente ihm als Mahlzeit, außer wenn er Besucher hatte, mit denen er dann sein Brot teilte. In der biographischen Abteilung der Stadtbibliothek gibt es ein interessantes Buch mit dem Titel: "Der hl. Antonius in der Wüste."

Zu Beginn der Messe in einer koptischen Kirche (eigentlich schon beim Eintreten) fällt man auf das Gesicht oder läßt sich auf beide Knie nieder, statt das Knie wie in der westlichen Kirche zu beugen. Dies ist der uralte Brauch, bei dem der Besucher sich ganz zu Boden zu werfen hatte — der ganzen Länge nach. Die meisten Leute sitzen mit untergeschlagenen Beinen auf dem Boden, während die anderen stehen. Man glaubt, daß Stehen die einzige Art und Weise sei, um die Botschaft zu empfangen, die die Priester in der Kirche übermitteln. Oft werden nach dem Gottesdienst von Krankheiten Befallene zum Altar gebracht, um durch den Priester von den Teufeln exorziert zu werden, die sie heimgesucht haben.

Ich bin einem Kopten begegnet, Hamid Bey, der in okkulten Kreisen gut bekannt ist. Er ist der Führer der koptischen Kirche in Amerika. Er ist ein sehr ungewöhnlicher Mann, der beruflich die Kunst ausübt, sich lebendig begraben zu lassen. Er behauptet, er habe 5.000 Begräbnisse dieser Art gehabt und könne von sechs Stunden bis zu sechs Tagen unter Wasser bleiben. Ich war Zeuge einer dieser Unterwasser-Bestattungen, bei der er mehrere Stunden in einem Sarg verbrachte. Er wird für einen Wundertäter gehalten, aber eine andere Fähigkeit außer der, sich in Trance zu versetzen und seinen Körper tagelang in einem scheintoten Zustand zu halten, konnte ich nicht feststellen. Wie auch immer, die Kopten sind ungewöhnliche Leute — sie scheinen inmitten einer Welt von Haß und egoistischer Tendenzen ihre innere Ruhe zu finden.

Später mehr.

Liebe Gail!

19. April 1963

Im Zuge Deiner Studien über Spiritualität wirst Du etwas von der Cabala oder Kabbala, wie es häufig buchstabiert wird, hören. Die Kabbala ist eine Art von System okkulter Theosophie oder mystischer Auslegung der heiligen Schriften unter den jüdischen Rabbis oder gewissen sehr religiösen Menschen des Mittelalters. Anfangs wurde sie mündlich durch einzelne Auserwählte überliefert, später jedoch niedergeschrieben.

Sie behandelt das Wesen Gottes und des Universums und lehrt, daß Gott das ursprüngliche Prinzip allen Seins, daß die Schöpfung ein Emanationsprozeß ist, und daß den Mächten des Bösen Einhalt geboten werden kann durch den Triumph der Moral und der Tugend kraft der Überlegenheit des Spirit des Menschen über seine Begierden. Das heißt, wenn der Verstand des Menschen ganz und gar die Kontrolle hat, wird der Messias kommen und in der Welt einen vollkommenen Zustand wiederherstellen; sie lehrt weiterhin, daß der Mensch ein Mikrokosmos ist und daß die Schrift offenbart wurde, um mit ihrer Hilfe in die göttlichen Mysterien einzudringen.

Der Kabbalist nimmt daher an, daß jedem Buchstaben, jedem Wort, jeder Zahl und jedem Akzent der Schriften ein verborgener Sinn innewohnt; er behauptet das Interpretationsverfahren zu kennen, um diese okkulten Bedeutungen zu ermitteln; und gibt vor, mit Hilfe dieser Methoden zukünftige Ereignisse voraussagen zu können, und somit ist die Kabbala die Quelle eines Großteils mittelalterlicher und moderner Magie und Dämonologie.

Daher ist sie das Geheimnis der esoterischen Lehre oder der magischen Wissenschaft allgemein; sie ist eine mystische Kunst und ein Mysterium, das viele Leute studieren und anwenden. Eine der ältesten Schulen der Magie, "Der Orden der Goldenen Dämmerung", ist ein Nebenzweig der Kabbala — er wurde im zwölften Jahrhundert gegründet — und wurde bis vor kurzem mündlich überliefert; dann wurde sie in schriftliche Form gebracht und wird heute noch hier und da von okkulten magischen Schulen gelehrt. Viele berühmte Leute haben dieser Schule angehört — William Butler Yeats, George Moore, Russell und andere; tatsächlich könnte Shaw sehr gut einer ihrer Anhänger gewesen sein. Eines der besten Bücher in der Bibliothek, das indirekt von dieser Schule handelt, ist *Das Einhorn* von

Virginia Moore; es ist eine Studie des Lebens von Yeats gemäß diesen Grundsätzen.

Der Mystizismus, der im zwölften Jahrhundert als Strömung mystischer Lehren im Judentum entstand, nahm Bezug auf Bibel und Talmud. Seine ursprünglichen Lehren rührten von den Essenern her, einer mystischen Gruppe von Personen, und es gibt in der Bibel Hinweise auf diese Gruppe, allerdings kann ich im Augenblick nicht aus dem Stehgreif sagen, wo. H. Spencer Lewis verfaßte ein Buch *Die mystische Seite des Christentums* oder so ähnlich, in dem dieser Gruppe viel Beachtung geschenkt wird.

Der Kabbalismus soll in seiner Urform Isaak dem Blinden, dem Sohn Abrahams von Posquieres, und ein paar anderen gegeben worden sein. Es war eine Zusammenstellung jener mystischen Lehren, die im jüdischen Glauben überliefert worden waren. Du wirst bald sehen, daß jeder orthodoxe Glaube eine mystische Seite hat.

Die Kabbala beschäftigt sich in erster Linie mit zwei Problemen: (1) Wie ist eine Aussöhnung in der Beziehung Gottes, der erhabensten spirituellen Wesenheit, zur grobstofflichen materiellen Welt möglich? (2) Wie konnte eine solche Wesenheit eine materielle Welt erschaffen, und wann ungefähr entstand die Materie?

Die Lösung dieses Problems läßt sich in einem Wort zusammenfassen: Mediation (Vermittlung). Mediation bedeutet, daß es Vermittler zwischen Gott und der Welt gibt, mit deren Hilfe die Beziehung zustandekommt. Das ist nicht neu; das hatte zur Zeit der Antike Philon schon gelehrt. Inhaltlich jedoch ist es etwas anderes. Die Mittler wurden im Laufe der Zeiten unterschiedlich gekennzeichnet, als Engel, als Kräfte Gottes, die in den Buchstaben des Alphabets verkörpert sind, oder als vergegenständlichte Mächte, die Sephirot genannt werden. Die Sephirot stehen im Mittelpunkt der Kabbala.

Der Kabbalist sagt, daß die Essenz Gottes unbekannt sei. Er ist En Sof, das Unendliche; aber Er muß sich der Welt und dem Verstand des Menschen offenbaren! Die Lehre postuliert daher zwischen Gott und der Welt und dem Menschen zehn Manifestationen oder Kräfte und Mittler Seines Willens, Sephirot genannt. Diese sind: (1) Die Göttliche Krone, das Absolute Selbst; (2) die Göttliche Weisheit; (3) die Göttliche Einsicht; (4) die Göttliche Güte; (5) die Göttliche Kraft; (6) der Glanz, der Sittenreinheit ist; (7) Macht oder Sieg; (8) die Herrlichkeit der Natur; (9) die Grundlage oder Basis der Natur, wie das Atom; (10) das Königtum, das alle diese neun Manifestationen harmonisiert.

Es heißt, daß Gott sich dem Menschen durch alle diese zehn Manifestationen offenbart.

Das wichtigste Buch der Kabbala ist der Sohar ("Glanz"). Es wurde gegen Ende des 13. Jahrhunderts von Moses ben Shem Tob de Leon, einem spanischen Juden, als Ergebnis seiner Mediumschaft mit dem Geist des Simon ben Jochai, eines Meisters des 2. Jahrhunderts, geschrieben und veröffentlicht. Man nimmt an, daß er sich in Trance befand und so die Information empfing, die von diesem Geist herrührte. Im 16. Jahrhundert veröffentlichte Isaak Luria Aschkenasi, der in Palästina lebte, ebenfalls eine Auslegung der Kabbala, die als authentisches Manuskript anerkannt wurde, von dem berichtet wird, daß es jahrhundertelang großen Einfluß auf die jüdischen Massen gehabt hat. Viele Juden sind Anhänger der Kabbala, weil sie, wie behauptet wird, so viele ihrer metaphysischen Probleme löst. Ich besitze einige der Manuskripte vom "Orden der Goldenen Dämmerung", falls Du sie lesen möchtest. Nimm sie aber objektiv auf, denn eine Verstrickung in diese okkulten Gedankengänge würde in diesem Stadium Deine Entwicklung nur verzögern.

Das Wort Kabbala leitet sich aus der Wurzel QBL ab, was "empfangen" bedeutet. Das Geheimsystem entsprang dem Überdruß am toten Buchstaben und stellte eine Auflehnung gegen das erstarrte Judentum der Rabbis dar. Pico della Mirandola, einer der großen Intellektuellen des 15. Jahrhunderts, und Savonarola, ein Zeitgenosse und Märtyrer der Kirche, waren beides Kabbalisten. Vieles im Mystizismus der Freimaurer kommt von der Kabbala her.

Rosetti, Swedenborg und ein halbes Hundert weiterer berühmter Namen gehörten dieser Geheimgesellschaft an. In dem Film "Johanna von den Engeln" fragte, wie Du Dich vielleicht erinnerst, der Priester den Rabbi, ob es Engel gäbe, und der Rabbi entgegnete: "Ja!" Der Rabbi folgte der kabbalistischen Theorie über die Engel — als Mittler zwischen Gott und Mensch!

Die jüdischen metaphysischen Denker früherer Zeiten gingen keine Verbindung mit den Griechen ein, weil die Grundsätze ihrer Untersuchungen völlig andere waren. Sie widmeten sich der Dämonologie, dem bösen Blick, der Magie, dem Wahrsagen, der Traumdeutung und der Heilung. Da der Talmud für alles Gesetze erlassen hat, kann der Durchschnittsjude nicht das geringste unternehmen, ohne sich vergewissert zu haben, daß es den Vorschriften des Gesetzes entspricht. In den alten Zeiten war das eine sehr engstirnige Lebensweise, und so taten sich einige wenige zusammen und faßten den Entschluß, die Gesetze zu brechen, um ganz neu beginnen zu können, und auf diese Weise fing es mit der Kabbala an. Es war eine Art Reform innerhalb der jüdischen Religion. Alle orthodoxen Religionen weisen dasselbe historische Muster auf — sieh Dir die an, die ich im Vorangegangenen schon kurz angeführt habe. Die jüdische Geschichte behauptet, daß die bösen Geister von Adam während seiner Trennung von Eva geschaffen wurden, als Gott ihn strafte. Der Kabbalismus hat für alles Zaubersprüche und Beschwörungen — sogar um einen Partner zu finden oder reich zu werden!

Später mehr.

Liebe Gail!

20. April 1963

Ich möchte noch ein anderes Thema erörtern, von dem Du während Deiner Studien auf diesem Gebiet hören wirst. Das ist die Gnostik. Es ist eine philosophisch-religiöse Bewegung der vorchristlichen Zeit. Später nahm sie mancherlei Gestalt in heidnischen und orthodoxen Religionen an, die alle durch die zentrale Lehre, um die es geht, gekennzeichnet waren — Befreiung durch Wissen (Gnosis ist das altgriechische Wort für Wissen), dessen Besitz die Eingeweihten vor den Klauen der Materie rettet. In der Medizin und der Psychologie bezeichnet das Wort eine zusammengesetzte Form, die im Zusammenhang mit Wissen oder Erkennen steht, die Einsicht in eine Wahrheit. In der Metaphysik bezeichnet es positives Wissen oder die Kenntnis spiritueller Wahrheiten, wie die Gnostiker sie für sich in Anspruch nehmen.

Die Schriftrollen vom Toten Meer haben viel neues Wissen über das Gebiet der Gnostik ans Licht gebracht. Die koptischen Schriften enthüllen viel vom gnostischen Denken, und die jüdischen Apokryphen enthalten eine Menge ihrer Ideen. Die früheren Kirchenväter waren Anhänger des gnostischen Systems; Justinus in Rom, etwa um 100-165; Irenäus von Lyon, um 180; Hippolyt in Rom, um 230, und Epiphanius von Cypern, 375. Drei der gnostischen Schriften des 5. Jahrhunderts sind: Das Evangelium Mariä, die Apokryphen des Johannes und die Sophia (Weisheit) Jesu Christi. Das Evangelium der Wahrheit wurde 1945 in Ägypten in einer koptisch-gnostischen Bibliothek des 5. Jahrhunderts gefunden. Es kam in Carl Gustav Jungs Institut in Zürich.

Die Gnostik zu definieren ist ein schwieriges Unterfangen. In gewisser Weise ist sie die mystische Seite der frühen christlichen Kirche Das Wort Gnosis zeigt an sich schon, daß der Gnostiker weiß. Er weiß nicht etwa, weil er gelernt hat; er weiß, weil ihm die Offenbarung gegeben wurde. Er glaubt nicht, denn der Glaube steht im Rang unter Gnosis. Und seine Gnosis, "das Wissen von der unaussprechlichen Größe," ist selbst vollkommene Erlösung. (Das steht im Widerspruch zur heutigen christlichen Religion!) Die führenden Persönlichkeiten der Frühzeit, wie Clemens, Origines, Barnabas usw., waren große Schriftsteller, aber sie glaubten, daß Wissen größer als Glauben sei, weshalb dieser Gedanke gegen die Prinzipien der Kirche verstieß und ihre Schriften verworfen wurden.

Der Gnostiker besitzt Selbst-Erkenntnis. Er weiß aufgrund der Offenbarung, wer er ist, das heißt, sein wahres Selbst; andere Religionen sind in unterschiedlichem Maße Gott-zentriert, wohingegen der Gnostiker Selbst-zentriert ist. Die gnostische Haltung dem Leben gegenüber ist somit eine "leidenschaftliche Subjektivität", die die Welt um der Selbst-Entdeckung willen als verloren betrachtet. Man könnte daher sagen, daß es eine Religion des seligmachenden Wissens sei, und dieses Wissen ist im wesentlichen Selbst-Erkenntnis, ein Erkennen des göttlichen Elements, welches das wahre Selbst ausmacht. Sie unterscheiden sich vom orthodoxen Christen, der sagt: "Das grundlegende Problem des Selbst wird durch die konventionelle Moralität hervorgerufen," und daß Erlösung die Befreiung von der Konventionalität ist.

Die Mythologie ist ein bedeutsames Charakteristikum des gnostischen Systems. Sie stellt einen Versuch des Gnostikers dar, zu erklären, woraus diese Situation entstand und wie man ihr entkommen kann. Sie ist bedeutsam wegen ihres eigentlichen Wesens, das darin besteht, sein Selbst-Verständnis auszudrücken und zu erhellen. In der heiligen Literatur der Gnosis ist der Mythos genauso bedeutsam wie in der heiligen Schrift der ersten Kapitel der Genesis, die die Vorstellungskraft der Juden, Christen und Gnostiker gleichermaßen angeregt hat. Die Gnostiker haben stets einer Freiheit der Imagination angehangen, weshalb Spekulation und Mythologie Aspekte dieser Freiheit waren, die die Freiheit von astralen Geistern, vom Gott des Alten Testaments, von der Tyrannei der Schöpfung, vom alttestamentarischen Gesetz und vielen anderen Gesetzen einschloß. Gnostische Selbst-Erkenntnis, das Resultat der Offenbarung, ist Erlösung; das läuft auf Freiheit und einen frischen Sinn der Schöpfung hinaus.

Der Ursprung der Gnostik ist vierfacher Art. Sie entstand aus (1) der hellenistischen Philosophie, (2) der orientalischen Religion, vor allem dem Zoroastrianismus, (3) dem frühen Christentum und (4) dem heterodoxen Judentum. Nach dem Tode des hl. Jakobus wurden sektiererische Lehren in das Christentum eingeführt, und so nahm die Gnostik im jüdischen Christentum ihren Anfang.

Auch hier findest Du wieder, wie in der Kabbala, die Engel als Mittler zwischen Gott und dem Menschen, und daß Jesus es war, der herabstieg, um den Kampf mit den bösen Engeln zu gewinnen, die die Erde für sich in Besitz genommen hatten, und der sie den guten Engeln wieder zurückgab. Selbst heute noch gibt es Gruppen, in denen die Gnostik zum Ausdruck kommt, auch wenn sie sich dessen nicht bewußt sind. Kürzlich erwartete eine kleine Gruppe von Gläubigen in Utah eine kosmische Katastrophe und glaubte, Raumschiffe würden kommen, um sie zu retten, woraufhin sich einige von ihnen der Gnostik zuwandten, zumindest kam das so zum Ausdruck. Diese Ausdrucksweisen sind: soziale Fehlanpassung, verstärkte Nonkonformität, Zusammenbruch sozialer Kontrollen, soziale Desorganisation, das Infragestellen von Traditionen und soziale Unruhe.

Ich neige zu der Annahme, daß der Kalender von der gnostischen Befolgung eines Zeit-Schemas herrührt. Nach Ausarbeitung einer Studie über die Engel erklären sie, daß vier Erzengel dem Herrn dienen, nämlich: Michael, Uriel, Raphael und Gabriel. Ihnen sind wiederum Engel untergeordnet, die mancherlei Pflichten und Aufgaben haben. Ich werde diese planetarische Stufenleiter in einem anderen Brief abhandeln.

Der Gnostiker behauptet, der Jehova des Alten Testaments sei in Wirklichkeit Satan — und wenn man sich daranmacht, die beschränkten, engstirnigen Gesetze, die er aufstellte, zu studieren, könnte man dem vielleicht zustimmen. Damit das Jivatma den Himmel erreicht, muß es durch die von den Herrschern regierten niederen Himmel hindurchgehen, wie ich es im Buch *Der Zahn des Tigers* erklärt habe.

Die Gnostik hat drei Erlöser oder Retter: Jesus, Simon Magus und Menander. Ein interessanter Punkt ist hier folgender: Erinnerst Du Dich noch Deiner Frage über den dritten Himmel? In der Apostelgeschichte spricht Paulus von einem im dritten Himmel hängengebliebenen Mann. Die Gnostiker glaubten, daß Adam vom dritten Himmel kam; sie hatten diese Vorstellung den Schriften des Paulus entnommen. Der Bericht über Simon Magus, den großen Magier, steht in der Apostelgeschichte. Im Kapitel 8, Vers 9 und 10, ist von etwas Mysteriösem die Rede, und Simon wird von anderen "die große Kraft Gottes" genannt. Die Schriftrollen vom Toten Meer enthalten ein Evangelium, das als die Simonische Lehre bezeichnet wird und sich mit der Verehrung Simons als eines herabgestiegenen Erlösers befaßt. Seine Lehren waren insofern hilfreich, als sie vor allem Ratschläge geben, wie man in dieser Welt leben könne; während die Lehren Jesu sich größtenteils auf die Erlösung von der Erbsünde bezogen. Menander bemühte sich, die Lehren beider unter einen Hut zu bringen; das heißt, er unternahm den Versuch, die beiden zu kombinieren.

Die Philosophie der Gnostiker ist folgende: Alles geht vom Höchsten Vater aus, der allein durch Offenbarung erkannt wird, der dem Jivatma oder dem göttlichen Funken in seinem Kampf gegen den Körper hilft. Seine Engel helfen dem Jivatma, sich seines göttlichen Ursprungs zu erinnern und nach oben zu fliehen, um sich mit ihm zu vereinigen. Der hauptsächliche Unterschied zwischen der gnostischen und der orthodoxen philosophischen Theologie scheint in ihrer

Einstellung zur Welt zu liegen. Für jeden Gnostiker ist die Welt tatsächlich eine Hölle. Für den Christen ist die Welt etwas von Gott Geschaffenes, eine Welt, deren Geschichte von ihm regiert wird. Das Evangelium des Johannes und die Schriften des Paulus sind reine Gnostik. Falls Du aber einen Geistlichen darüber befragen wolltest, so würde er Dich wahrscheinlich kalt anstarren, aber keine Antwort geben. Etwas, das die Gnostiker lehrten, war der Tonstrom, allerdings nicht so nachdrücklich, wie ECK es tut, denn die gnostischen Lehren sind von ECK entnommen, was auch für alle anderen spirituellen Werke gilt. Sie glaubten tatsächlich, das Kreuz sei ein Zugang zum Paradies und nicht der Erlöser. Der hl. Ignatius, im 16. Jahrhundert, dürfte seinen Worten und Schriften nach ein Gnostiker gewesen sein. Man könnte zu diesem Thema umfangreiche Studien anstellen; natürlich kann ich in einem Brief nur wenig darüber bringen.

Später mehr.

21. April 1963

Liebe Gail!

Im Westen dürfte es schwierig sein, ein anderes Land auf der Erde zu finden das das Interesse an Geheimnissen und Wundern in dem Maß wachgerufen hätte, wie das bei Tibet der Fall ist. Dort scheinen in einem wahren Dschungel seltsamer religiöser Ideen und Praktiken selbst die erstaunlichsten parapsychologischen Erscheinungen kaum fehl am Platze zu sein. Das kulturelle und religiöse Gesicht Tibets ist von zwei Hauptkräften geformt worden: Durch die indischen Missionare der buddhistischen Religion und zweitens, durch die angeborene tibetische Haltung und Lebensweise, die, wenngleich nach außen hin unterlegen, nichtsdestoweniger in die spirituellen und psychologischen Kanäle des nationalen Lebens des Landes eingedrungen ist. Das letztere bezieht sich auf die "Bon"-Religion, das heißt auf die schwarze Magie, die Beschwörung von Göttern mittels Zauberei usw.

Aus der Vermengung beider entstand das, was uns als Lamaismus bekannt ist. Die ursprüngliche Bon-Religion war einmal die nationale Form der alten animistisch-schamanistischen Religion, die einst über ganz Asien, China, die Mongolei und Sibirien verbreitet war. Es liegen Berichte über großartige magische Kunststücke seit der Schaffung der beiden Systeme vor. Doch rührt das zumeist von der Bon-Seite der Religion her, denn die Schamanen sind immer noch die Zauberer, die in den entlegenen Winkeln der Erde, wohin unsere sogenannte Zivilisation noch nicht reicht, merkwürdige Taten vollbringen. Kurz gesagt, ein Schamane ist eine Art Medizinmann, auf dessen leisesten Wink hin eine unsichtbare Welt von Göttern, Dämonen und Geistern der Vorfahren zur Verfügung steht. Ein Spiritist, der als Medium fungiert, ist auch so etwas wie ein Schamane. Die Lamas (Priester) sind Nachkommen der Schamanen und praktizieren nach wie vor die Anrufung der unsichtbaren Welt zum Zweck der Lösung spiritueller und weltlicher Probleme.

Alexandra David-Neel, deren Bücher über Tibet in der Städtischen Bibliothek stehen, berichtet, daß sie häufig die Ausübung derartiger Zaubereien gesehen habe. In einem Falle handelt es sich um die Langapo, die Weitspringer, die anstelle von drahtloser Telegraphie durch das Land rennen, nur daß sie nicht tatsächlich laufen, sondern trainiert wurden, ähnlich wie Kaninchen, zehn und fünfzehn Meter weite Sprünge zu machen. Sie berichtet, Mönche gesehen zu haben, die, nackt auf der Eisdecke zugefrorener Flüsse sitzend, ihre Kleidung ins Wasser tauchten, um sie dann mittels ihrer Körperwärme wieder zu trocknen. Andere Berichte über diese Priester (Lamas) befassen sich mit der Fähigkeit, ohne Hilfsmittel durch die Luft zu fliegen, mit außerkörperlichen Erfahrungen, Wetterkontrolle usw. Einiges davon hat sich als authentisch erwiesen. Talbot Mundy schildert vieles davon in seinen Romanen über Tibet. Sie sind in der Bücherei vorhanden.

Padmasambhava, ein indischer Buddhist aus Nordwest-Indien, ging nach Tibet und begründete die gegenwärtigen religiösen Traditionen des Lamaismus. Amitabha war der spezielle Name, den man dem Buddha in Tibet gab, und dies ist auch heute noch der Name des Gottes, der über das Reich der schneebedeckten Gipfel herrscht. Viele der Überlieferungen sind zu Mythen usw. geworden. Die lamaistische Religion hat eine dreifache Welt, einschließlich Fegefeuer und Hölle. Man nimmt an, daß das Jivatma nach dem Verlassen des Körpers neunundvierzig Tage lang in den Zwischenstadien umherwandert. Der Bereich, den es durchwandert, wird Bar-do genannt. Das Jivatma kann entweder in den Himmel des Amitabha eingehen oder durch eine Geburt wiederum in die physische Welt eintreten. Die Dalai Lamas waren sowohl Staatsoberhaupt als auch spirituelle Aufsichtsbeamte der anderen Welten; Tibet war tatsächlich bis zur Zeit der kommunistischen Invasion die einzige Nation, deren Staatswesen völlig von der Religion beherrscht wurde. Die Mehrheit der Bevölkerung, insbesondere die Männer, waren Mönche.

Die Lamaisten behaupten die Wiederkehr ihres Gottes. (Die orthodoxen Religionen sagen, daß der Messias wiederkommen werde, und die Lamas sagen, daß ihr Buddha zur Erde zurückkehren und daß alles friedvoll sein wird.) Der Name dieses Buddha wird Maitreya sein. Das ist ein berühmter Name im Buddhismus. Wenn der Gott-König, als Herrscher des Staates, starb, blieb sein Thron leer, bis ein anderer Dalai-Lama gefunden war — in der Regel ein Kind, in dem sich bei seiner Geburt der Jivatma des Dalai-Lama wiederverkörpert hatte, um sein Land zu regieren. Der Prinz der Teufel ist Khyab-pa Lag-rings. Er ist das Oberhaupt all jener Dämonen, die die Bevölkerung verfolgen — und steht in gewisser Weise unter der Herrschaft der Schamanen. Das entspricht in vieler Hinsicht den mittelalterlichen Idealen der Christen — das heißt, daß die gesamte tibetische Kultur und die Regierungsform wie auch der wirtschaftliche Standard sich auf der Ebene der mittelalterlichen europäischen Zivilisation befinden, als der Feudalismus mit dem regierenden Herrscher die Grundlage des ökonomischen und kulturellen Systems bildete. Lediglich der Inhalt und das Land sind verschieden! Deshalb ist es wichtig, Kultur, Wirtschaft und Geschichte einer Nation in Betracht zu ziehen, wenn man den spirituellen Hintergrund dieser Nation studiert! Viele der Faktoren, aus denen sich ihre Religion und ihre mystischen Systeme zusammensetzen, sind abhängig von den Bedingungen, denen die Nation während ihres Wachstums vom primitiven Stammessystem zu einem hohen Stand der Zivilisation ausgesetzt war. Dies gilt genauso für den einzelnen — er wächst, so setzt man voraus, von den primitiven Zuständen der Kindheit zum Zustand der Zivilisation heran. (Mancher tut das allerdings nie!) Das erklärt die Aussage: "Der Mensch ist nur ein Mikrokosmos im Makrokosmos. Er ist ein Spiegel des Universalen!" Soviel dazu!

Die tibetanischen Sekten, die Buddhisten und die Bon-pos, lagen jahrhundertelang im religiösen Krieg miteinander, aber schließlich verschmolzen sie und wurden zu der mystischen Religion, die als Lamaismus bezeichnet wird. Wie ich es sehe, handelt es sich dabei um so etwas in der Art einer Yogi-Schule. Grundlage bilden die Mantras, weshalb es ein Yoga des Chantens (Chant: Rezitation oder eintöniger Gesang) ist. Mantra Yoga ist ein System der Astralregionen, das sich der unablässigen Wiederholung bestimmter Formeln bedient, von denen man annimmt, daß sie spezielle Schwingungen erzeugen, vor allem wenn der Verstand während der Wiederholung auf bestimmte Zentren fixiert ist. Man ist überzeugt, daß diese Formeln ihre eigene Wirksamkeit haben.

Diese Mönche unterziehen sich so vielen Kasteiungen, daß es einem Menschen des Westens unmöglich ist, Verständnis dafür aufzubringen. Aber ihr religiöses System und ihr Denken bilden ein Konglomerat aller östlichen Vorstellungen plus dem Bon-System! Milarepa, ein großer tibetanischer Heiliger des 11. Jahrhunderts, erlernte die Zauberkünste der Magi, einer mystischen Sekte des Ostens, und wurde später ein Yogi und Lamaist. In Tibet gibt es zwei einander widerstreitende Haupt-Sekten. Sie ringen fortwährend um die politische Macht im Staate: Die Rotkappen-Lamas und die Gelbkappen-Lamas — die ihre eigenen Klöster und medizinischen Fakultäten sowie politischen Einrichtungen usw. haben. Eine dritte Gruppe bekämpft diese beiden Gruppen, aber nicht als politischer Gegenspieler, nämlich die Dupas — eine Sekte, die schwarze Magie ausübt — sie behalten die Schädel ihrer Opfer als Wächter. Sie sind eine geheime, mystische Sekte, die von allen Tibetern gefürchtet wird, und die im allgemeinen im Stammesverband auftritt. Jenen, die wild auftreten, wie es die meisten tibetanischen Stämme tun, geht man in der bestmöglichen Weise aus dem Wege, wenn man glaubt, daß sie dieser Gruppe angehören.

Weil Tibet ein so entlegenes Gebiet ist, besteht das Problem darin, die Legenden und Mythen daraufhin zu sichten, was auf Wahrheit beruht. Die Religionskämpfe des 8. und 9. Jahrhunderts v. Chr. in diesem von den höchsten Bergen eingezwängten Reich und die gewaltige Ausdehnung des Gebietes erklären zweifellos seine lamaistischen Sekten und den Priester-Staat der Dalai Lamas! Seit dem Einströmen der chinesischen Eroberer vor einigen Jahren haben viele von denen, die in den Westen gelangt sind, über das Land geschrieben. China hat immer Anspruch auf Tibet erhoben, und zu der Zeit, als der Dalai Lama im Jahre 1922 während der chinesischen Invasion verschwand, soll er in die Anden, nach Südamerika gegangen sein und ein mystische Klosterglocke mitgenommen haben — die, wenn man sie läutet, von Menschen in einem höheren Bewußtseinszustand gehört werden kann. Aber das ist eine andere Geschichte.

Später mehr.

Liebe Gail!

22. April 1963

Die westlichen Mystiker sind nahezu krasse Anfänger verglichen mit den Mystikern des Ostens. Die Berichte der abendländischen sind spärlicher und weniger eindrucksvoll! Natürlich sind wir hier im Westen der entgegengesetzten Auffassung, doch wenn man einen gründlichen Vergleich anstellt, hat sich im Westen nicht allzuviel entwickelt, das wirklich eigenständig genannt werden könnte. Tatsächlich gibt es hier überhaupt keinerlei echte heilige Schrift — da es sich bei der Bibel um eine orientalische Schrift handelt — geschrieben von Menschen, die im Nahen Osten lebten, weshalb man sie als orientalisch betrachten kann. So sind beispielsweise die Seligpreisungen zweifellos in einem Versmaß der orientalischen Dichtkunst abgefaßt.

Wenn ich die westlichen Mystiker behandle, so bedeutet dies, daß ich mich in der Hauptsache auf jene beziehe, die dem ersten vorchristlichen Jahrhundert folgten, wie: Jakob Böhme, die heilige Theresa, der hl. Johannes vom Kreuz, der hl. Ignatius, der hl. Franziskus, Johannes Eckhart, Sokrates, William Blake, Plotinus, Pascal, Francis Bacon, Madam Guyon, Whitman und ein halbes Hundert andere, doch ist unter ihnen allen nicht einer, der an Ramakrishna, Shankaracharya, Lao Tse und die meisten anderen mystischen Riesen heranreichen könnte.

Der Grund dafür, daß es weniger abendländische Mystiker im Vergleich zu denen des Ostens gibt, ist einfach. Der Westen hat größtenteils eine oberflächliche Zivilisation und Kultur — er adaptierte alles, was an Kultur, Rechtswissenschaft, Medizin, Erziehungswesen, gesellschaftlichen Sitten und Religion aus dem Osten gekommen ist. Er hat das meiste an östlichem Gedankengut auf diesen Gebieten kopiert. Die industrielle Revolution, die im Westen stattfand, hat die meisten Menschen in die Massenproduktion einbezogen, so daß wenig Zeit für Meditation oder dafür blieb, den feineren Gesichtspunkten des Lebens nachzugehen. Das hat dazu geführt, daß der Westen in seiner materialistischen Haltung verharrte, der es nur um die Erzeugung von Gütern ging, die der körperlichen Behaglichkeit dienen! Daher die marxistische Philosophie, die im Westen begründet und entwickelt wurde (eine rein materialistische Philosophie).

Mir geht es hier darum, Dir etwas zu erzählen über: die Entwicklung des Individuums vom Selbst-Bewußtsein zum kosmischen Bewußtsein. Genau das ist es, worauf jeder, der an dem spirituellen Ziel interessiert ist, hinstrebt — oder besser gesagt, dies wird sein Ziel sein, während er sich im Körper befindet. Wenn man an das Bewußtsein der menschlichen Rasse denkt, wird einem eine einfache Analyse vor Augen führen, was seit den primitiven Menschen vor 500.000 Jahren bis in unsere Gegenwart hinein erzielt worden ist. Deshalb entwickelt sich der Mensch individuell vom Zustand des Selbst-Bewußtseins zum bewußten Zustand. Denke an die Aussage: Alle, die zu mir kommen, sollen erhoben werden!" Alles, was damit gesagt wird, läßt sich tatsächlich dahingehend zusammenfassen, daß alle, die in den Wirkungsbereich seiner Lehre kommen, ihrer Einstellung entsprechend in das kosmische Bewußtsein erhoben werden. Das läuft auf folgendes hinaus: Es ist jene Erfahrung, die man irgendwann im Leben durchmacht und in der gewisse niedere mentale Sinnesempfindungen, wie etwa das Gefühl der Sünde, die Furcht vor dem Tod, der Wunsch nach Reichtum und physischen Dingen, durch diese Erfahrung einer umfassenderen Lebensanschauung aufgelöst werden — man kann sagen, daß hierin Raum, Zeit und Unsterblichkeit eingeschlossen sind. Es ist das Öffnen jener besonderen Fähigkeit im Menschen, die man mit einem halben Dutzend Namen bezeichnen kann: Gott, Christus, Buddha, Spirit, geistiges Auge, usw.

Das geistige Auge ist das Überbleibsel eines sehr wichtigen Sinnesorgans des Menschen — in der Physiologie ist es als Zirbeldrüse bekannt. Dann folgt im oberen Teil des Gehirns die Hypophyse, der "Tausendblättrige Lotus" genannt. Das geistige Auge ist wichtig, weil es der Durchgang ist, den das Jivatma passiert, um Reisen in die anderen Welten zu unternehmen! Der "Tausendblättrige Lotus" ist wichtig, weil man durch ihn Licht und Ton empfangen kann! Man kann auch durch ihn im Jivatma hindurchgehen, um sich auf Reisen in die andere Welt zu begeben. Darin liegt der Unterschied zwischen den mir bekannten Systemen und den orthodoxen Systemen, einschließlich der mystischen, und den religiösen Lehren. Wie Du weißt, bin ich überzeugt von der Fähigkeit, den Körper in der Jivatma-Form zu verlassen und das Licht und den Ton außerhalb zu empfangen — also eine nach außen gerichtete Bewegung des Spirit. Die orthodoxen religiösen Systeme lehren Dich, nach innen zu schauen. Das hat seinen Grund, einen äußerst hinterhältigen — subtilen in seiner Art; denn nach innen zu sehen heißt, das Selbst in die Falle zu führen! Dir einzureden, Du seist beladen mit den Sünden Adams, ist nichts als eine Falle! Natürlich wird das vom einzelnen Priester nicht vorsätzlich gelehrt, aber das ist die dahinterstehende Absicht.

Die westliche Kirche erhielt ihre Philosophie oder Lehre um das 13. Jahrhundert durch den hl. Thomas von Aquin. Der hl. Thomas war kein Mystiker, auch glaubte er, soweit mir bekannt ist, nicht an Mystik. Er war jedoch ein Geistes-Riese! Die Lehre, die er für die Kirche aufstellte, war folgende:

(1) Er verwarf Erleuchtung als eine Quelle des Wissens. (2) Er gründete das Wissen auf die menschlichen Sinne und Erfahrungen. (3) Er beharrte darauf, daß die Abstraktion göttlicher Ideen außerhalb des Menschen zu finden sei. (4) Daß alle Schlußfolgerungen sich durch vernunftgemäßes Denken erarbeiten ließen. (5) Freiheit könne durch Güte und andere Tugenden erlangt werden. (6) Man ist auf die Sakramente angewiesen, wenn man in Verbindung mit Christus treten will. (7) Daß der Zweck die Mittel heilige — da des Menschen Schicksal von Geburt an besiegelt sei, ist er entweder auf die Hölle oder auf Gott beschränkt, ohne den Gebrauch der Willensfreiheit. (8) Die Vorstellungen von der Seele seien im Verstand zu finden. Somit schuf er eine aus Metaphysik, Wissenschaft und religiösem Gedankengut bestehende Lehre, die zur Hauptsache von Aristoteles und einigen anderen griechischen Denkern der Frühzeit entlehnt war. Du siehst, die Kirche bezieht ihre Rituale, Sakramente und Riten von den Römern, ihre Geschichte von den Juden und ihre Lehre von den Griechen. Inwiefern hat sie dann überhaupt noch etwas eigenes aufzuweisen?

Verglichen mit den Mystikern, muß das als falsch betrachtet werden! Selbst die orthodoxen Mystiker würden damit nicht einiggehen, obgleich sie äußerlich der Kirche gehorchen. Sie sind überzeugt davon, daß die Gabe der Intuition ihnen Wissen vermittelt; daß Erleuchtung Wissen bringt; und daß alle göttlichen Ideen im Menschen liegen, weil er ein Mikrokosmos des Universums ist. Rationales Denken hat in seinem System keinen Platz. Daß Freiheit das Ergebnis seiner Erleuchtung ist, nicht seiner Tugend. Er hat das Recht, sich vermöge seiner Willensfreiheit seine eigene Erlösung zu erarbeiten. Die Konzeption der Seele liegt im größeren Selbst. Er besitzt die Wahlfreiheit, sich seine eigene Auffassung vom Absoluten zu machen.

Das Problem der westlichen Mystiker bestand in dem Mangel an Freiheit, ihre persönlichen Mittel zur Erreichung eines spirituellen Zieles einzusetzen, weil die Kirche ihnen stets entgegengearbeitet und sie sogar bestraft hat, wo sie es für notwendig erachtete; zumindest hat sie ihnen gesagt, wo die Grenzen sind. Im Osten war das nicht der Fall, denn dort ist es einem Mystiker jederzeit möglich gewesen, seine eigenen religiösen Vorstellungen zu praktizieren. Eines war allen Mystikern gemeinsam — sie schrieben in einer Sprache, die von der ganzen mystischen Bruderschaft verstanden wurde. "Christus" ist das Wort, das Paulus für kosmisches Bewußtsein verwendet. So hat Christus sozusagen gewollt, daß wir Freiheit hätten. Die Freiheit im kosmischen Sinne ist die höchste, und sie entbindet den Menschen von seinem früheren Selbst und macht künftige Sklaverei unmöglich. Er benutzt "Adam" als das Selbst-Bewußtsein. Indem man das Wort "Kosmisches Bewußtsein" verwendet, das den Zustand bedeutet, in dem das Individuum in den höchsten Spirit eingeht, kann man die Schlüsselwörter ersetzen, um zu sehen, was der Schreiber aussagt. Für ein eingehenderes Studium kannst Du Dir das Buch *Kosmisches Bewußtsein* von R.M. Bucke beschaffen. Es ist zwar kein erschöpfendes Werk, aber es wird Dir eine Vorstellung von dem vermitteln, was ich hier sage.

Zu einem späteren Zeitpunkt möchte ich dann ausführen, inwiefern die Mystiker gewissermaßen den Anschluß verpaßt haben. Sie haben ihn verpaßt, und das ist etwas, was man beurteilen, und worüber man hinausgehen können muß, wenn man sich mit Mystik, Religion und Erziehung befaßt.

Später mehr.

23. April 1963

Liebe Gail!

Die Welt des Selbst-Bewußtseins ist eine Welt der Beschränkung, der Mauern und Barrieren, wohingegen die des kosmischen Bewußtseins eine Welt der weitgeöffneten Räume und der Freiheit ist. Man muß seine Wahl treffen, in was für einer Welt man leben möchte. Wenn Du darauf achtest, wirst Du sehen, daß die meisten Menschen in der Welt des Selbst-Bewußtseins leben! Du kannst es an ihrer Sprechweise, ihrem Gesichtsausdruck, der Art, wie sie gehen, handeln, und sogar an ihren Augen ablesen.

Die Welt des Selbst-Bewußtseins ist gebunden durch die fünf Perversionen des Verstandes. Das ist Bestandteil der Psychologie, wie sie von allen Meistern und heiligen Lehrern gelehrt wird. Demzufolge würde jeder Überblick über die Psychologie der Meister ohne die Erwähnung der fünf Arten destruktiver Verstandestätigkeit, die man Leidenschaften nennt, unvollständig sein. Es sind in Wirklichkeit mentale Krankheiten, hervorgerufen durch den Mißbrauch normaler Fähigkeiten. Man kann sagen, daß es sich um folgende handelt: Lust (Begierde), Ärger, Gier, übermäßige Verhaftung an materielle Dinge, sowie Eitelkeit oder Egoismus. In ECKANKAR heißen sie Kama, Krodha, Lobha, Moha und Ahankar. Ich werde sie einzeln erörtern:

1. Lust. Lust ist eine normale Funktion, der es erlaubt wurde, sich zu einem abnormen Verlangen auszuwachsen, wodurch sie zerstörerisch und erniedrigend wird. Im weiteren Sinne schließt es alle abnormen Wünsche ein, wenn man das indische Wort Kama gebraucht. Das kann sich auf Drogen, alkoholische Getränke, auf Tabak, ja sogar auf wohlschmeckende Speisen beziehen, die man einfach um ihres Geschmacks willen genießt. Jegliche Art von Appetit, der im Hinblick auf den Genuß einer angenehmen Sinnesempfindung nach Befriedigung sucht. In gewisser Weise ist dies die stärkste unter den Fünfen, und, wo das der Fall ist, die tödlichste. Das trifft auf die große Mehrheit aller Menschen zu und hält sie wie in eisernen Ketten. Unsere Werbung ist größtenteils auf diese Leidenschaft im Menschen abgestellt, das heißt auf die Anstachelung seines Verlangens und die Vergrößerung seines Appetits. Nimm eine beliebige Anzeige und sieh Dir ihren Inhalt an: sie blendet einen mit verführerischem Überfluß, mit einer Intrige, so könnte man sagen, und dies ködert einen mit falschen Versprechungen. Und wenn man dann

seine Vitalität durch ihre Befriedigung vergeudet hat, schleudert sie einen auf den Abfallhaufen; sie vergröbert ihre Opfer bis zum Niveau von Tieren, umwölkt ihre Wahrnehmung und stumpft ihre Sinne ab. Die Hauptfunktion von Kama besteht darin, den Menschen auf die gewöhnliche animalische Stufe herunterzuziehen und ihn dort festzuhalten; dazu nötigt es die Person, ihre Aufmerksamkeit auf das zu heften, was Mensch und Tier gemeinsam ist. Es ist ein wohlbekanntes psychologisches Prinzip und kann von jederman aufgrund eigener Erfahrungen bestätigt werden, daß alle Dinge, bei denen sich der Gedanke aufhält, zu einem Teil des Individuums werden. Je lebhafter das Denken sich bei irgendetwas aufhält, umso mehr wird man zu der Sache, über die man nachdenkt. Wir wachsen mit dem, worüber wir kontemplieren. Mit anderen Worten: "Wie ein Mensch denkt, so ist er." Das ist das Gesetz des Verstandes, und es läßt sich im guten wie im schlechten Sinne anwenden. Die Meister benutzen dieses Gesetz für die spirituelle Entwicklung des Schülers.

Wenn jemand in die Falle der Genußsucht gerät, die schlimmste von allen Verirrungen, dann winkt er mit einer Einladung an diese Fünf, insbesondere an Kama, einzutreten und sich niederzulassen. Das Resultat von Kama ist im Extremfall leerer Stumpfsinn, wie beim gewöhnlichen Tier. Wenn der Sex den Menschen kontrolliert, statt daß er ihn kontrolliert, dann ist die Entartung des Individuums bereits eine ausgemachte Tatsache. Ein paar der Hauptphasen dieser Leidenschaft, Kama, sind folgende:

(1) Die Rauschgiftsucht; (2) die Angewohnheit des Rauchens; (3) die Eßlust; (4) das heftige Verlangen nach alkoholischen Getränken; (5) abnorme Redseligkeit, vor allem was das Erzählen schmutziger Geschichten angeht; (6) Sexbücher, obszöne Filme, morbide sexuelle Phantasien und das Verweilen bei sexuellen Bildern; (7) nutzlose Spiele, Karten- und andere Spiele, die keinerlei Wert haben, es sei denn, einen Gegner zu besiegen, eine krankhafte Art der Selbstbefriedigung, ein Nähren der Eitelkeit; (8) die Angewohnheit nutzlosen Müßiggangs; allerdings bezieht sich das nicht auf das Ausruhen. So können beispielsweise Künstler oder Schriftsteller herumbummeln und doch etwas aus dem Bummeln machen, denn ihre Muße kann produktiv sein; es ist tatsächlich erforderlich, daß sie von den Themen und der Arbeit des Maschinen-Zeitalters frei sind, um schöpferisch sein zu können! Die meisten kreativ Tätigen brauchen Zeit, in der sie nachdenken.

Dies alles sind Stadien von Kama, obwohl es viele geringfügigere gibt, an die man noch denken könnte, aber der innerste Kern ist die Genußsucht, welche das Prinzip des Bösen ist, das all diesen Dingen innewohnt, wenn sie sich nicht unter der Kontrolle des Individuums befinden. Dies, in jeglicher Form, ist es, was die religiösen Menschen früherer Zeiten wohl als das Böse angesehen haben — und mir fällt im

Augenblick auch keine andere Ausdrucksweise ein, die das besser erläutern könnte. Da jeder Akt der Genußsucht unseren moralischen Status schwächt, kann man folglich sagen, daß er einen an die Welt der Sinne bindet, was als Gift für den Spirit wirkt. Ganz gleich, welche Form die Sinnlichkeit annehmen mag, es ist Kama, und Kama ist einer der Todfeinde des Atma.

Die Basis des Verlangens liegt in einem selbst. Es ist das größte Hindernis, das sich dem Schüler auf dem Weg zu seinem spirituellen Ziel entgegenstellt. Mein Standpunkt ist, daß jemand, der sich daranmacht, inneren Frieden zu erlangen, indem er sich vom Verlangen befreit, wie es der ECKist tut, sich immer noch im Stadium des Begehrens befindet, da er etwas inständig wünscht. Wirklich, wenn man sich von Lust befreien möchte, sollte man sie durch Losgelöstheit aufgeben — das heißt, daß man sich wenig daraus macht, ob man einem Laster frönt oder nicht — folglich fällt es von einem ab. Losgelöstheit scheint die Antwort auf Sorgen, Leid, Begierden usw. zu sein. Seit den Zeiten von Gopal Das bis in die Gegenwart haben die maßgebenden Lehrer des Ostens erklärt, daß Kama die Ursache allen Übels und aller Sorgen des Menschen sei. Das Verfahren zur Heilung des meisten Kama besteht in der Vernichtung der Genußsucht, des unnatürlichen Verlangens nach etwas, das einen auf der Stufe des Tieres hält. Das ist der Grund, weshalb Deine Liebe für alles rein sein und über die Stufe der Körperlichkeit hinausgehen muß. Eine Frau liebt mit ihrem ganzen Wesen, und das geht über das Verständnis des Mannes hinaus, und wenn er irgendwann ihre Liebe zurückweist oder sich ihr gegenüber gefühllos verhält, so ist sie zweifellos verletzt.

Aus mangelnder Einsicht in ihre Natur ist die Frau heutzutage weit von ihrem Weg abgewichen, um sich selbst im Geschäftsleben, im Gesellschaftlichen und auf anderen Gebieten als dem Mann ebenbürtig zu erweisen. In ihrer Gesamtheit sind die Frauen nicht fähig, diese Art von Tempo durchzustehen, aber als Individuen vielleicht — keine von ihnen vermag auf der ganzen Linie mit dem Mann zu konkurieren. Daher hat sie, was die Gelüste betrifft, größere Hindernisse zu überwinden als der Mann, denn da sie auf wirtschaftlichem Gebiet mit ihm wetteifern möchte, sucht sie Trost in den männlichen Dingen, die er tut — im Rauchen, in der Wahl ihrer außerehelichen Bett-Partner, im starken Trinken, in lockerer Redeweise usw. Ihr Wunsch nach Überlegenheit läßt sie über Bord gehen, und Kama übernimmt die Führung, um sie auf die animalische Stufe herabzuziehen. Das ist interessant, denn die Wirtschaft ist größtenteils darauf geschaltet, ihre Kaufwünsche anzureizen und anzuregen; eines der schrecklichen Vergehen unserer Zeit. Sieh Dir eine beliebige Zeitung, ein Fernsehprogramm, eine Zeitschrift oder eines der Medien für den Massenkonsum an, Du wirst feststellen, daß 85% davon dem weiblichen Publikum gewidmet sind, um dessen

Appetit zu entwickeln. Es ist die alte Geschichte von der Frau, der man einen modernen Geschirrspülautomaten verkauft, obwohl sie nur einen Raum besitzt, der gerade zum Wohnen und Essen reicht.

Kama ist eine Eigenschaft des negativen Selbst, die der ständigen Überwachung bedarf. Sie hat im modernen Leben an Raum gewonnen, infolge ihres Abkömmlings, der Langeweile. Man muß sich unablässig dessen bewußt sein, was um einen herum vor sich geht, und vor diesem Verbrechen des Verstandes auf der Hut sein.

Später mehr.

24. April 1963

Liebe Gail!

Die zweite der fünf tödlichen Entartungen des Verstandes wird Krodha, oder wie wir sie kennen, Zorn, Ärger genannt. Ihre Funktion ist es, Zank und Streit aufzurühren, Verwirrung zu stiften und den Verstand und seine Aufmerksamkeit zu zerstreuen, das heißt, den Verstand daran zu hindern, sich zu konzentrieren. Wer sich zu Zornausbrüchen hinreißen läßt, kann seiner Konzentration nicht die rechte Aufmerksamkeit zukommen lassen, keine Projektionen aus dem Körper durchführen oder von seiner Intelligenz und seinem Wissen nicht den rechten Gebrauch machen.

Der Zorn zerstört den Frieden, neutralisiert die Liebe, weckt Haßgefühle und macht Individuen, Nationen und Gruppen zu Feinden. Dies geschieht, um einen niedrigen Zerstörungstrieb zu befriedigen; es ist das genaue Gegenteil von Liebe; man kann es daher die Summe allen Übels nennen, wohingegen Liebe die Summe alles Guten ist. Merkwürdig darum, daß die orthodoxe Kirche den "gerechten Zorn" predigt — eines Sonntags bei einer Messe hörte ich einen Priester eine Predigt über dieses Thema halten. Es gibt nicht so etwas wie einen "gerechten Zorn", weil der Zorn unter allen Umständen jegliche feinere menschliche Charaktereigenschaft niederreißt, zerstört, schwächt und ausrottet und alle edle Gesinnung im Menschen verbrennt. Wie ein verzehrendes Feuer läßt es sein Opfer als ein bloßes Wrack seines einstigen Selbst zurück, ausgebrannt, geschwärzt und tot. Aber es ist natürlich der Zweck des Zorns, den zu vernichten, der sich ihm überläßt. Sein destruktives Handeln zielt auf andere ab, doch sein zerstörerischstes Handeln fällt auf den zurück, der ihm frönt, denn es erzeugt schlechtes Karma für ihn und bindet ihn an das Rad des Lebens.

Krodha ist ein sehr willfähriger Diener der negativen Kraft. Solange der Verstand von ihm beherrscht wird, ist es dem einzelnen unmöglich, irgendwelche Fortschritte auf dem spirituellen Weg zu machen. Das Ende ist Dunkelheit, Tod und Wiedergeburt auf dem Rad des Lebens. Einige der geringfügigeren, unbedeutenderen Phasen von Krodha sind: Verleumdung, böser, abfälliger Klatsch, üble Nachrede, Fluchen, Nörgelei, Übellaunigkeit, Reizbarkeit, Streitsucht, Schroffheit, Brummigkeit, Neid, Arglist, Ungeduld, Groll, boshafter

Spott, zersetzende Kritik, das Argumentieren, um andere zu besiegen, Arroganz, gepaart mit Feindseligkeit usw. Sie alle und noch weitere dazu sind die schlimme Brut ihrer Mutter Krodha, ein schmutziger Wurf knurrender Welpen.

Man muß dem Gesetz des Absoluten gehorchen, oder man wird Kummer und Schmerzen ernten. Das Gesetz lautet: tadle niemals, nörgele niemals, beschimpfe nie, beschuldige niemals jemanden, weder in seiner Gegenwart noch hinter seinem Rücken. Verletze niemals die Gefühle anderer, ob Mensch oder Tier. Lasse niemals harte oder unfreundliche Worte über Deine Lippen kommen. Sprich stattdessen Worte der Liebe, der Wahrheit und der Güte.

Der Zorn ist ein Leiden, von dem ein großer Prozentsatz der Menschheit geplagt wird, und seine Qualen erstrecken sich oft über eine ganze Lebenszeit. Er läßt keinerlei moralische Werte im Verstand übrig, trotzdem schenkt man diesem Leiden in der mentalen Therapie kaum Beachtung, weil man der Meinung ist, daß viele andere Dinge wichtiger seien als der Zorn. Gleichwohl ist er eines der tödlichsten menschlichen Übel und führt zu einigen der schrecklichsten Katastrophen. Wie oft berichtet wurde, kann ein Kind, das an der Mutterbrust gestillt wird, an Vergiftung sterben, wenn die Mutter vor dem Stillen einen Zornausbruch gehabt hat.

Die Krankheit des Zornes schleppt sich im allgemeinen über Jahre hin, eine Spur von Leiden, Übelkeit und furchtbarem Kummer hinter sich lassend. Sie manifestiert sich häufig in der folgenden Kollektion von Symptomen: (1) Schlecht von anderen denken, (2) sich leicht beleidigt fühlen, (3) die Handlungsweise anderer kritisieren, (4) Strafpredigten und Vorhaltungen über die Fehler anderer — sei es vor dem Betreffenden selber oder über ihn vor anderen, (5) chronische Nörgelei oder das Hervorheben von Mängeln des Charakters oder des Verhaltens anderer, um sie als sehr schlecht hinzustellen, (6) andere ausschimpfen, an ihnen herummeckern, ihnen ins Gewissen reden, (7) gewohnheitsmäßig andere für alles, was schiefgeht, verantwortlich machen, (8) gemeine Schmähung oder Verdammung anderer und (9) tatsächliches Kämpfen, Streiten oder das Bestreben, anderen Schaden zuzufügen.

Man sollte daran denken, daß eine mentale Verletzung oder Wunde oft mehr schmerzt als eine körperliche Wunde und zuweilen langsamer heilt. Die "böse Zunge", wie Krodha häufig genannt wird, ist weit schlimmer als jede andere Plage. Unter allen schlechten Gewohnheiten ist keine, der in so starkem Maße der Geruch von Korruption und Tod anhaftet, wie es bei Krodha der Fall ist. Anders als die meisten körperlichen Störungen, deren Opfer den Ansturm der Krankheit zu ertragen haben, wirkt sich dieses Leiden sogar noch tödlicher auf die Person selbst aus. Es ist wie ein Giftgas, das tödliche Schwaden in der ganzen Umgebung verbreitet. Aber das eine ganz besondere

Charakteristikum des Zornes liegt darin, daß im allgemeinen keines seiner Opfer bereit ist zuzugeben, daß es darunter leidet. Gewöhnlich bestehen sie darauf, daß andere vom Zorn infiziert und sie selbst die unschuldigen Opfer der Böswilligkeit anderer seien. Das ist eine nahezu universale Manifestation dieser Krankheit. Die bloße Andeutung, daß das Opfer unter der Krankheit leidet, ist hinreichend, um einen heftigen Anfall bei ihm auszulösen. Man kann nie im voraus sagen, ob eine Zornexplosion zu gewärtigen ist; bei der geringsten Provokation kommt es zu einem Ausbruch, und die ungesunden Dämpfe breiten sich weithin aus. Es geschieht oft, daß Menschen, die unter den fortgeschritteneren Stadien dieser Krankheit leiden, lebensüberdrüssig werden und Selbstmord begehen, auch wenn sie keinen anderen töten. Oftmals begeht das Opfer lieber Selbstmord, statt die Qualen eines Lebens in der Nähe einer solchen Person zu ertragen.

Es ist eines der erschütterndsten Merkmale dieses entsetzlichen Leidens, daß der Tod ihm kein Ende setzt. Es sitzt im mentalen Wesen, und der Leidende nimmt diesen Teil mit in die nächste Welt, wo er weiterhin verheerend auf ihn einwirkt. Er wird ihn ohne Unterlaß quälen und krankmachen, bis man durch Erdulden und Selbstkontrolle lernt, die Krankheit selbst zu beheben. Sie ist ein Leiden, das kein Arzt zu heilen vermag, weil es vom Patienten selbst behandelt werden muß. Jeder sollte es meiden wie das gefährlichste, wildeste Dschungeltier.

Du siehst also, Zorn ist ein fürchterliches Leiden, das dem einzelnen, einer Nation oder Rasse in vieler Hinsicht teuer zu stehen kommt. Viele geraten in die Falle des Zorns, denn er kann gewisse Leute in den schrecklichen Abgrund schäumender Wut hinunterlocken. Du kannst chronischen Zorn bei Leuten erkennen, die leicht gereizt sind. Bei ihnen finden sich: Haß, Angriffslust in bestimmten Formen oder übermäßige Aggressivität, sie sind leicht getroffen, verärgert und finden fast überall Grund zur Entrüstung. Denn eines, nämlich Überdruß, bringt in ihnen den Ärger schnell zum Ausbruch. Frustration ist eine Form des Ärgers, allerdings nicht in dem Ausmaß, wie das bei bestimmten anderen Dingen der Fall ist. Diejenigen, die allzu bereitwillig Ratschläge erteilen, bewegen sich in der Regel gern etwas innerhalb des Ärger-Bereichs. Nimm Dich stets vor zornigen und ärgerlichen Leuten in acht, sie können Dir schrecklichen Schaden zufügen. Hüte Dich vor denen, die sich beklagen, sie können in gewissem Sinne Schwierigkeiten verursachen — so ähnlich, wie Krankheitskeime unter den Menschen verbreitet werden. Sie lieben es, Menschen aus der Fassung zu bringen.

In der Vergangenheit habe ich Dir geholfen, Dich vor allen möglichen Leuten zu schützen; greife auf diese Techniken zurück, die ich früher erläutert habe. Fürchte Dich niemals vor einer zornigen Person — denn das ist der Grund für ihren Zorn, daß sie Freude daran haben, jeden innerhalb ihres Wirkungsbereiches zu ängstigen. Je mehr er andere ängstigen kann und von ihnen darin bestätigt wird, umso glücklicher fühlt sich der zornige Mensch.

Später mehr.

26. April 1963

Liebe Gail!

Ich werde die restlichen Verwirrungen des Verstandes flüchtiger behandeln und dann mit den Briefen weitermachen. Das dritte Mitglied dieser unheiligen Gruppe ist Lobha oder die Gier. Die Funktion der Gier besteht darin, alle Menschen an materielle Dinge zu binden und den Verstand gegenüber den höheren Werten zu trüben. Der Mensch begibt sich automatisch auf die Ebene der Dinge, die er liebt. Wer an nichts anderes denkt als ans Geldverdienen, wird allmählich hartherzig, und sogar sein Gesicht nimmt einen Ausdruck der unbarmherzig treibenden Kraft an.

Die zahlreichen Phasen von Lobha sind: Geiz, Falschheit, Heuchelei, Meineid, Verdrehung der Tatsachen, Räuberei, Bestechung und Betrug aller Art. Das scheinen die üblichen Mittel und Wege zu sein, um leicht zu Geld zu kommen. Der ärmste Mensch ist der, der seine Zeit damit verbringt, zu versuchen, etwas für nichts zu bekommen. Jeder Mensch sollte mehr daran denken zu geben, als zu empfangen.

Moha, was Bindung bedeutet, ist das Wort für Bindung aufgrund einer Täuschung, also Verblendung. Das ist womöglich die hinterhältigste, irreführendste von allen. Sie bemächtigt sich des Menschen, bevor er sich dessen bewußt wird. Stets gibt sie sich den Anschein von Vornehmheit und Würde, gekleidet in Vernunft und Achtbarkeit. Mit ihr treten falsche Werte in Erscheinung, und der wahre Zweck der Bindung ist der, daß ihre Ideen einen so stark absorbieren, daß man für nichts anderes mehr Zeit hat. Eines der Grundprinzipien (falschen Wertungen) dieser Zivilisation besteht darin, Verantwortung für Schulden, Familie, Stellung usw. zu schaffen, so daß einem keine Zeit für spirituelle Entwicklung bleibt. Das ist äußerst subtil. Du wirst feststellen, daß diese negative Eigenschaft von den orthodoxen Religionen benutzt wird — überall werden Dir die Geistlichen erzählen, Dir predigen und Dich glauben machen, Deine Verantwortung gehöre zuallererst der Kirche. Die Katholiken neigen zu dem Gefühl, Deine Verantwortlichkeit gegenüber der Kirche rangiere noch vor den Eltern, der Familie usw. Sie wünschen, daß Du diese Bindung akzeptierst, bis Du das Gefühl hast, daß dies die schwerwiegendste Verantwortung Deines Lebens sei;

das bedeutet, diese Bindung wird im Verstand des Individuums verankert.

Wenn Du Dich umsiehst, wirst Du bemerken, daß man das ganze Leben in dem Bemühen zubringt, der physischen Existenz, dem animalischen Leben, Dauer zu verleihen. Darüber geriet der wahre Zweck, um dessentwillen der Mensch in diese Welt kam, in Vergessenheit; zumindest kommt es selten zu diesem Wissen. Alle Erziehung scheint auf die des animalischen Lebens abgestellt zu sein. Moha hat Herrschaft über jene, die solch eine Art von Leben führen — und möchte den einzelnen darin festhalten, damit er keine wahre Freiheit findet.

Die letzte der tödlichen Fünf ist Ahankar, das ist die Eitelkeit. Sie hat zwei Bedeutungen. Ahankar ist zunächst einmal diejenige Eigenschaft des Verstandes, die uns die Macht der Bewußtheit des Selbst verleiht, die Selbst-Unterscheidung, die Ich-heit. Es ist diejenige Eigenschaft, die im Interesse des Selbst die Weisungen des Buddhi ausführt. Die abnorme Übersteigerung dieser Eigenschaft jedoch wird zu Ahankar im Sinne der Selbstgefälligkeit oder des Egoismus. Es ist eine Vergrößerung des Ego, das durch Zellwucherung zum Krebsgeschwür wird. Eitelkeit ist ein unmäßig gewachsenes Ego, aber Ahankar ist eine bösartige Vergrößerung des Ich; es ist bösartige Selbstsucht. Es wird zu einer Leidenschaft für das Selbst und seinen materiellen Ruhm. Ein eitler Mensch hat niemals Sinn für Humor. Die Hauptfunktion der Eitelkeit besteht darin, den Weg der Wahrheit zu blockieren. Sie ist der Freund des Irrtums. Sie stellt Glaubensbekenntnisse auf, ernennt eine Priesterschaft und baut Organisationen auf, um ihre Dogmen zu propagieren. Sie gibt vor, kraft ihrer eigenen überlegenen Weisheit, sie habe das einzig vollkommene System der Wahrheit erwählt. Sie kennt eine große Voraussetzung: "Ich habe recht; wer sich gegen mich stellt, hat unrecht; um das Rechte zu erhalten, muß ich den Gegner vernichten." Diese Überheblichkeit ist der maßgebende Grund für die Kämpfe der Religionen untereinander wie auch zwischen Religion und staatlicher Obrigkeit gewesen. Sie war Ursache der blutigen Kreuzzüge und des Dreißigjährigen Krieges. Diese Eigenschaft scheint unerbittlich im Wesen der meisten Menschen festzusitzen — und wer immer versucht, einen selbstgefälligen, eitlen Menschen zu ändern, wird bitteren Groll ernten. Er zieht wegen eines zu Boden geworfenen Hutes in den Krieg, um die von ihm beanspruchten Rechte zu verteidigen. Er denkt nie an die Rechte eines anderen Menschen, und, wie Krodha, nimmt er schnell übel. Er ist extrem empfindlich, reizbar usw. Er bemerkt keinerlei Schwächen an sich, aber er wird nicht müde, auf die Fehler anderer hinzuweisen.

Die Nebenaspekte von Ahankar sind: (1) Engstirnigkeit; (2) anmaßendes Auftreten an allen möglichen Orten und Sichvordrängen; (3) man demonstriert aufdringlich Reichtum und Macht, trägt auffällige Kleidung, zeigt eine herrische Haltung, ist rechthaberisch, zänkisch und tadelsüchtig. Diese Art von Mensch maßt sich ein arrogantes Benehmen an, besteht auf seinem eigenen Willen, den er als sein Recht bezeichnet, und versucht andere, die sich gegen ihn stellen, zu bestrafen. Er sucht die Aufmerksamkeit anderer durch lautstarkes Verhalten oder durch sonstiges Herausstellen der eigenen Person auf sich zu ziehen; er redet laut und ständig und versucht dabei, anderen seine Meinungen aufzuzwingen. Er liebt es, eine Position zu bekleiden und Macht über andere zu haben. Weitere Stadien sind: Er unterbricht andere häufig, wenn sie sprechen; er hält gern öffentliche Ansprachen und ist begierig, seinen eigenen Namen gedruckt zu sehen; er macht eine Schau aus seiner Frömmigkeit, und ihm liegt daran, manchmal lange, öffentliche Gebete zu verrichten oder zumindest lange Reden zu halten — denn er möchte, daß die Welt Notiz nimmt — vor allem, wenn er für die Wohlfahrt spendet. Er schätzt Titel, Ehrungen und Universitätsgrade ungemein und genießt es, die Menge vor sich verneigen zu sehen.

Es gibt auf diesem Planeten zwei Arten von Menschen, gemäß dem, was die Meister sagen. Zum einen die Manmukhs, die sich nach dem Verstand richten und jeder seiner Launen gehorchen. Sie sind die Anbeter der fünf Perversionen des Verstandes. Den zweiten Typus bilden die Gurumukhs, jene, die frei sind und ihre Kräfte im größtmöglichen Umfang in Richtung auf das richtige Ziel entwickeln.

Jetzt will ich kurz noch die vier Antishkarans behandeln oder die vier primären Wahrnehmungsarten gemäß der spirituellen Psychologie. Es sind folgende: Chitta, Manas, Buddhi und Ahankar. Sie sind wichtig! (1) Chitta ist jene Funktion, die Form, Schönheit, Farbe, Rhythmus, Harmonie und Perspektive zur Kenntnis nimmt. Was mißfällt, wird zurückgewiesen. Es empfängt seine Eindrücke in erster Linie über das Sehvermögen und gibt diese Wahrnehmung an den Intellekt weiter. (2) Manas ist die mentale Substanz an sich. Es ist diejenige Wahrnehmung, die ihre Eindrücke mittels der Sinne von Geruch, Geschmack, Gehör und Gefühl empfängt und registriert. Ihre Hauptfunktion ist der Geschmack. Genau wie Chitta sind ihre Reaktionen automatisch — das heißt, darauf abgerichtet, zu mögen oder das abzulehnen, was ihr nicht gefällt. (3) Buddhi ist der eigentliche Intellekt — es ist diejenige Kraft, die das Jivatma als Hauptinstrument des Denkens benutzt. Beherrscht vom Spirit, bringt sie Gedanken hervor; sie unterscheidet und entscheidet. Sie fällt das Urteil über das, was die anderen beiden Fähigkeiten entdeckt haben. Ihre Entscheidung wird sodann an den obersten Gerichtshof zur Ausführung weitergereicht. (4) Ahankar nimmt die von den anderen Funktionen und Wahrnehmungsarten an den Buddhi zugeleitete Entscheidung entgegen und führt deren Urteil aus. Ahankar ist außerdem die Ichheit des Individuums und daher das ausführende Vermögen des Verstandes. Es ist die Fähigkeit, vermittels derer das Individuum sich selbst von allem übrigen unterscheidet, und es ist die Fähigkeit, die es dem Individuum ermöglicht, zwischen seinen eigenen Interessen und denen anderer Menschen zu unterscheiden. Wenn diese Fähigkeit allzusehr übertrieben wird, bezeichnet man sie als Eitelkeit oder Egoismus. Zusammengefaßt ist es folgendermaßen: Manas — empfängt und schmeckt; Chitta — beachtet Form und Schönheit; **Buddhi** — als der Intellekt; Ahankar führt die Weisung aus.

Der Verstand hat vier Arten positiver und fünf Arten **negativer** Handlungsweisen.

Später mehr.

28. April 1963

Liebe Gail!

Dies ist eines der wichtigsten Themen, die ich in diesen Briefen aufgreifen werde. Der Titel lautet: "Postulierung". Aber es ist wohl besser "Postulate" zu sagen.

Ein Postulat ist eine Behauptung, die als sicher angenommen wird oder axiomatisch behauptet wird. Es ist eine grundlegende Hypothese. Es ist die elementare Annahme oder Behauptung von etwas als wahr, real, existierend oder notwendig. Wenn man von dieser Basis ausgehend einen Blick auf die Geschichte wirft, so stellt man fest, daß so viel davon das Ergebnis der Postulate von irgendjemandem ist. Gesetze, die aufgestellt werden, stellen das Resultat einer Übereinkunft zwischen Individuen und Gruppen dar, wodurch ein Postulat von Regeln aufgestellt wird, die zur Beurteilung der Gesellschaft und ihres Verhaltens dienen.

Man kann sagen, daß viele Religionen, Nationen und Welten das Ergebnis von Postulaten darstellen. Wenn Jesus erklärte, die goldene Regel sei: "Behandelt andere so, wie ihr wollt, daß sie euch behandeln," dann stellte er damit im Geiste seiner Zuhörer ein Postulat auf.

Es geht hier nicht um die Frage, ob das die Wahrheit ist oder nicht, sondern darum, daß er sie postulierte und sie dadurch für andere zur Wahrheit wurde; sie wurde ein Gesetz.

Du kannst Dir demzufolge Dein Urteil über jedes Gesetz bilden, beispielsweise über das kanonische Recht der orthodoxen Kirche, das man als eine von der Kirche verfügte Sammlung von Gesetzen, Regeln und Bestimmungen bezeichnen kann, die ihre Verfassung betrifft, ihre spirituelle und zeitliche Verwaltung und die geistliche Regierung und Disziplin der westlichen Religionsgemeinschaft. Es (das kanonische Recht) leitet seine theoretischen Prinzipien und rechtlichen Voraussetzungen von der Theologie ab, die sich mit der Glaubenslehre befaßt, und von der Moraltheologie, die die natürlichen und offenbarten Prinzipien und Verpflichtungen des christlichen Lebens lehrt. Genauso wie die Kirche eine religiöse Gesellschaft ist, die sich in ihren Zielsetzungen von der weltlichen Gesellschaft unterscheidet, so unterscheidet sich das kanonische Recht vom Zivilrecht.

Ich greife dies aus dem einfachen Grund auf, weil ich zeigen möchte, daß das kanonische Recht in der Kirche als das Gesetz Gottes betrachtet wird. Der Grund für diese Denkweise liegt darin: da die Kirche der offizielle Leib Christi ist und ihre Beamten, Geistlichen usw. die Repräsentanten Christi auf Erden sind; somit ist das, was die Führung der Kirche postuliert, offizielles Gesetz. Klingt verrückt, aber es ist so! Der oberste Gerichtshof arbeitet nach derselben Theorie — da er das Gesetz des Landes repräsentiert, ist jeder von ihm postulierte Gerichtsentscheid das Gesetz! Du siehst also, das Gesetz kann in jedem Falle falsch sein, ob es nun weltgeistliches oder bürgerliches Recht ist, denn es ist von Menschen postuliert, und der Mensch ist niemals fähig, der universale Mensch zu sein — oder der Gottmensch, allgemein gesprochen. Wenn Du den Ausdruck hörst: "Er spricht mit Autorität," dann ist es weise, dies in Frage zu stellen, denn da er ein Mensch ist, postuliert er womöglich das meiste von dem, was er sagt. Sudar Singh sagte immer: "Ich spreche als Mensch! Denn ich bin ein Mensch, und die Fehler, die ich als Mensch mache, sollten auch als menschliche Fehler betrachtet werden!"

Psychologische Tests haben erwiesen, daß das, was man sieht, wenn man etwas anschaut, nicht so sehr von dem abhängt, was dort ist, als vielmehr von der Erwartung, die man beim Hinsehen hegt. Da das, was wir für die reale physische Welt halten, tatsächlich nur eine "angenommene" oder postulierte Welt ist, überrascht es nicht, daß solche Experimente den Nachweis erbrachten, daß das, was als solide Realität erschien, in Wirklichkeit das Ergebnis von Erwartungen oder Annahmen oder Postulaten war. Deine Postulate bestimmen nicht nur, was Du siehst, sondern auch was Du tust, denn sie steuern alle Deine bewußten und unterbewußten Handlungen auf ihre Erfüllung hin.

Mit anderen Worten, des Menschen wesentlichste Selbsttäuschung ist seine Überzeugung, daß es Ursachen außerhalb seines eigenen Bewußtseinszustandes gibt. Aber alles, was dem Individuum widerfährt — ist sein eigenes Werk; alles kommt von ihm, und alles ist die Folge seines Bewußtseinszustandes. Das Bewußtsein eines Menschen ist all das, was er denkt und wünscht und liebt, alles, was er für wahr hält und womit er einverstanden ist. Deshalb ist eine Bewußtseinsveränderung erforderlich, um Veränderungen in der äußeren Welt herbeizuführen. Daher sind Postulate und Annahmen wichtig. Jedes Postulat, das Du aufstellst, verwirklicht sich — ganz gleich, welcher Art die Umstände sind. Es formt sich vielleicht langsam, es mag im nächsten Leben sein; sofern es jedoch unter zwei Bedingungen geschah, kann es jederzeit eintreten — jetzt, oder später. Diese zwei Bedingungen sind: die gewaltigen Extreme der emotionalen Pole — wenn es also entweder in großer Liebe oder in großem Zorn geschieht. Die emotionale Ladung setzt es für Dich durch. Oft werden Postulate in einem ruhigen, entschlossenen Geiste gemacht, wodurch die Erfüllung des Postulats herbeigeführt wird. Man macht das Postulat, nimmt dann die Haltung ein, daß es bereits eingetreten sei. Man lebt in diesem Geiste — und daher kommt es, daß so vieles in der Geschichte über die Jahrhunderte hinweg schwankend gewesen ist.

Die einfachsten Postulate sind die eines Eroberers, dessen Verfügungen für die von ihm gerade Besiegten Gesetze sind. Er stellt Postulate auf, die sie zu akzeptieren haben. Es sind seine eigenen Postulate, zu seinem eigenen Vorteil, so daß er Überlegenheit über die Massen besitzt. Kannst Du Dich noch an den Yang-und-Yin-Artikel erinnern? Innerhalb Deiner eigenen Wahl stellst Du die Postulate auf und akzeptierst welche von anderen. Wenn Du jemandem erzählst, er werde niemals von Dir getrennt sein, dann machst Du Dein eigenes Postulat, und wenn er es akzeptiert, wird es Wirklichkeit! Sieh nur, wie einfach das funktioniert! Jeder Mann, der erklärt, er werde reich sein, und auf dieses Ziel hinarbeitet, hat ein Postulat gemacht, das Aussicht auf Verwirklichung besitzt. Aber er muß erreichen, daß auch andere es so sehen! Es ist der Trick, das zu sein, was Du möchtest, und zu bekommen, was Du willst. Es ist somit ein besonderes Gesetz, das bewirkt, daß jene, von denen Du es möchtest, sich Deinen Zielen, Meinungen und Wünschen anschließen. Am besten kann ich es mit einer Umschreibung der Definition für Propaganda sagen: "Propaganda ist die Kunst und Wissenschaft der Kontrolle über den Verstand der Menschen durch überwältigendes Beharren auf einem Standpunkt."

Eine Definition für Postulate könnte folgendermaßen lauten: "Postulate sind jene Meinungen, Ideen und Behauptungen, die aufgestellt werden, um durch überwältigendes Beharren auf einem Standpunkt den Verstand anderer zu kontrollieren." Dies kommt zumindest einer Definition der Postulate ziemlich nahe. Du siehst demzufolge, daß die Kraft, die man Spirit nennt, flüssig, plastikartig und leicht formbar ist, und so macht der Mensch eine Form von dem, was er wünscht, eine Matrix in seinem Geiste, und dies ist die Form, in die sich die Kraft ergießt, um das von ihm Gewünschte hervorzubringen. Ich spreche von der imaginativen Kraft des Verstandes — da Du jene göttliche Quelle der Imaginationskraft verwendest, um das Postulat zu machen. Man muß es nicht laut aussprechen oder darüber nachdenken, aber es muß vom Jivatma im Verstand gesehen werden. Der Beobachter (die Seele oder das Atma) muß einen Blick auf die Szene tun, die auf den Bildschirm des Geistes geworfen wird — so wie blitzartig ein Filmbild auf der Leinwand aufleuchtet. Das Atma sieht gewöhnlich nur einen Augenblick hin, danach erinnert es sich gelegentlich daran — das ist ein Postulat und es funktioniert. Du kannst ein Postulat machen, indem Du jemandem erklärst, daß er gemein, gut, schlecht, gleichgültig usw. sei, und wenn der Betreffende das akzeptiert, entwickelt er für gewöhnlich die entsprechende

Eigenschaft. Er spiegelt das wider, was Du von ihm denkst — was Du von ihm postulierst. Nun, die bloße Tatsache, daß Du jemandem vertraust, spiegelt im allgemeinen dieses Vertrauen in ihm, und das Vertrauen wird zurückgegeben — das heißt, wenn die betreffende Person sensibel und im großen und ganzen von moralischer Wesensart ist.

Ich habe junge Frauen gekannt, die sich unter Gangstern aufhielten, und die niemals belästigt wurden, weil sie allen ein unbefangenes Vertrauen entgegenbrachten! Dieses Vertrauen wurde akzeptiert und respektiert. Diese Sache mit den Postulaten ist ein bißchen kompliziert. Ich werde daher in einem anderen Brief nochmals darauf zurückkommen.

Später mehr.

29. April 1963

Liebe Gail!

In diesem Brief will ich das esoterische Studium der Musik aufgreifen. Es gehört zu den interessantesten Studien, die Du betreiben kannst. Jene Meister, über die Du lesen wirst, haben sich einer großen Anzahl von Menschen in aller Welt bedient, um die Menschheit auf eine höhere Stufe zu bringen. Alle höher Initiierten, Meister usw. besitzen die Macht, mit Hilfe von Gedankenübertragung dem Verstand solcher Menschen, die dafür empfänglich sind, alle Ideen aufzuprägen, die ihnen geeignet erscheinen. Für das Wort "aufprägen" könnte man besser von "anregen" sprechen. Diese Meister regen im Dichter, Musiker, Maler oder Philosophen Ideen an. Sie zwingen ihnen keine Ideen auf. Oftmals ist sich der Empfangende der Herkunft seiner Inspirationen nicht bewußt und hat keine Ahnung, daß er, je nachdem wie der Fall liegen mag, entweder Gegenstand von Gedankenübertragung ist, oder daß zeitweilig eine unsichtbare Gegenwart ihn überschattet. Wenige kennen wirklich die Tatsachen.

Alle Meister der Musik — Händel, Bach, Mendelssohn, Beethoven, Chopin, Schumann, Wagner, Strauss usw. — sind das Resultat von Verbindungen mit den Meistern gewesen. Wenn Du Musik hören möchtest, die von den Engeln ist, dann versuche es einmal mit der "Symphonie in d-moll" von Cèsar Franck. Man kann fast den Flügelschlag der Engel hören. Ein anderes großes Musikstück ist die "Matthäuspassion" oder die "Leidensgeschichte nach den Evangelien des Matthäus und des Johannes" von Bach. Es ist bewegend — und zwar so bewegend, daß man tatsächlich das Ringen Christi mit dem Tode im Geiste sehen kann. Was diese Bewegung angeht — so muß man verstehen, daß die Leute heutzutage nicht bewegt, sondern unterhalten werden wollen. Deshalb haben wir auch so viel leichte Musik, Theaterstücke, Bücher und Filme! Meide sie, es sei denn, daß Du die Leichtigkeit ertragen kannst, um Dich aufzuheitern, wenn Du so etwas brauchen solltest!

Es gibt Meister auf der anderen Seite, einige in dieser Welt, und es gibt Engel, die einzig mit der Förderung der Künste in diesem physischen Leben befaßt sind. Dann wieder gibt es Meister und Engel, die sich nur mit der Förderung der Musik befassen. Das führt auf die Briefe zurück, die ich Dir über den Tonstrom als die Höchste Lehre schrieb. Zu allen Zeiten haben Philosophen, Anhänger von Religionen und Erlöser die überragende Bedeutung des Tones erkannt. Im Shariyat-Ki-Sugmad, den wohl ältesten heiligen Schriften der Welt, wird dargelegt, daß der gesamte Kosmos durch die Kraft des Tones zur Manifestation gebracht wurde. Der heilige Johannes bringt das am Beginn seines Evangeliums zum Ausdruck. Der Autor des Buches Josua muß ebenfalls einiges Wissen über die Macht des Tones besessen haben, sonst würde er die Geschichte des Falles von Jericho wahrscheinlich nicht geschrieben haben.

Der Ton kann sowohl konstruktiv als auch destruktiv sein. In der Geschichte des Römischen Imperiums wird darauf hingewiesen, daß, als die Römer ihre Soldaten in Schiffen übers Mittelmeer führten, ihrer so viele waren, daß ihr Gebrüll die Vögel vom Himmel fallen ließ. Der Ton vermag Form zu schaffen und zu zerstören. Der Klang einer menschlichen Stimme kann ein Weinglas zerspringen lassen. Doch ein wenig Sand, auf eine Glasplatte gestreut, kann zu geometrischen Figuren geformt werden, wenn man mit einem Violinbogen über den Rand der Platte streicht. Musik kann benutzt werden, um Menschen in einen hypnotischen Bann zu versetzen oder um sie auf die höheren Ebenen zu erheben. Sie kann in schwarzmagischer Absicht auf Menschen angewandt werden oder ihrer spirituellen Erhebung dienen.

Die Wirkung der Musik ist die, daß sie im allgemeinen Formen im emotionalen Körper des Menschen erzeugt und er sich einem bestimmten Denkmuster anpaßt. Man hat gesagt, daß Händels Musik für die viktorianische Aufgeblasenheit verantwortlich war, weil sie im Verstand des Individuums Gedankenformen festlegte, aus denen dauerhafte und feststehende Muster des Tages wurden. Jetzt hat die neue Musik, wie die von Strawinsky, Berlioz, Ravel, Debussy, Dvořák und der moderne Jazz, dazu gedient, diese statischen Gedankenformen zu zerbrechen. Die meisten der Modernen sind von dieser zerschmetternden Kraft gewesen, die auf die Aura des Individuums eingewirkt und alle Gedankenformen aufgelöst hat, die fest und dauerhaft gewesen waren. Strawinsky schuf ein Musikstück mit dem Titel "Zirkuspolka für einen jungen Elefanten," das erschreckend ist. Jemand, der ein seriöser Bürger sein soll, ein Intellektueller oder ein Akademiker kann dieses Musikstück kaum ertragen — und in der Tat macht es einen ganz verrückt, wenn man sich das eine Zeitlang anhört. Es hat einen schrecklichen Effekt auf den Verstand, auf die Gedankenformen, die irgendjemand haben mag, der zumindest in seinen Emotionen stabil oder vielmehr der Zeit oder seiner Kultur angepaßt ist. Ich habe es einmal benutzt, um das Muster des Konformismus zu brechen, das ich während einer bestimmten Zeit meines Lebens entwickelt hatte. Es gibt noch ein anderes Stück, das eine Wirkung auf die Denkmuster ausübt: die "Slawischen Tänze" von Dvořák oder das "Konzert in f-moll" von Mozart.

Schwülstige Denkmuster können den einzelnen in höchst negativer

Weise beeinflussen. Was ich gesagt habe, trifft auf dieses Jahrhundert zu, insbesondere auf den Wandel, der sich nach dem 1. Weltkrieg vollzog, und hat sich bis in die Gegenwart weiterentwickelt. Man bemerkt, daß mehr und mehr Musik von Schwarzen (also Jazz usw.) Polkas, Modernistisches usw. in Mode kommt und damit der Wandel in den Gebräuchen, in der Lebensart und Denkweise der Leute, vor allem des Mittelstandes. Du siehst die schnulzenhafte Sentimentalität der Zeit plus die Hartherzigkeit der Menschen. Jazz ist ein Teil der unheilvollen Musik, die von den finsteren Mächten eindeutig durchgesetzt wurde, um den Appetit am sexuellen Niedergang des Volkes insgesamt zu steigern. Hatten die Frauen sich früher einmal mit dezenter Koketterie zufriedengegeben, so ist eine beträchtliche Anzahl von ihnen jetzt ständig mit der Suche nach erotischen Abenteuern beschäftigt und hat die sexuelle Leidenschaft zu einer Art Hobby gemacht. Das wird zum Teil von der Jazzmusik unserer Zeit verursacht, die auf die niederen psychischen Zentren einwirkt. Das ist an sich gar nicht ungewöhnlich, denn dasselbe System wandten die Priester in alten Zeiten an, um die Gemeinde zu sexuellen Orgien zu stimulieren, so daß sie Kontrolle über sie ausüben konnten. In einer milderen Form geschieht das auch bei den Erweckungspredigern, allerdings nicht mit dem Gedanken an Sex, sondern lediglich zum Zwecke emotionaler Kontrolle über die Zuhörerschaft. Das orgiastische Element im synkopischen Rhythmus des Jazz ruft eine Übererregung der Nerven hervor und lockert die Kräfte der Selbstbeherrschung. Es bewirkt eine falsche Heiterkeit, Scheinmoral und körperliche Reaktionen. Jazz, mit seinem Aufgebot an mißtönenden, ohrenbetäubenden Schlaginstrumenten, entflammt, berauscht und brutalisiert und verursacht so einen Rückschlag in der Entwicklung des Individuums. Auf ihrem Höhepunkt hat die Jazzmusik sehr große Ähnlichkeit mit der Musik der primitiven Wilden. Sie ist kennzeichnend für eine Vorliebe für das Sensationelle, die stark zugenommen hat. Sie hat eine Zunahme der Bücher, Theaterstücke und Filme über Verbrechen, Geheimnisvolles und Brutalität bewirkt. Das erklärt die Periode in der populären Musik, als so viele Musiker Rauschgiftsüchtige und -händler waren.

Wenn du Dir andererseits die Musik ansiehst, die zum erhebenden Typus geworden ist, so denke daran, daß die Holzblasinstrumente den nachhaltigsten Eindruck auf den unsichtbaren Körper des Menschen machen. Die Griechen kannten den Einfluß, den die Flöte, Holzblasinstrumente und andere leichte Instrumente auf die Seele hatten. Trommeln können die Musik sein, derer sich die finsteren Mächte bedienen — beispielsweise die Trommeln des Voodoo, die Trommeln afrikanischer Stämme, die bei Militärparaden benutzten Trommeln, usw. Diese Trommelschläge wirken auf den feinstofflichen Körper des Menschen ein — zu diesem Zweck wurden sie erfunden.

Die Musik der Engel ist von den Saiteninstrumenten abgeleitet, der Geige und Laute, den Holzblasinstrumenten und der Harfe. Die Musik der Schlaginstrumente hat wenig Raum in der Musik des Freiheitssuchers. Das Studium der Musik wird Dir eine Menge über Esoterisches enthüllen.

Später mehr.

30. April 1963

Liebe Gail!

Karma ist das Studium von Ursache und Wirkung der Handlungen des Individuums. Es ist ebenso ein Studium der Ursachen und Wirkungen von Nationen, Rassen und Religionen. Das Wort Karma ist ein Hindu-Wort mit der Bedeutung eines Naturgesetzes im Hinblick auf ethisches Handeln, und es verlangt, daß jeder Handelnde das genaue Resultat oder den Ausgleich seiner Handlungen empfängt.

Gemäß den Hindus ist es immer mit Handlungen zum Guten wie zum Schlechten gekoppelt. Das ist das Ergebnis jenes Phänomens, das wir die Bürde der Schuld oder das Schuld-Muster nennen. In gewissem Sinne ist das nicht unbedingt richtig, denn wenn Karma alles Handeln betrifft, muß es über Gut und Böse hinausgehen. Die Hindu-Philosophie behauptet, daß es noch andere Handlungen außer diesen beiden Eigenschaften gibt. Die abendländische Kirche behauptet, der Mensch sei in Schlechtigkeit und Sünde geboren, falls Du es auf diese Art bezeichnen willst, und er sei niemals ohne sie. Folglich ist ihm von Geburt an ein Schuld-Muster eingeprägt. Wenn je eine starke Dosis einer Arznei verabreicht wurde, dann hier!

Reinkarnation und Karma gehören zusammen, aber ich werde sie einzeln erörtern. Später kannst Du sie dann in Deinem eigenen Geiste wieder miteinander verbinden. Das Gesetz des Karma ist das zugrundeliegende Prinzip der persönlichen Verantwortung. Es ist ein wohlbekanntes physikalisches Gesetz, daß Aktion und Reaktion einander gleich sind, jedoch entgegengesetzt in ihrer Richtung. Dies ist das Gesetz, das dem Handelnden, seiner ungeachtet, die legitimen Resultate seines Verhaltens zurückbringt. Mit anderen Worten, er muß die Früchte seiner eigenen Taten ernten. Das ist ein universales Gesetz, das jede Einheit des Lebens in all den zahllosen Welten des Universums umfaßt.

Die Universalität des Karma-Gesetzes ist einer der Hauptfaktoren, die alles Leben miteinander verbinden; nicht nur das menschliche Leben, sondern das tierische mit dem menschlichen ebenso. Tiere und Menschen bilden eine große Familie mit einer komplizierten, aber untrennbaren Geschichte und einem untrennbaren Karma. In diesem großen Gesetz ist der Grund dafür verborgen, warum, gemäß der Hindu-Philosophie, der Mensch Tiere weder töten noch essen sollte. Ebenso der Grund, warum Menschen Tiere nicht mißhandeln sollten.

Entsprechend diesem Gesetz erzeugt der Mensch fortwährend Karma, dabei Schulden auf sich ladend, und alle diese Schulden müssen beglichen werden. Das umfaßt mit wenigen Worten das ganze Problem. Es ist ein Jammer, daß eine ganze Menschheit nicht die volle Bedeutung dieses Gesetzes zu begreifen vermag. Wenn das der Fall wäre, würde die gesamte gesellschaftliche Struktur eine Erneuerung erfahren. Jede Schuld muß beglichen werden. Weil die karmischen Auswirkungen manchmal langsam zurückkehren, glaubt der Mensch, das Spiel gewonnen zu haben, aber er täuscht sich nur, denn niemand kann das annullieren, da der Tod nicht das Ende ist. Deshalb muß er seine Schuld durch seine anderen Leben schleppen, bis sie bezahlt ist.

Die drei von den Meistern anerkannten Arten von Karma sind: (1) Prarabdh Karma, (2) Sinchit Karma, und (3) Kriyaman Karma. Der erste Typus bezieht sich auf das Schicksals-Karma. Es ist das, was in einem oder mehreren früheren Leben erworben wurde und worauf das gegenwärtige Leben basiert. Diese Art von Karma muß während dieser Lebenszeit abgegolten werden. Man muß es in vollem Ausmaß durchleben, denn es gibt kein Entrinnen, selbst dann nicht, wenn man einen Meister hat. Jeder Meister kann es zerstören, er tut es aber im allgemeinen nicht, da dieser Karma-Typus vom Individuum konfrontiert und getilgt werden muß. Man vergleicht es mit einem von der Bogensehne abgeschnellten Pfeil, der — einmal abgeschossen — weiterfliegen muß, bis er sein Ziel erreicht. Es ist keine Änderung möglich, wenn er einmal abgeschossen ist.

Der zweite Typus bezieht sich auf das Reserve-Karma, Sinchit Karma genannt. Man kann es mit Geld auf einem Sparkonto vergleichen. Aber in diesem Falle kann die betreffende Person nicht nach eigenem Belieben darüber verfügen, sondern das geschieht gemäß dem Willen des Herrn des Karma. Das Individuum ist hilflos, denn der Herr des Karma kann ihm jederzeit jeden beliebigen Platz zuweisen usw.

Der dritte Typus wird Kriyaman, das tägliche neue Karma, genannt. Es ist das Karma, das vom Individuum Tag für Tag im Laufe seines Lebens erzeugt wird. Jeder vermag sich dieser Art von Karma auf drei verschiedene Weisen zu entledigen: Der Betreffende kann entweder sofort leiden, beziehungsweise seinen Lohn ernten oder zu einem späteren Zeitpunkt seines Lebens. Dann wiederum kann er es als Sinchit Karma sich ansammeln lassen, auf das irgendwann in der Zukunft zurückgegriffen wird, was vom Herrn des Karma abhängt. In diesem Falle kann daraus Schicksals-Karma für das nächste Leben werden.

Wenn ein Sat Guru, als ein wahrer religiöser Lehrer, sich des Lebens eines Menschen als seines Schülers annimmt, so wird sein karmischer Zustand dadurch wesentlich verändert. Sein gesamtes Schicksal erfährt eine vollständige Wandlung, denn alles hängt vom Willen des

Meisters ab, da der Meister sein karmischer Herr wird. Der Sat Guru steht höher als alle anderen Herren des Schicksals, denn er kann mit dem Karma des Schülers machen, was immer das Vernünftigste ist. In der Regel mischt er sich nicht in das Prarabdh Karma eines Menschen ein, weil das im allgemeinen feststehend und endgültig ist. Demzufolge muß es ertragen oder eingebracht werden wie Weizen, den man gesät hat. Mit allem übrigen kann der Meister so verfahren, wie er möchte, je nachdem, was ihm für den Schüler das Beste scheint. Es mag sein, daß er von seinem Schüler verlangt, sein ganzes Sinchit Karma, das gegen ihn aufgespeichert wurde, auszuleben wie auch das, was er tagtäglich erzeugt. In einigen Fällen kann er über alle drei Arten Karma gleichzeitig verfügen. Der Schüler muß dem vom Meister für ihn festgesetzten Muster folgen, welcher Art es auch sei, im Hinblick darauf, daß er für immer frei sein wird, wenn er sein weltliches Leben beschließt.

Ein ECK Meister wird niemals zulassen, daß die Belastungen für seinen Schüler zu schwer werden; gelegentlich wird er vielleicht aus großer Liebe und Mitgefühl einen Teil davon selbst tragen.

Da sogar Inaktivität Karma erzeugt, wie die Gita sagt, muß es ein Mittel geben, um das Karma loszuwerden. Dies gibt es auch, und die Antwort lautet: "Indem man immer im Namen des Meisters handelt!" Der Meister ist ohne Karma und dem Gesetz nicht mehr unterworfen, weil er sich über die Ebene der Wirkung des Gesetzes erhoben hat. Er ist frei von den Gesetzen aller Regionen, wo Karma Gültigkeit hat. All seine Arbeit wird im Namen des Absoluten getan! Solange der Schüler alles im Namen des Meisters tut, schafft er kein neues Karma, da er lediglich als Beauftragter eines anderen handelt, und der Chef ist stets für die Handlungen seines Beauftragten verantwortlich. Es muß in der Weise getan werden, daß der Schüler seine ganze Aufmerksamkeit darauf verwendet. Er darf nur das tun, von dem er glaubt, der Meister würde es billigen.

Es gibt zwei verschiedene Verwaltungen des Karma: (1) Kal, die negative Macht, (2) Dayal, das Absolute. Da Kal der Herr des Karma in dieser Welt und bis hinauf zur Ebene des Verstandes ist, so ist er für die große Masse der Menschheit zuständig. Wenn der Schüler einmal die Initiation von einem Meister erhält, geht automatisch sein ganzes Karma aus den Händen der negativen Macht in die Hände des Meisters und in dessen Obhut über. Das Negative hat keine weitere Macht oder Kontrolle über ihn, und selbst die Beauftragten des Todes vermögen sich ihm nicht zu nähern, noch kann er jemals vor das Strafgericht zur Urteilsfindung über sein irdisches Leben zitiert werden. Er sieht kein Fegefeuer oder irgendwelche derartigen Welten, denn seine Bestimmung in diesem Leben und im nächsten liegt in den Händen seines Guru, der sein Karma so verwaltet, wie es ihm für seinen Schüler am besten erscheint.

Der Fleischgenuß ist den meisten Meistern tabu, weil er bedeutet, daß man das Karma jenes Tieres annimmt. Sogar Eier sind von der Liste einiger Meister gestrichen, stattdessen besteht die Nahrung aus Früchten, Gemüse und Nüssen, wenn man karmafrei bleiben will, wie es heißt.

Später mehr.

1. Mai 1963

Liebe Gail!

Reinkarnation steht in Wechselbeziehung mit Karma. Eines fügt sich genau ins andere, so wie die Hand in den Handschuh, und das wird zu einem Muster, wobei das eine auf das andere folgt. Reinkarnation hat mit der Theorie der Wiedergeburt zu tun, gleichviel, ob es sich um die Wiedergeburt in einen niederen oder höheren Zustand handelt. Eine Wiedergeburt des Menschen in irgendeiner anderen Gestalt als der menschlichen wird Transmigration genannt. Bisweilen werden Transmigration und Reinkarnation durcheinandergebracht. Diese Transmigrations-Idee wurde von den Hindu-Priestern als eine Form der Angsttechnik angewandt, um die Leute bei der Stange zu halten, ähnlich der Höllenfeuer-Technik der Katholiken vor allem des Mittelalters. Somit setzte sich ein jeder, der den Grundsätzen der Hindureligion nicht Folge leistete, der Gefahr aus, als Insekt, Tier, Vogel, Fisch usw. wiedergeboren zu werden. Die Jainisten, Angehörige eines als Jainismus bekannten indischen Religionssystems, glauben so fest daran, daß sie unter keinen Umständen ein Insekt töten würden. Ein Amerikaner fragte Sudar Singh einmal, was er mit Ameisen bei einem Picknick tun solle, das heißt, sie töten oder zulassen, daß sie sich über die Picknickvorräte hermachten. Seine Antwort war: "Das hängt davon ab, wie hungrig Sie sind."

Die Hindus nehmen dergleichen sehr ernst, und ihre Einweihung in einem heiligen Orden macht sie zu den Dreimalgeborenen, was etwas ähnliches ist, wie in der Kirche durch Taufe dem Leben neu geboren zu werden. Nach einer solchen Initiation darf das neue Mitglied die Schnur der Dreimalgeborenen tragen.

Reinkarnation bedeutet, daß ein Mensch, wenn der Tod ihn überwältigt, in einen anderen Wirkungsbereich versetzt wird, dabei nimmt er aber sein karmisches Konto mit. Falls diese Konten vor dem Tode nicht ausgeglichen sind, machen sie eine Rückkehr in diese Welt zum Zwecke der Regulierung erforderlich. Keine Seele kann sich von ihren Konten lösen, bevor sie abgeschlossen sind. Die Saat all ihres Karmas ist im Kausalkörper aufgespeichert. Das ist ein unfehlbares Protokoll, bei dem der Registrator niemals einen Fehler macht. Man kann diese Aufzeichnung weder zurücklassen noch sie verbergen. Was immer einer tut und wohin immer er geht, die Aufzeichnungen begleiten ihn, sei es in dieser Welt oder im Jenseits. Wenn der Jivatma in die Astralwelt gelangt, hat er vor einem Richter zu erscheinen, der in seinem Urteil niemals schwankt, der sich nicht bestechen läßt, und vor dem die Aufzeichnungen nicht gefälscht werden können. Dort muß er Antwort geben zu jedem Punkt, und dort hat er in vollem Umfang Zahlung zu leisten. Wenn diese Schulden schwer auf ihm lasten, wird ihm ein neues Leben zugewiesen unter den Bedingungen, die ihm eine Abzahlung erlauben.

War eines Menschen Leben erfüllt von guten Taten, Güte und Liebe, so wird er in einen Himmel versetzt, in eine angenehme Umgebung, oder welchen Namen auch immer man dem geben mag. Hier erfreut er sich der Belohnung dessen, was er verdient hat, andernfalls muß er wiedergeboren werden, bis er sich dieses Privileg erwirbt. Diese Schuldbestände können nicht auf den feinstofflichen Ebenen getilgt werden, da der Mensch, entsprechend dem Gesetz der Natur, in ein irdisches Leben zurückkehren muß, wo er das schlechte Karma bildete, damit er erntet, was er gesät hat, und alle Begleichungen unter nahezu identischen Lebensbedingungen vollziehen kann, so daß vollkommene Gerechtigkeit herrscht. Er hat das so lange fortzusetzen, bis die endgültige Befreiung des Jivatma vom Rad der Geburt und des Todes gesichert ist, so daß er triumphalen Einzug halten kann in der Welt, der er zugehört, jenseits des Zugriffs von Karma.

Im neuen Leben eines wiedergeborenen Kindes begegnen die Eltern ihrem eigenen Karma ebenso wie das Kind. So vollkommen ist dieses System des karmischen Gesetzes, daß alle betroffenen Individuen sich genau zum richtigen Zeitpunkt und in der richtigen verwandtschaftlichen Beziehung zusammenfinden, um demjenigen zu begegnen und ihre karmische Schuld dem zurückzuzahlen, mit dem sie in einem früheren Leben verbunden waren. Als Beispiel mag ein Ehepaar dienen, das eine karmische Schuld gegenüber jemandem hat, mit dem sie auf eine bestimmte Weise in einem anderen Leben verknüpft waren. Sie hätten diese Schuld zu tilgen durch ihren Dienst als Eltern und die Jahre voll Sorgen und Mühen, die sie aufzubringen haben. So arbeiten Eltern und Kind unter dem Gesetz des Karma, indem sie in dieses Leben zurückkehren. Jeder von ihnen stellt sich seinen strengen Forderungen, denen niemand entfliehen kann.

Dies stellt das ewige AWAGAWAN dar, von dem bei den Orientalen so oft die Rede ist. AWAGAWAN bedeutet "Kommen und Gehen." Solange der einzelne unter dem Gesetz des Karma lebt und existiert, gibt es für ihn kein Entrinnen aus diesem Kommen und Gehen, und dies verweist auf das Rad der Vierundachtzig. Das ist eine Erscheinung der indischen Philosophie — die Vorstellung ist dabei die, daß das Individuum, begleitet von seinem Verstand und seiner karmischen Bürde, sich von Geburt zu Geburt durch nahezu endlose Zeitalter bewegt, indem es die vierundachtzig Lacs durchläuft (ein Lac entspricht einhunderttausend Lebensformen), so daß vierundachtzig Lacs sich auf acht Millionen vierhunderttausend verschiedene Arten lebender Wesen belaufen.

Dies bedeutet, daß es in dieser Welt so viele Sorten von Lebewesen oder Arten lebender Dinge gibt. Das ist natürlich nur näherungsweise die tatsächliche Anzahl. Es gibt ungefähr drei Millionen Arten pflanzlichen Lebens, zwei Millionen siebenhunderttausend Arten von Insekten, eine Million vierhunderttausend Vogelarten, neunhunderttausend Arten von Wassertieren und vierhunderttausend Arten von Landtieren, Menschen und anderen Wesen unmittelbar über dem Menschen, aber in enger Beziehung zu ihm, wie etwa Devas (Leuchtende oder Engel), Devtas (männliche Engel) usw. Die Devtas werden von den Menschen des Westens manchmal Dämonen genannt.

Das ergibt acht Millionen vierhunderttausend Arten und jede hat ihre ungezählten Millionen von Einzellebewesen. Eine wandernde Seele muß auf ihrem Wege von Geburt zu Geburt unter Umständen durch sie alle hindurch ihren langen und ermüdenden Lauf nehmen, falls ihr Karma das erfordert. Andererseits durchläuft sie vielleicht nur einen Teil davon, und kehrt zum Rang des Menschen zurück. Das ist der als Transmigration bezeichnete Teil der Reinkarnation, an den zu glauben dem einzelnen freisteht. Einige indische Sekten lassen das ganz und gar heraus, weil sie sagen, ein Jivatma wird als Mensch geboren und steigt dann auf, anstatt ins tierische Dasein zurückzufallen usw. Aber die Reinkarnation dürfte dokumentieren, daß die abendländische Sühne-Theorie nicht der Wahrheit entspricht. Die bloße Tatsache, daß es sich um ein Naturgesetz handelt, bestätigt vieles von dem, worüber wir uns im Leben wundern. Ein Beispiel dafür wäre ein Mann, der mit einem Handikap wiederkommt und dergleichen. Wohin ein Mensch nach dem Tode geht, hängt von seiner karmischen Last ab; er kann sich aus der Hölle, dem Fegefeuer oder den anderen finsteren Löchern in den anderen Welten herausarbeiten, wenn er das Verlangen danach hat. Es gibt eine automatische Erledigung karmischer Schulden, doch hängt das von der Person und ihrem Wissen ab.

Und das Wissen über Reinkarnation macht einen erheblichen Unterschied in der Behandlung von Menschen und Tieren aus. Mitgefühl sollte an die Stelle rächender Bestrafung treten, wobei das Ziel in der Wiederherstellung der Beziehung läge. Alle heiligen Schriften Indiens lehren, daß Könige, Staaten und bürgerliche Gesetze nach der Entartung der Menschheit aufkamen. Das hatte zur Folge, daß ein System von Gesetzen erarbeitet wurde, um den Gegebenheiten der Gesellschaft Rechnung zu tragen, weil niemand Karma und Reinkarnation in Betracht zog. Karma ist mit allen Formen von

Sünde und Schlechtigkeit wie auch von Güte und Tugend verbunden. Niemand kann zu einem Meister kommen, bevor nicht ein bestimmtes Maß guten Karmas aufgebaut wurde, das einem gestattet, sich diese Gelegenheit zu verdienen. Gutes Karma kommt durch Liebe — und die Liebe (der gute Wille) gewährt einem jeden Zutritt zu allen Himmelswelten. Sie öffnet Tore, wo nichts sonst es vermöchte.

Später mehr.

4. Mai 1963

Liebe Gail!

In diesem Brief gebe ich Dir eine Liste von Büchern, die von Interesse sein könnten. Ich werde sogleich beginnen.

The Golden Scripts, Pelley; *Concerning Subud,* Bennet; *The Outsider,* Colin Wilson; *Great Philosophers (Eastern World),* Tomlin; *Self BeyondYourself,* Gregg; *Serial Universe,* Dunne; *Story of Philosophy,* Durant; *Universe Around Us,* Jeans; *Meditations,* Marcus Aurelius; *Wisdom of China & India,* Lin Yutang; *Law of Psychic Phenomena* Hudson; *Perennial Philosophy,* Huxley; *Practicing the Presence,* Goldsmith; *The Way and Its Power,* Lao-Tzu; *Rosicrucian Principles,* Lewis; *Story of Oriental Philosophy,* Beck; *Science of the Mind,* Holmes; *In My Mind's Eye,* Marion; *Creative Mind,* Holmes; *World of Psychic Phenomena,* Edsall; *Wish of Wisdom,* Jastron; *Secret of Ages,* Collier; *Law of Higher Potential,* Collier; *Sunlit Way,* Wilson; *Your Key to Happiness,* Sherman; *Self-Analysis,* Hubbard.

Time, Space, Circumstances, Davis; *Talks on Truth,* Fillmore; *Lamp Unto My Feet,* Lanyon; *Soul of Universe,* Stromberg; *Thrust in the Sickle,* Lanyon; *Life More Abundant,* Lanyon; *Laughter of God,* Lanyon; *I Came,* Lanyon; *That Ye Might Have,* Lanyon; *Out of the Clouds,* Lanyon; *Magic In Your Mind,* Andersen; *Faiths, Cults, Sects of America,* Mathison; *Tiberius Caesar,* Ulanov; *Twice Born,* Carstair; *Yoga Sutras,* Pangangelis; *Christ of Indian Road,* Jones; *Journeys On Razor Edge Path,* Roof; *Inner World,* Buckham; *Secret Sayings of Jesus,* Grant; *Indian & Christ Miracles of Walking on Water,* Brown.

Yoga Explained, Yeats-Brown; *Advance Course in Yoga,* Atkinson; *Hindu Philosophy,* Akilananda; *Faith is the Answer; Miracle at Lourdes,* Cranston; *Treatise on Cosmic Fire,* Bailey (2 Bände); *Interpretation of Nature & Psychic,* Jung; *Hints to Students of Occult,* Rogers; *Life & Teachings of Masters of Far East,* Spalding (4 Bände); *Message of Divine Illiad,* Russell; *The Mind of East Asia,* Abegg; *Glorious Presence,* Wood; *Vedanta for Western World,* Heard, etc.; *Penthouse of Gods,* Bernard; *Heaven Lies Within Us,* Bernard; *Quest of Overself,* Brunton; *Discover Yourself,* Brunton; *Indian Philosophy & Modern Culture,* Brunton; *Importance of Living,* Lin Yutang; *Mystics at Prayer,* Andrea; *Mystical Life of Jesus,* Lewis; *Prophet,* Gibran.

Other Mind, Shaftsbury; *Exploring the Psychic World,* Butler; *Mental Telepathy Explained,* Carrington; *Dynamic Thinking,* Powers;

Adventure in Thinking, Sherman; *Aquarian Gospel of Jesus the Christ,* Levi Dowling; *Bible Mystery & Meaning,* Troward; *Case for Astral Projection,* Muldoon; *Dynamic Thought,* Hamblin; *Dweller on Two Planets,* Philo; *Esoteric Christianity,* Besant; *Fourteen Lessons in Yoga,* Besant; *The Game of Life & How to Play It,* Shinn; *Healing, The Divine Art,* Hall; *Hidden Power,* Troward; *How to Use Power of Prayer,* Sherman; *Isis Unveiled,* Blavatsky; *How to Concentrate,* Towne; *Key to Universe,* Curtiss; *Know Your Own Mind,* Sherman; *Law & Word,* Troward; *Letters on Occult Meditation,* Bailey.

Life Beyond Death, Ramachakara; *Lost Continent of Mu,* Churchward; *Magic of Breath Power,* Gaines; *Man, Grand Symbol of Universe,* Hall; *Man Who Tapped Secrets of Universe,* Clark; *Message of Aquira,* Curtiss; *Mystic Christianity,* Ramachakara; *New Model of Universe,* Ouspensky; *Personal Survival,* Curtiss; *Realms of Living Dead,* Curtiss; *Secret Door to Success,* Shinn; *Soul & Its Mechanism,* Bailey; *Spiritual Consciousness,* Mukurji; *Spiritual Crisis of Man,* Brunton.

Temple of Silence, Curtiss; *Thoughts Through Space,* Sherman; *Treatise on White Magic,* Bailey; *Your Invisible Power,* Behrend; *Occult Philosophy,* Ingalese; *Fragments of Truth,* Ingalese; *Greater Mysticism,* Ingalese; *Way of Power,* Beck; *Adventures of the Mind,* Castiglioni; *Occult Science,* Clymer; *Lectures on Ancient Philosophy,* Hall; *Abundant Living,* Jones; *Across the Line,* Terhune; *Vivekananda,* Nickhalanda; *What Vedanta Means to Me,* Yale; *Mountain on Desert,* Richter; *Witchcraft,* Seabrook.

Buddhism, Davids; *Bowl of Heaven,* Adams; *Astrology for Every Man,* Adams; *Astrology, Your Place in the Sun,* Adams; *Astrology, Your Place in the Stars,* Adams; *Power of Positive Living,* Lurton; *Yoga for Americans,* Devi; *Better & Better Everyday,* Coue; *Six Systems of Indian Philosophy,* Muller; *Yoga for You,* Bragdon; *Yoga Made Easy,* Dunne; *Introduction to Yoga,* Besant; *Great Systems of Yoga,* Wood; *Age of Reason,* Paine; *Patience Worth,* York; *Tibetan Yoga & Secret Doctrine,* Evans-Wentz; *Tibet's Great Yoga: Milarepa,* Evans-Wentz; *Serpent Power,* Avalon; *With Mystics & Magicians in Tibet,* David-Neel; *Tibetan Book of the Dead,* Evans-Wentz; *Bhagavad-Gita,* Arnold's Translation; *Yoga as Philosophy & Religion,* Dasputa.

Science & Health, Eddy; *All Things Made Possible Through Prayer,* Allen; *As A Man Thinketh,* Allen; *The Little Flowers of St. Francis,* Alger; *Basic Teachings of Greek Philosophers,* Frost; *Eternal Companion,* Prabavananda; *Crest Jewel of Discrimination,* Prabavananda & Isherwood; *Sayings of Ramakrishna,* Rolland; *Life of Ramakrishna,* Rolland; *In Tune With The Infinite,* Trine; *Thought Forms,* Besant & Leadbeater; *Holy Science,* Yugstwar; *Thou & I,* Buber; *Color Healing,* Guthall.

Buddhism & Zen, Senzaki; *Watcher of the Hill,* Johnson; *Imprisoned*

Splendor, Johnson; *Meaning of Glorious*, Koran; *Psychic World*, Carrington; *Strategy of Desire*, Ditcher; *World Within*, Cerminara; *They Have Found a Faith*, Bach; *Will to Believe*, Bach; *Many Mansions*, Cerminara; *Secrets of Eternity*, Skarin; *There is a River*, Sugrue; *Riddle of Life*, Besant; *Power of Awareness*, Neville; *Gospel of Selfless Action*, Gandhi; *Letters of Scattered Brotherhood*, Strong; *Ancient Wisdom*, Besant; *Mind of the Maker*, Sayers; *The American Woman*, Dingwall; *Second Sex*, de Beauvoir; *Women, Society & Sex*, Fairchild; *Woman is Many Lives*, Bernays; *Never too Late to Love*, Daniels.

The Indigo Bunting, Sheean; *Life of St. Thomas Aquinas*, Foster; *Inside Story of an Outsider*, Schoenberner; *The Noble Savage*, Hanson; *Adventures in Supernormal*, Garrett; *Twelve Against the Gods*, Bolith; *St. Theresa of Avila*, Walsh; *Magic Fire*, Harding; *Desert and Stars*, Armitage; *Theresa*, Keys; *English Eccentrics*, Sitwell; *Minister to Millions*, Gordon; *Saint Among Hurons*, Talbot; *Land of Stones & Saints*, Keyes; *Super Women*, Terhune; *Madame Curie*, Curie; *St. Joan of Arc*, Beever; *Golden Longing*, Leary; Genius & Character, Emil Ludwig.

Alstair Crawley, Symonds; *Omar Khayyam*, Lamb; *Geo Muller*, Pierson; *Autobiography of St. Theresa of Lixieux*, Knox; *Eagle & Dove*, Sackville-West; *Makings of a Priest*, Nevin; *Heroes of God*, Daniel-Rops; *Catherine of Sienna*, Unset; *Stormers of Heaven*, Freehof; *Saint A Day*, Bittle; *St. Ignatius of Loyola*, Dudson; *Giants of Earth*, O'Brien; *Holy Fire*, Payne; *St. Francis*, Sabatier; *Here I Stand*, Luther; *Lust for Life*, Stone; *Life of Thos. Paine*, Eckler; *Great Companions*, Eastman; *Psychology of Poet Shelly*, Carpenter & Barnesfield; *Peter Abelard*, Sikes; *Swedenborg Epic*, Sigstesd; *Prodigal Genius*, O'Neill; *Writer Observes*, Briet.

Strange Life of August Strindberg, Sprigger; *Kierkegaard Life & Thought*, Allen; *Unicorn*, Moore; *Crown of Life*, Van Passen; *Amazing Nellie Blyth*, Rittenhouse; *Square Pegs*, Wallace; *Citizen Tom Paine*, Melvin; *Nijinsky*, Reiss; *Leonardo*, Lansing; *St. Anthony & His Times*, Melvin; *Lawrence of Arabia*, Nutting; *Swift*, Van Doran; *Four Brontes*, Hanson; *Makers of Modern Mind*, Neill; *Lady With Magic Eyes*, Symonds; *Thoreau, The Hostile Mind*, Saul; *The Evil Eye*, Gifford; *Sacred Mushroom*, Pukarich; *Reach of Mind*, Rhine; *Human Destiny*, Du Nouy; *Mind Energy*, Bergson; *Power Within*, Cannon; *Human Mind*, Menninger.

Dies sind einige; ich hoffe, Du kannst die eng gedrängte Schrift lesen. Ich mußte für diese Liste Platz sparen und werde Dir später eine weitere Liste geben.

Später mehr.

BÜCHER VON PAUL TWITCHELL

Anitya
Coins of Gold
Dialogues with the Master
The Drums of ECK
East of Danger
ECKANKAR Dictionary
ECKANKAR: Compiled Writings, Volume I
ECKANKAR: Illuminated Way Letters 1966-1971
ECKANKAR: Der Schlüssel zu geheimen Welten
The ECK-VIDYA, The Ancient Science of Prophecy
The Far Country
Die Flöte Gottes
Der Fremde am Fluß
In My Soul I Am Free (Biografie von Brad Steiger)
Kräuter: Die magischen Heiler
Briefe an Gail, Band I
Letters To Gail, Volume II
Das SHARIYAT-KI-SUGMAD, Buch Eins
The SHARIYAT-KI-SUGMAD, Book Two
Spirituelle Aufzeichnungen
Talons of Time
The Way of Dharma
The Wisdom of ECK
Der Zahn des Tigers

Schreiben Sie bitte an IWP, wenn Sie einen vollständigen Katalog der bisher erschienenen Übersetzungen einiger der obigen Titel wünschen.

IWP PUBLISHING
P.O. Box 2449
Menlo Park, CA 94025 U.S.A.

Bücher über ECKANKAR können Sie in Ihrer örtlichen Buchhandlung erwerben oder bestellen.

In vielen Gebieten auf der ganzen Welt werden Diskussionsklassen über die einführenden Bücher von ECKANKAR abgehalten, zu denen die Öffentlichkeit herzlich willkommen ist. ECKANKAR Centers sind im örtlichen Telefonbuch verzeichnet. Für mehr Information über ECKANKAR und/oder ECKANKAR Veranstaltungen, schreiben Sie bitte an:

ECKANKAR
P.O. Box 3100
Menlo Park, CA 94025 U.S.A.